物理学和信息论

Physics and Information Theory

钟学富 / 著

四川大学出版社
SICHUAN UNIVERSITY PRESS

项目策划：王　锋
责任编辑：王　锋
责任校对：陈　纯
封面设计：璞信文化
责任印制：王　炜

图书在版编目（CIP）数据

物理学和信息论 / 钟学富著． — 成都：四川大学出版社，2021.10
ISBN 978-7-5690-4049-4

Ⅰ．①物… Ⅱ．①钟… Ⅲ．①信息论－高等学校－教材 Ⅳ．①G201

中国版本图书馆CIP数据核字（2020）第263489号

书名　物理学和信息论
　　　　WULIXUE HE XINXILUN
────────────────────────
著　者　钟学富
出　版　四川大学出版社
地　址　成都市一环路南一段24号（610065）
发　行　四川大学出版社
书　号　ISBN 978-7-5690-4049-4
印前制作　成都完美科技有限责任公司
印　刷　四川五洲彩印有限责任公司
成品尺寸　170mm×240mm
插　页　4
印　张　16
字　数　270千字
版　次　2021年10月第1版
印　次　2021年10月第1次印刷
定　价　75.00元
────────────────────────
版权所有 ◆ 侵权必究

◆ 读者邮购本书，请与本社发行科联系。
　电话：(028)85408408/(028)85401670/(028)86408023　邮政编码：610065
◆ 本社图书如有印装质量问题，请寄回出版社调换。
◆ 网址：http://press.scu.edu.cn

四川大学出版社
微信公众号

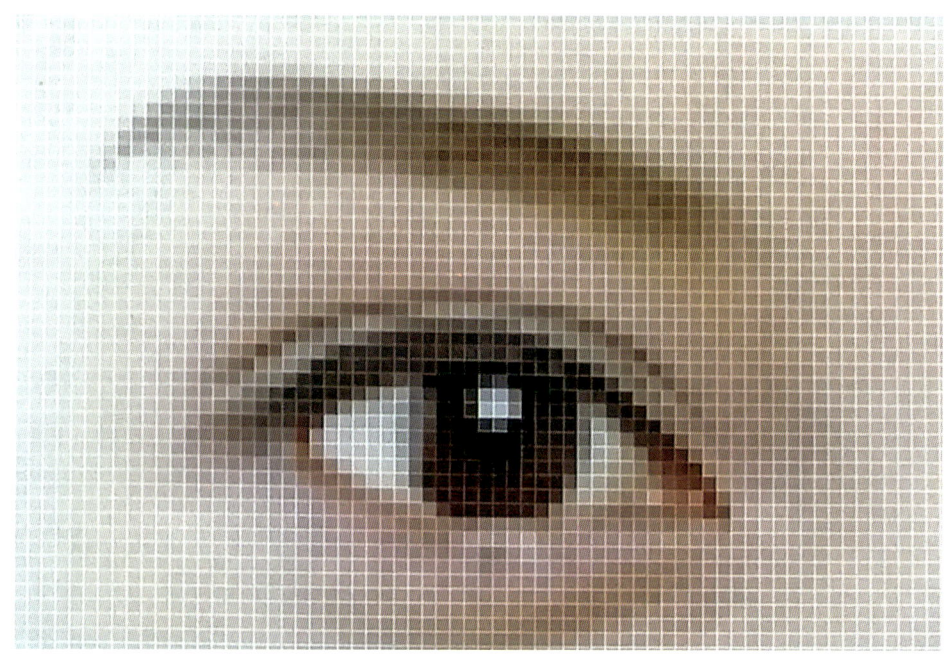

图 1　图形意涵源自基础变异度的关联

在眼睛及类似的平面和立体图形中,基础变异度是每个像素的三原色(红、黄、蓝,实际常用红、蓝、绿)的比例(决定视见的颜色)和总的亮度(光强)。设定每个原色有 10 种强度比例,则三原色共产生 1000 个变异度或 1000 种视见颜色。又设总亮度有 10 个刻度,则每个像素的总的变异度为 10000。假如每个像素的原色比例或视见颜色和亮度都呈混乱分布,平面上将不会出现任何图形。必须各像素的基础变异度严格限制或互相关联(每个像素的取值将不再独立,而依赖其它像素的取值),方可呈现出某种图形,不同的图形关联也不相同。例如眼珠内的像素须大体呈黑色,眼白部分须大体呈白色,否则将不成其为眼睛。注意眼睛的图形还只是在几何及物理层面,不到心理的层面,须将眼睛的图形同记忆中的相关图像进行辨识或认知方面产生眼睛的意涵,过渡到心理的层面。辨识或认知是图形的外部联系,也就是新特性(心理意涵)只表现在于它物(人脑)的外部关系中。正如电视机的"用途"只表现在于人的关系中一样,没有人,哪怕电视机的各种零件连接正常,功能正常,能接收播放的图像和声音,仍然谈不上任何"用途"。

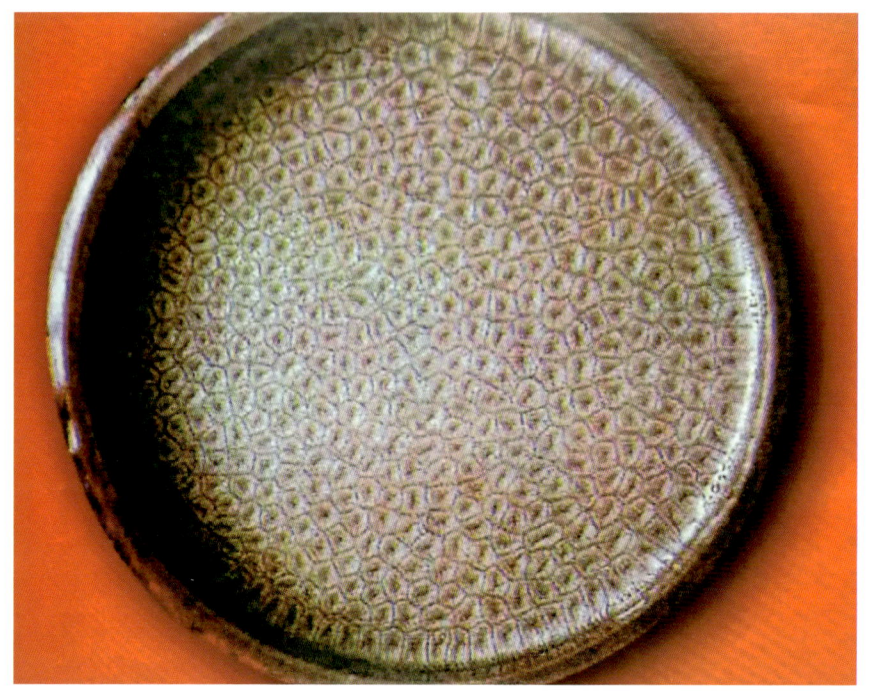

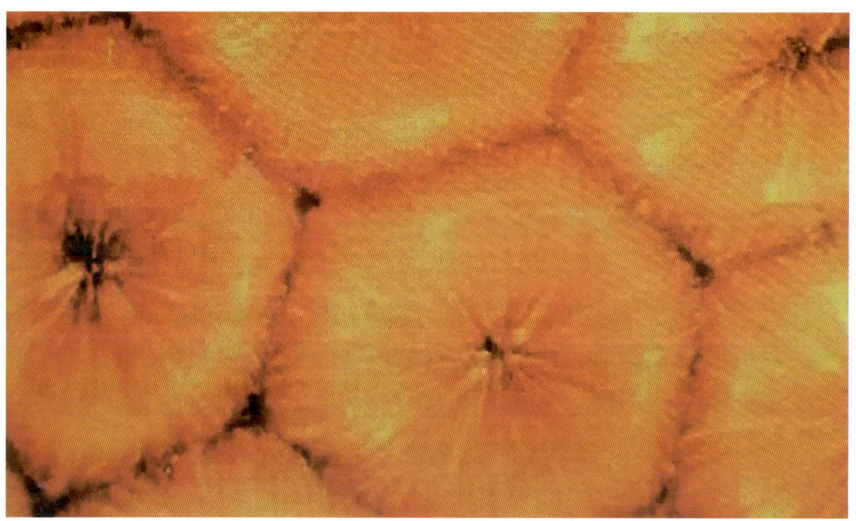

图 2　贝纳特包

贝纳特包的实验图像,下面的图是上面的局部放大,可以看出液体翻动的流线。所用的液体是硅黄,厚约 1 毫米(取自 P.Coveney and R.Highfield,The Arrow of Time,1996)。

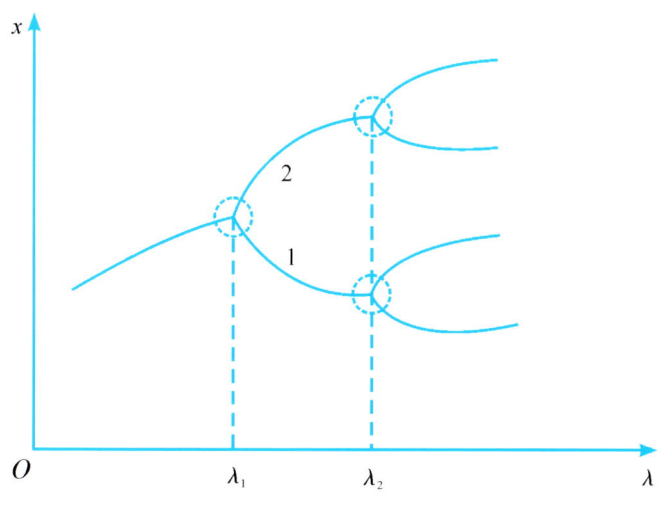

图3 分岔点附近的涨落

图中表示非线性系统特有的分岔点现象。曲线上每一点代表系统的一个宏观状态,注意由圆圈标出的小区域,它在分岔点附近,所以各个状态之间的差别甚微,只消小的涨落即可使系统由这条路径跳到另一条路径,从而走上不同的后续发展道路,宏观上显示出大的差别。分岔点的出现取决于参量 λ 的变化。这个图形可以对应于一个阻尼振子:$x'' + \gamma x' - x^2 + x = F\cos\omega t$,其中参量 $\lambda = F/\gamma$,阻尼系数 γ 代表阻尼力的大小。这个振子受非线性力和强迫力的同时作用。图形表示的实际物理过程是,当阻尼逐渐减小时(λ 是阻尼系数的倒数,所以逐渐增大),振子的频率会发生倍增现象。x'' 和 x' 是振子坐标对时间的二次微商和一次微商,表示加速度和速度。

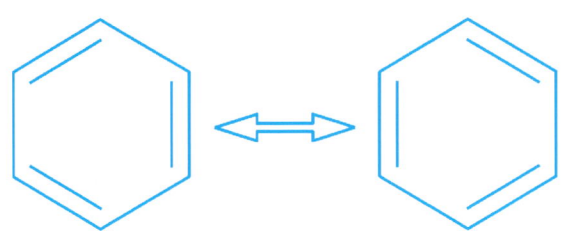

图 4　苯分子 C_6H_6 的两种结构式

鲍林的共振论缘起苯环的结构，化学家都知道，苯分子 C_6H_6 有两种结构式，因为碳原子之间的单键和双键在环中有两种不同的排列方式。两者互为反射对称，但都是物理上合理因而可能的状态，实际上苯分子一般应是两者的线性叠加态。因为苯分子的两种结构式都是相应的薛定谔方程的定态解，按照线性叠加原理，苯分子既然可以处于两个态中的任何一个，那么它自然也就可以处于两者的线性叠加态中。鲍林不过简单重复了叠加原理的结论，指出这种叠加态不同于两种分子的**混合态**，各占 1/2 的比例，而是两种态之间的**共振**，即来回互相变换，而且不需要时间。

谨以此书献给我的母校——四川大学,我就是从这里开始学习物理。

——钟学富

开头的话

本书试图带领读者做一次广泛的思想漫游,到我们感觉经验不能直接企及的微观世界徜徉一番,它大致反映了作者学习和领会量子力学的心路历程。目的是看看怎样才能更恰当地描述这个领域中的运动现象,使人们不再对量子世界感到别别扭扭,把各种基本的概念尽量"理顺"。自牛顿力学以来,古典物理的观念早已深入人们的骨髓,成就了一套特有的世界观,即使像波尔和爱因斯坦这样的大智也难免产生困惑,迷失于我们的感觉世界和"世界本来面目"之间的障壁。爱因斯坦1955年去世,但他在1951年还自称搞不懂"光量子"的本性[①],须知,正是他本人首次提出了光辐射和光电效应的量子理论,后一项研究使他荣膺1921年诺贝尔物理学奖。尤其是他和波尔关于量子力学完备性问题的世纪之争至今仍是人们的一大心结,牵掣着大家对量子力学的认识和了解。作为物理学的传人也是大师们的继承者,我们别无选择,只能继续他们的思考,依靠新的科学知识,当一个寻找新视角的思想尖兵,以推动观念前行,证明人类既有的健康思维确能把握无法直接感知的宇宙奥秘。这是任何智慧生物永续生存的前提,否则它必将困顿于未知领域的深邃无穷,一筹莫展以至无计可施,在无知和盲动中最终走向毁灭。

物理学向来被认为是"纯"客观的,物理学规律,无论发现者是谁,其内容和形式都与发现者无关,不依赖发现者的个人特质,顶多是发现早点晚点的问题。然而,人们进到不能直接体验的量子世界却发现,古典物理之所以为古典物理是和"人"(但非发现者个人)的特质密切相关的,因为它从人的感觉经验中演化而

[①] 见2019年以色列希伯来大学展出的爱因斯坦的手稿.

来，仰赖人的思考。难怪宇宙学中有所谓"人择原理",即宇宙之所以成为现在这个样子,皆因人在认识,是人才把宇宙认识成这个样子。物理学不是"人学",却难以避免人的印记。这一点毫不奇怪,因为认识总是在主、客体之间的关系中进行的,认识成果不可能不带有认识主体的特性,物理学无论如何是人的思想产品。从思维本性的研究看出,思维既是物理的,同时也难免不依赖于人。从古典物理中人们感受不到这一点,那是因为"不识庐山真面目,只缘身在此山中",一旦跳出它的框架,进到相对论和量子力学的领域,放飞思想,让它摆脱直观的图景,转向世界的"本来面目"或"自在"世界,立刻就会体味到古典物理的"为我"特征,即它的概念和理论全都依赖人的感觉经验。当代物理的一大课题就是如何实现由"为我"向"自在"的转变,从人的既有经验去窥探和把握世界的本来面目。

　　本书的主要叙述都围绕基本概念进行,强调概念的准确性,视概念模糊为逻辑推理的大敌,因为准确是正确的前提。数学和物理号称精密科学,在概念的准确性上理应是其它学科的表率,理论物理学家更须拥有觉察内涵相近的概念之间细微差别的能力。这方面黑格尔非常值得借鉴,想磨炼思想敏锐度的人都不妨啃啃他的《小逻辑》,模仿他的思辨,玩味一下"纯有""限有"和"自有",或"有、无、变"及其它概念之间的关联,这对学习物理其实很有好处。笔者赞成语义哲学的见解:概念或语义的混乱是招致实际生活(包括做学问)混乱的一个重要原因。

　　不要忌惮数学公式,有时公式表达的意义比语言更加简洁明了。爱因斯坦曾自称他学数学比旁人更艰难,这也许是他自始至终没有亲自撰写一本相对论专著的原因。他的长处在于物理的直感和思辨,关于为什么发现相对论,他自称九岁时就一直幻想如果随着光线一路快跑将会看到什么。但他仍然坚持自己也许并不特别擅长的演算,遗留的手稿中有不少这类草稿。当然,要旨还是如海森堡所说,牛顿力学的主要功绩不仅在于提供了物体运动的规律,而且在于证明了用数学描绘自然界的可能。我们虽不能像古希腊数学家毕达哥拉斯那样主张数是一切的"本源",万物皆幻化于数,却经过分析不无根据地发现,数学等形式科学较物理更加优越,不仅表达能力超强,而且在不同智慧生物之间进行沟通时兴许会发挥意想不到的作用。因此本书将写出少量数学公式,证明物理科学的定

开头的话

量化成就,同时也助力观念的表达,或许能为将来留下重要的伏笔。霍金警告人类不要轻易同外星人打交道,这完全正确,但总不能排除不得已的情形,所以人类还是要从各个方面做好准备。物理学不能排除像数学的布尔巴基小组主张的那样全面实行公理化,因此须注意概念间的逻辑顺序,每个基本概念都不是孤立的意义单元,而是属于一个架构。下面让我们从信息的基本概念开始进入本书的正题。

目 录

第一章　没有谁同人类掷骰子
　　——量子力学的解释

　信息的概念 ································· （2）

　波尔和爱因斯坦关于量子力学完备性的争论 ········· （5）

　信息不完备是导致统计性的一般原因 ··············· （8）

　两种信息：申农信息和结构信息 ··················· （10）

　科尔莫哥洛夫定义信息量的三种途径 ··············· （14）

　康托尔的集合论——空间的信息容量 ··············· （17）

　从两种信息看隐参量的不可能 ····················· （20）

　再谈结构信息——从本征态开始 ··················· （22）

　为什么波尔胜出爱因斯坦一筹 ····················· （25）

第二章　信息在世界基本架构中的地位

　信息概念的哲学争论 ····························· （28）

　世界的基本架构 ································· （30）

　亚里士多德的客体划分理论 ······················· （33）

　信息和差异范畴 ································· （36）

信息的控制作用……………………………………（38）

信息的物理本性……………………………………（41）

能量和信息概念的比较……………………………（42）

信息论的发展及与物理的合流……………………（45）

第三章　物理学从"为我"走向"自在"

破　题………………………………………………（50）

物理学中的相对性概念……………………………（53）

认识主体的相对性…………………………………（55）

人择原理……………………………………………（61）

"为我"和"自在"的世界……………………………（66）

认识的一般条件……………………………………（69）

论"多世界"解释……………………………………（72）

第四章　结构和秩序，非平衡过程热力学

信息和熵……………………………………………（76）

非平衡过程热力学…………………………………（78）

记住贝纳特包的范本………………………………（82）

生命现象——生和死的界限………………………（86）

目的、利益、不可逆性………………………………（91）

分岔点偶然性的决定作用…………………………（94）

宏观信息的产生——自由度缩并…………………（96）

第五章　相对论和测不准关系

20世纪物理学的发现………………………………（102）

共轭量的由来………………………………………（104）

关联物理量的均方误差……………………………（107）

共轭量作为关联的信息通道……………………………………(109)

测不准关系更深刻的含义……………………………………(111)

第六章　对时空观念的挑战

古典的时空观念………………………………………………(114)

场为什么不能选作参照系……………………………………(119)

线性叠加原理…………………………………………………(122)

鲍林的共振论　无时间的变化………………………………(127)

时间的不可逆性………………………………………………(129)

波函数无边界…………………………………………………(131)

微观世界的"时空"特性………………………………………(135)

要点归纳………………………………………………………(138)

第七章　物理学对高端现象领域的应用（一）
　　　　——思维的本性

物理学的特殊使命……………………………………………(142)

智能系统………………………………………………………(147)

学习和创新……………………………………………………(151)

自我意识………………………………………………………(153)

个体意志………………………………………………………(157)

人脑中承载信息的可能结构…………………………………(161)

思维过程中的信息加工………………………………………(164)

思维的自组织运动……………………………………………(167)

选择倾向：经验、情感和情绪…………………………………(169)

潜意识和灵感…………………………………………………(171)

有限和无限——洛克的认识论原理…………………………(172)

第八章 物理学对高端现象领域的应用(二)
——社会的层次结构

演绎的社会科学 …………………………………………… (176)

社会的DNA ……………………………………………… (181)

社会的层次结构 …………………………………………… (184)

市场大系统 ………………………………………………… (188)

两种社会观:自由人集合 VS.社会系统 ………………… (191)

以人为本 …………………………………………………… (194)

财富的物理本性 …………………………………………… (196)

社会形态的变迁 …………………………………………… (198)

第九章 世界的统一

世界的统一性 ……………………………………………… (202)

形式关系的普适性 ………………………………………… (205)

因果律 ……………………………………………………… (208)

收敛和发散 ………………………………………………… (210)

理解信息的控制作用 ……………………………………… (213)

发展的大链条 ……………………………………………… (216)

物理学和哲学 ……………………………………………… (218)

附 录 机器人能控制人类吗? ……………………………… (223)
后 记 ……………………………………………………………… (239)

第一章

没有谁同人类掷骰子
——量子力学的解释

信息的概念

信息一词现在不仅用于各个学科领域，而且深入人们生活的方方面面。但当初这个词只是产生于通信这一特殊的行当，申农关于信息论的最早一本书就叫作《通信的数学理论》，无意将其扩充至各个现象领域。但信息一词究竟是指什么却未必谁都能说得准确，新闻啦、消息啦、情报啦、资讯啦、数据啦、知识啦，不一而足，什么都叫作"信息"，本书读者却不能限于这种一般水平。

20世纪60年代，苏联莫斯科大学物理系就开设了信息论的课程，但中国大学的物理系却没有，原因是中国物理学家当时或许真以为信息只属于通信的理论和技术，没那么广大的应用范围。尤其在通信过程中首先注重的是**信息量**的大小，即过程的数量方面，信息量太大，通道的传输能力不足，那便是大问题，而没有从根本上了解信息的**物理**含义，以至有人把信息论划归**数学**一类。然而我们将看到，信息概念的科学内容远非如此。

不过到了20世纪80年代，中国哲学界却发起了对信息问题的热烈讨论，即所谓**老三论**（信息论、控制论和系统论），模模糊糊感觉到相关知识对解答科学和社会发展问题的重要性，算是对信息概念的首次觉醒。那么什么是信息概念的准确表述呢？这需要回到信息论最早的创始人——斯采拉（Szilard）、艾什比（Ashby）等的论述中去，他们曾一致指出，信息的基础在于**变异度**（variety），即变化的可能。如果一件事始终如一，没有变化和选择的可能，那么就不能承载任何信息。好比竞选，若只有一位候选人，左右都是他，没有悬念，那就不能提供任何信息。假如两人竞争，那就有了不确定性，结果出来，甲胜乙败，不确定性消除，人们就会感觉获得了某些**信息**，不同于一个人唱独角戏。这件事值得玩味。首先，竞选者可能不止两个，还有第三人、第四人、第五人……，这样不确定性更大，消除不确定性后给出的**信息量**就该更多。其次，两个竞选者未必势均力敌，可能甲明显占优，他胜出不叫人意外，所获信息就不如势均力敌的情形，可见信息量的大小还同胜出的概率有关。竞选只是一个例子，类似的情形可以举出很多，例如物理测量，仪器面板上的读数很多，测量前指针的位置是不确定的，测量后指针停留在某个读数上，相当于从众多的读数中**选出**了一个，于是我们就获得了所测的物理量的信息。

这件事可以纳入一个简单的数学模型，即一个独立试验序列，有 N 个可能的事件（变异度为 N）。先假定每个事件发生的概率相等，即等于 $1/N$，这叫**平权假定**，相当于事先对事件一无所知，不偏不倚。在这种情形下，当其中一个事件确实发生时获得的信息 I 可定义为

$$I = \lg N \tag{1-1}$$

式中 lg 是以 2 为底的对数，当 $N=2$ 时，$I=1$，称作比特（bit），是信息量的单位，即由一个**二中择一**事件传递的信息。当 $N>2$ 时，$I>1$。式（1-1）可以看作是由下面的公式获得的：

$$I = -\frac{1}{N}\lg[1/(1/N)] - \frac{1}{N}\lg[1/(1/N)] - \frac{1}{N}\lg[1/(1/N)] - \cdots - \frac{1}{N}\lg[1/(1/N)]$$

$$= -N \times \frac{1}{N} \times \lg[1/(1/N)]$$

因 $1/N$ 具有概率的意义，当每个事件的概率不同时可将 $1/N$ 换成各自的概率 $p(i)$，那么在非等概率的一般情形下信息量即定义为

$$I = -\sum(i)p(i)\lg p(i) = \sum(i)p(i)\lg[1/p(i)] \tag{1-2}$$

式（1-2）就是申农关于信息量的著名公式。取对数的目的是使独立信息源提供的信息具有相加性。因为 N 个事件代表变异度为 N，假如另一个独立信息源有 M 个变异度，那么两者一道可能产生的变异度为 $M \times N$（N 的每个可能性都能和 M 的每个可能性匹配成一种不同的可能性），取对数正好使总信息量为两个信息源的信息量相加。

$$I = \lg(MN) = \lg M + \lg N = I_1 + I_2 \qquad (1-3)$$

假如两个信息源 M 和 N 不完全独立，之间有某些**关联**（从 M 可部分获知 N，或相反），这时 M 和 N 的某些可能的配对会受到限制而取消，例如某些配对重复，不代表不同的可能性，使总的变异度减少。这是信息论的一个基本原理，即关联减少信息量。因此，一般说来有

$$I \geqslant I_1 + I_2 + \cdots + I_n \qquad (1-3)'$$

申农关于信息量的定义还可以继续玩味。信息的基础是变异度，也就是必须存在差异，但这个差异绝不是**风马牛不相及**的差异，它们须是**同中之异**，比如仪器面板上的读数，虽然各不相同，却都属于同一个物理量。这是不言而喻的，不能读数 1 是电流，读数 2 却是物体的硬度，世上没有那种荒诞的仪器。不仅所有读数属于同一物理量，它们还都得用同样的单位度量（至少可以相互换算）。这点看似简单，却非常重要。它表明各事件之间存在**关联**，使它们的**概率具有此长彼消的关系**，一些事件发生的概率增大，另一些事件的概率就得减小。风马牛不相及的事件之间就不存在这种关系，例如今天晚上吃什么菜对明天天气毫无影响，这两件事便无法用来传递信息，我们也不能将它们纳入同一个变异度。

这意味着变异度须有特定的范围（context），归入同一个变异度的事件或可能性要明确，不能什么不同的东西都拉进来。N 个事件就是 N 个事件，刻度盘上有多少不同读数就是多少不同读数，精度提高，刻度加密，信息量也就增加。很显然，有确定的变异度才有确定的信息量，上面这些变异度都属于**编序集合**，各种变化的可能性如刻度盘上的读数，可以依次排列起来，甚至有确切的数值表征，成为**可测集合**。

申农的信息定义只是一类极简单的情形，非常直观，完全适合古典物理的测量模型，这些量都有直接的数值表征。在这个意义上，**申农信息和古典物理是完全匹配的**，古典物理过程中的信息流都属于申农信息，或者至少可以转化为申农信息。现代计算机，不管处理的信息量多么庞大，本性也属于申农信息，以比特作为计量单位。只有量子计算是例外情形，量子比特定义为一个二分量的叠加态：

$$|\psi\rangle = \alpha|0\rangle + \beta|1\rangle \qquad |\alpha|^2 + |\beta|^2 = 1 \qquad (1-4)$$

第一章 没有谁同人类掷骰子

式中系数 α 和 β 是常数，$|0>$ 和 $|1>$ 可以是电子自旋平行和反平行的态，也可以是光子的不同偏振态，等等。它和申农比特完全是两码事，申农态要么是 0，要么是 1，是古典态，而量子比特中的 $|0>$ 和 $|1>$ 却可以**同时存在**，是量子态。

申农的信息定义直观、基本，而且通过**编码**（coding）可以把大量的实际情况纳入它的模型，因此它的适用范围很广。但即便如此，它仍不是万能的，远不足以概括所有的复杂情形。有许多复杂事物，其信息量并不适合直接采用申农定义计算，比如地图传递的地面情况的信息，或者图形传递的人、事、物的信息。大量科学计算中用到的各种复杂的函数、程序，它们也包含重要的信息，都不方便直接采用申农的定义。于是，科尔莫哥洛夫（Колмогоров）指出了定义信息量的三种途径①，即申农的定义、图形的定义和算法论的定义，他最看好的是算法论的定义，即通过处理问题的程序长度来测算信息量的大小。

波尔和爱因斯坦关于量子力学完备性的争论

上一节算是一点预备知识，一般信息论的教科书中都能找到，只有同中之异，这点是本书作者在 20 世纪 80 年代指出的②。下面马上进入本书的主线索，从尼尔斯·波尔（Niles Bohr）和阿尔贝特·爱因斯坦（Albert Einstein）关

---

① Колмогоров. Проблемы Передачи Информации. Вып. 1, Стр. 3, 1965.

② 钟学富. 变异度和信息的统计定义. 中国社会科学, 1986年5卷2期, 77页. 这里的统计定义并非申农定义之外的新定义，只是强调申农定义中独立事件之间具有**统计关联**或它们的概率呈此消彼长的关系。

于量子力学完备性的争论入手。这是一场旷日持久的论争,爱因斯坦的观点包含在他与波道尔斯基(Podolsky)、罗森(Rosen)三人《**物理实在的量子力学描述能被认为是完备的吗?**》的著名论文中,通常称为EPR佯谬,其中包含现在经常用于举例的双粒子量子纠缠(quantum entanglement)的理想实验。波尔曾经详细叙述了他和爱因斯坦讨论的过程,现在已经没有必要回顾这些历史细节,而只消从解读爱因斯坦的一句名言来展开我们的讨论,这句名言就是:**我不相信上帝会同人类掷骰子!**

什么意思?爱因斯坦当然是针对量子力学说的,他是指量子力学的测量没准头,因为掷骰子就是没准头,谁知道掷出来是几点?按照量子测量理论,当对波函数Ψ进行测量时,只能得到物理量$\hat{O}$(表示为算符)的平均值$\bar{O}$,而不是单一的确切数值:

$$\bar{O} = \int \Psi \hat{O} \Psi d\tau \qquad (1-5)$$

式中,只有$\hat{O}$的本征态是例外,在这些态下,物理量有确切的数值,不过当测量别的物理量时仍然只能得到平均值,这和古典测量是完全不同的。在古典物理学中,对于测量质点的三个坐标和三个动量的分量,每个都有确切的数值,六个量都确定之后,质点的运动状态就完全确定了。

爱因斯坦习惯于古典的描述,认为微观粒子也应当纳入同样的模式,或许不叫坐标和动量,但总是可以赋予明确的物理意涵和确切数值的某些参量。他很清楚地表达了自己的思想:**但凡现实的物理要素,必定在一定时刻拥有确切的数值**,否则他就认为该思想对象"不属于物理现实"。坐标和动量之所以被认为现实或客观存在,皆因我们能测得它们的确切数值。

由于量子测量不能给出物理量的确切数值,爱因斯坦和许多人一样,都认为它表明量子力学在理论上"不完备",意指**还有另外的未知要素尚未纳入它的理论体系**,假如弄清了这些要素,那么任何物理量均可在量子态下测出确切的数值。这些未知的要素或参量,人们称为**隐参量**,吸引了众多物理学家的浓厚兴趣,一时间成为大热门。如提出物质波概念的法国人德布罗意(de Broglie)就假定粒子是在一种看不见的"量子场"中运动,粒子的轨迹就是在与场的相互作用中形成的,量子场便是它的隐参量。还有美国人戴维·波姆

(David Bohm)，他不仅提出自己的隐参量方案，甚至将隐参量解释提高到哲学的高度，认为随机性和决定性两种现象是随着系统的层次（level）变换而交替出现的（波姆的**层次理论**①）。爱因斯坦并没有构造特别的隐参量模型，但他提出的物理现实的标准证明他的思想完全站在隐参量的一边，是没有明说的隐参量主义者。事实上，他自称不懂光子的本性，并指责自认为懂得光子的人是自欺欺人，只不过反映了他无法将光子想象为古典粒子，而他的这个目标是不可能实现的。

波尔很冷静地对待爱因斯坦的质疑，他不直接回应爱因斯坦关于量子力学"不完备"的诘难，却另外指出了一个重要的事实，即薛定谔方程：

$$\frac{-\mathrm{i}\partial\Psi}{\partial t}=H\Psi \qquad (1-6)$$

本身是**完备**的（H 是系统的哈密顿量），因为**它允许在给定的物理条件下求解，从一个时刻的波函数获得后面时刻的波函数**，与牛顿方程允许从一个时刻的坐标和动量获得后面时刻的坐标和动量一模一样，**满足因果律的实质要求**。区别仅仅在于，古典粒子的物理状态以坐标和动量来表征，而量子力学中微观客体的物理状态则以波函数或希尔伯特（Hilbert）空间的态矢量来表征。这件事具有非常原则的意义，因为它采用了一个**全然不同的完备性标准：由运动方程（代表客观规律）自身决定的标准**。波尔很清楚地指出，不确定性的出现只发生在进行测量的时候，当波函数或态矢量**自己运动**时，方程的因果性证明量子力学是完备的。这就是波尔和爱因斯坦之间的主要分歧。那么为什么要对微观客体或波函数进行古典测量，即测量坐标、动量或其它古典物理学量呢？那是因为波函数或态矢量只是一个数学抽象，完全没有直观的形象，不能满足人们思考，尤其是实际应用的需要。在实际应用中，人们总是要同具体事物打交道，不能不采用古典物理的概念。于是这又引起关于**量子力学直观性问题**的讨论，在 20 世纪五六十年代曾经活跃一时。作者为此曾引用英国早期哲学家洛克的认识论原理，即人们只能将各种观念（逻辑学的表象）加以组合，却不

---

① David Bohm. Causality and Chance in Modern Physics. Routledge and Kogan Paul Ltd., 1957.

能创造任何新的观念,来证明古典概念的必要性和人类表象能力的天然限制,这点在本书第七章讨论了思维本性之后还将专门解释。

信息不完备是导致统计性的一般原因

现在来分析两位智者争议的实质,谁都有道理,所以得小心破题。虽然表面上两人分歧很大,但毕竟是智者,他们在一些基本点或常识方面其实仍然是有共性的。这就是,都承认**确定或指定一个物理状态,不论古典还是量子,必须有足够的数据**(今称**信息量**),假如**数据**或**信息量**不足,则系统的状态就不能确定。道理很简单,信息不完备就使系统状态具有各种可能,也就会造成概率分布,因此**信息不完备是导致统计性的一般原因**。物理学中本是如此:实三维空间中质点的力学状态须有三个坐标和三个动量的分量才能确定,缺少任何一个都不行。无论其它任何领域,即使日常生活中同样如此。对一个人了解不够,就很难预测他的行为;对敌军侦查不到位,仗就难打,只有知己知彼方能百战百胜,因为情报充分、准确,就能主动控制战争的进程。信息的作用在于控制,要使系统准确进到某一状态,就必须给出足够的信息,使方方面面都严格符合要求,这是信息和统计性、随机性或者相反的因果性之间最实质的联系。这个道理适合所有现象领域,所以应被视为常识或普遍原则。虽然如此,但意识到它和量子力学解释的关系还是20世纪80年代的事情,作者当时发表了一篇文章:《物理学的两项发展和哲学因果律问题》[①],既明白又含糊地提出了这个问题。明白在于把信息的完备性作为量子力学统计性的思考方向,指出

---

① 钟学富. 物理学的两项发展和哲学因果律问题. 自然辩证法研究, 1986年2卷3期, 11页.

了古典物理量作为信息通道不能读出确定量子态所需的全部信息；含糊则是尚未明确形成下节将要谈到的两种信息的概念，即古典和量子信息的实质差别。

信息是否足够或完备性的标准由谁确定？回答**只能是运动方程**，因为方程代表因果律或客观规律，要把系统带到某个确定的状态，只能通过运动方程。为什么三个坐标和三个动量的分量就能决定质点的状态呢？因为有了这些数据或信息质点的运动方程才能求解，多了少了都不行。而且只要数据合适，就能把质点带到任何给定的状态。这个标准也同样适合量子系统。为什么波尔拒绝爱因斯坦的批评，而坚持量子力学是完备的呢？是因为薛定谔方程允许在给定的条件下，从一个时刻的波函数求解以后时刻的波函数，从因果律来看，预期能力和牛顿方程是一样的。这个证据同样**有力地证明了波函数作为状态的表征是完备的**，因为它包含足够的信息决定微观客体的后续运动，实现了完美的控制，所以有理由或有资格作为系统状态的表征。

这就显示出，波尔和爱因斯坦的主要分歧在于两人在系统状态的表征方式上有不同的坚守，波尔接受抽象的波函数或希尔伯特空间的态矢量作为状态的表征，爱因斯坦却不然，他固守古典的**参量化**形式，认为它也适合微观客体，使其在任何确定的物理状态下，每个物理量都必须有确定的数值，这是所有隐参量主义者的主张。由于波函数只能给出古典物理量的平均值，因此他们断言波函数**不足以**表征系统的状态，相信需有另外的、未知的隐参量来消除这种不确定性，使所有古典物理学量＋隐参量都取得确切的数值，实现他们对物理现实的完备性主张。必须把争议的焦点分析到这个地步，才能抓住问题的本质，有望找到解决问题的出路。

两种信息：申农信息和结构信息

状态的两种表达方式其实代表着两种不同的信息。这是一个很重要的判断，波尔和爱因斯坦都没有这个概念，因为那时信息论尚未发展，物理学家不可能从这个视角进行思考。

现在情形不同了。一个是物理量，一个是波函数，为什么会代表两种不同的信息呢？物理量代表的信息自然是申农信息，已经知道它的一个基本特征，即支撑它的变异度是**编序**的，可以排成一个系列，甚至可以测出具体数值。事实上，**每次物理测量都是一个申农信息的模型**：一系列可能的数值，测量选中一个，其余读数的概率都向这个读数集中或缩并，使其等于1，成为一个必然事件（称**概率缩并**）。由于借助该物理量的测量获得了系统状态的信息，每个物理量都可以称作**信息通道**，传送着系统的相关信息，而且都是申农信息。通道所能传递的最大信息量称为通道的**信息容量**，实际上就是刻度盘上所有读数（最多只有这些读数）的总和。排除其它读数等于确定问题的范围，使变异度**有度**，它是由物理条件决定的。好比在通常的电气测量中，电流总不会动不动就达到上万安培，因为发电站的能量输出是有限的。

信息量的大小取决于测量的精度，刻度盘刻得越细，读数的有效数字越多，能够获得的信息量也就越大。这和信息作为变异度的定义是完全一致的，读数的多少就是变异度的大小，也是所能传输的最大信息量。从这里可以看出申农信息的一个重要特质，即它适合传输或通信，因此可称为**传输的信息**。传输会消除不确定性，因此有人把**消除不确定性**作为信息的本质特征，但这其实并不完全恰当。

第一章 没有谁同人类掷骰子

重要的问题在于，怎么把量子态、波函数或态矢量看作信息的承载者，它们显然不适合申农的定义，没有一个概率呈此消彼长的独立事件序列。这就必须**回到信息的原始定义**上去，那里把信息解释为变异度，即变化的可能性。**量子态、波函数或态矢量当然都有变化的可能**，体现为函数结构的不同，**它们构成变异度，能够承载信息**。可那是怎样的一种信息呢？

波函数或希尔伯特空间的态矢量都很具体，它们有许许多多，我们甚至能够写出它们的数学表达式，显示这个波函数和那个波函数的区别。例如平面波和球面波，前者是具有恒定**波矢**①的指数函数（可分解为与三个坐标对应的三个指数函数的乘积），它可以产生一个与波矢垂直的波前（wave front）平面；后者则是一个径向函数和一个球谐函数的乘积，波前为球面。这些差别可以统称为函数**结构**（或组成方式）的差别。不过量子态比较抽象，狄拉克（Dirac）最早提出的**变换理论**，指出一个量子态在不同表象（representation）中有不同的表现形式②，表象间可以互相变换，犹如从不同角度观察系统，不同角度对应于不同的测量，这有时称为**对测量仪器的相对性**。必须选定特定的表象，量子态才会变得具体或明晰，成为**能够理解的**数学形式。好比平面波或球面波，当然是从各自的函数结构来辨别的。如果不指定表象，量子态只是一个**抽象物**，我们只能笼统承认它们的差别（在指定表象后根据它们是否成为相同的函数，指出这个态和那个态同或不同），相信这些差别来自状态的内部结构。最后这个判断——不同的量子态之所以不同是因为它们的内部结构不同，本身并无直接的证据，只是一种**外推**，但这个外推是**合理的**，因为它是基于**已有的全部宏观经验**：任随两个事物之所以不同都能从它们的内部结构找到根据。机器不同是因为内部的零件和装配的方式不同，分子不同是因为组成它们的原子或

---

①一个大小和波长成反比，方向为波传播方向（或与波前 wave front 的平面垂直）的矢量.

②通常的表象是取某个物理量（表示为厄米算符）的本征函数的完备集所支撑的希尔伯特空间，量子态的波函数或态矢量可以对其展开（表示为本征函数的线性组合）. 表象的选择需切合问题的性质，如对中心场选择角动量的本征函数. 不同的物理量对应不同的测量仪器，因此表象的选择和变换（为了保持波函数的归一化，须是幺正变换）亦可视为"对测量仪器的相对性".

原子的排列不同，等等。需要强调，单说量子态，它只是一个抽象的存在，因为它尚未与它物发生关系（选定表象就与它物发生关系了），用黑格尔的话说即"**自在**"的，不能描述其具体内容，更没有形象的解释。

注意结构是一个十分普遍的概念，任何具体事物都有结构，没有结构就是混沌一团。有如处处均匀的平衡态，它的熵最大，却不能承载信息，或信息量为零，这是热力学原理告诉我们的。一般来说，结构可以分解为**元素及元素之间的关系**，好像分子、机器或任何其它系统的结构一样。元素不同或元素之间的关系不同都属于不同的结构，两者都是结构的内容。20世纪哲学和科学界曾热烈讨论过**结构和功能**的关系，它是**一类普遍的形式关系**。分子结构不同其性质（在不同反应中所起的作用）便不一样，即使组成分子的原子完全一样，但凡原子之间的关系稍有异动，分子的整体性质也会不同（同分异构体）。对机器及零件也同样可以这么说。这些概念可以推广到任何现象领域，甚至人类社会，好比一个公司调整了它的章程或程序规则，结果办事效率显著提升，章程或程序规则其实就是公司各部门或人员之间的关系，或者公司的内部结构。

对象或系统的结构未必能具体描述。两个对象或系统，假如要明白指出它们哪个元素或哪些元素不同，或哪些元素之间的关系不同，它们的结构都必须具有**分解**的形式。但不是任何时候我们都能进行分解，清晰和具体地指出对象或系统有哪些成员或元素，确切描述它的成员或元素之间的关系。不过不能分解并不表示元素及其之间的关系就不存在了，因为认识有个过程，一时搞不清不等于永远搞不清。控制论中有所谓**黑箱**（black box）的概念，那就是对系统的内部结构尚不甚了然。好比人体及器官，不仅古代，即便现代医学仍不能完全把握。我们无法从解剖、生理，尤其是病理学的角度说明一切疾病的根源，很多细节都不明白，只能随认识的深入逐步弄清。在此之前，虽不能确切描述器官的每个局部和细节，但我们有信心，器官的内部结构和功能总会越来越明白，黑箱不会永远黑下去，终归会变得一目了然。

就基本物理而言，现今关于物质结构的概念只到基本粒子（轻子、夸克和玻色子）的程度，再往下就一团漆黑（谁知道夸克的内部结构?）。但**这不代表认识不可以再深入**，因此我们仍把粒子的外部性质归因于粒子的内部结构，哪怕这个内部结构的内容暂时还一无所知。但它是唯一的可能性，因为全部认识的经验表明，**物的特性是物的内部关系和外部关系的统一**，内部关系或结构是基础，却必须表现于外部关系中，否则就只能去寻找神秘的要素了！

从信息的角度，其实要求很简单，**既然结构存在差异，结构就能承载信息**。好比两张照片，张三和李四，一看就能分辨他们。这自然归因于照片图形的结构：李四眼睛大，张三鼻梁高……，根据这些特征我们很容易辨识谁是谁。这证明，结构能够表达各种各样的差别，因此也就能够承载信息，称为**结构信息**。可以说，**任何对结构的描述（语言、符号等）都是结构信息**，因为描述就是把一个结构同别的结构区分开来，展示了变异度。一般情况下，描述结构可能包含冗量或啰唆话，把啰唆话拿掉，表述更加精炼，却不引起含混，同样是结构信息。不光系统有结构，系统的**状态**也有结构（未必能明确说出）。但状态之间是有区别的，所以状态也承载信息，叫作**状态的结构信息**，无论描写状态的方式如何。描述是结构被认识的可能性，不能描述的结构只是孤立的存在，怎么认识？描述就包含不确定性的消除，也就传递了信息，所以可描述是信息传递的前提。说眼前的物体是石头，就排除了它是玻璃、塑料、金属……，自然传递了信息。

结构信息包括申农信息，因为申农的独立事件序列无非是一种**编序结构**，只要序列内部存在统计关联，各事件的概率呈此长彼消的关系。类似地，波函数或希尔伯特空间的态矢量，不消具有任何解析表达式，例如狄拉克δ函数或更怪异的广义函数，均可承载一定的结构信息。重要的是，这些信息能用来确定微观客体的运动状态，所以是状态的结构信息，却未必能编序，不是申农信息。古典力学中质点状态用坐标和动量描写，它们既是结构信息，也是申农信息。

科尔莫哥洛夫定义信息量的三种途径

科尔莫哥洛夫是苏联的大数学家，在诸多领域有所建树，他在20世纪60年代写了一篇文章叫《定义信息量的三种途径》（见5页注解①），颇有影响。这三种途径头一个就是前面讲过的申农信息；其次是图形传递的信息；最后是算法论定义，科尔莫哥洛夫最看好它。申农信息无须再说，图形传递的信息可以是地图传输的关于地面城市、交通、地形地貌等的信息，也可以是人像、物品、风光……，由于音像技术的发展，图形传递的信息还可以动起来，像放映电影，成为连续的信息流，并和音效配合组成一个完整的故事，其实就是一帧一帧的画面，它们都承载着信息。语言、文字的信息亦可归入图形信息一类，像方块字、拼音字母都可以当作图形处理，声音则是频率的结构花样，相当于时间轴上的**图形**。

图形信息的一个重要限制是分辨率，地图是按比例尺绘制的，但不能把这个比例外推到某个极限之下。假如人造卫星的地面分辨率为1米，那么地面上距离1米以下的物品就不能用卫星图片来表达。这也适合于绘画，画家控制自己的画笔，用它传递自己心中关于美的信息，甚至包括自己的感情。但画家不能控制画笔上的每根鬃毛，所以鬃毛在画面上产生的"笔触"并不传递美的信息。观赏油画需要和画布保持适当的距离就是这个道理（距离产生美）。

现代的声像技术引入**像素**的概念后，**图形信息可以实现和申农信息的沟通**。因为每个像素都可视为亮度和颜色的组合，而颜色则是三原色的数组（三原色的不同比例），它们均可以纳入申农信息的框架（亮度和原色的比例均可以用数字测量),整个画面则是大量传递申农信息的通道的组合。人能直接接受图形的信息证明了人对信息的**整合能力**,这一点也不奇怪,因为人具有多种感官,接收的信息本来就多种多样,需要整合。整合的意思是不光接受不同通道传递的信息本身,还能确定它们之间的**关系**(简单的如空间中的上下、左右、前后,时间中的先后等)。其实,视场有一定的立体角,视网膜也不只是一个点,因此视觉本身即具有整合的性质。不仅如此,低层次信息整合后可产生高层次信息,感觉也能接受。比如交谈中的话中有话、弦外之音都属于这种情形。

当然,低层次信息整合成高层次信息,实现层次过渡是有条件的。好比像素的组合要成为有意义的图形(图1),像素就不能随便取值,必须保持特定的**关联**或**分布**,即这个像素的取值依赖于所有其它像素的取值。图形不同,关联也不一样。在这个意义上可以认为**图形的信息**(例如图形是眼睛还是鼻子)**是从关联中形成或产生的**。这更加强了结构信息的概念,因为关联即内部关系,它就代表着图形的结构。从人能直接接受图形的信息可以看出,申农的信息通道只是最简单的通道范本,图形能直接传递信息说明它本身就是通道,而且是复合的申农通道,正因为如此,我们才有读图一说。这件事(读图)证明了**人的感知具有整合的能力,不仅能感知特性,而且能感知关系**——观察物体运动就包含对关系的感知。

算法论定义最被科尔莫哥洛夫看好,认为它适用的范围最广,可以这样来简单解释算法论的定义。假如要对函数的数值进行计算,自然会遇到两个问题,第一是函数的形状或结构,第二是计算要求的精度。假如函数形状简单,比如就是普通的四则运算,加上一两项乘幂,它的复杂性不高,自然很容易,程序也不会太长。但如函数形状很复杂,包含若干超越函数甚至特殊函数,打印得好几页纸,那么计算它的程序必然很长。至于精度,当然要求越高,计算程序也会越长,因为例如指数函数或其它超越函数,常常要化作幂级数的展开计算,精度越高,需要的幂级数项数也就越多。这些都被概括到"函数的复杂性"的概念之下。因此,在精度要求给定之后,比较两个不同函数的计算程序是有意义的,复杂性高的,程序就长,否则就短。这些程序操作最终被归结为计算机的基本指令（加减和逻辑判断），它们用申农的信息量单位比特来衡量。

这里有一个问题，即计算程序的结构并非唯一，于是原则上可以选择一个**最短**的程序作为衡量复杂性的标准，即使没有如何寻找这个最短程序的普遍方法（只有一些消除冗量的规则，不足以实现最短）。在这种情形下，科尔莫哥洛夫就把**想象中的**最短计算程序的长度作为**函数复杂性**或**信息量**的定义——因为程序长度最终是用比特数来表示的。可利用程序处理的问题很多，远不只是函数计算，一项工程问题亦可用程序解决，所以算法论的定义能够推广到各种重要的情形。

这个定义的实用性无可非议，因为大量的具体问题均可进行程序化处理。但它并不能普遍用到结构信息的情形，以作为结构信息的信息量定义。但结构有复杂性的概念，而且结构越复杂越可能变化多端，产生更大的变异度，承载更大的信息量。这些关联的方式并不具体，没有定量的尺度，从精密科学的观点来看不可能接受。至于把复杂性归结到程序长度那就会使概念更加模糊，因为程序是人编制的，各个人水平不一样，没有理论上严格的最佳化标准，所以程序长度并非一个确切、允许定量化使用的概念。当然最重要的是，**物理理论本身都没有对精度设限**，都认为自己是无限精确的，自然就更不可能接受这样的定义。我们宁可对结构信息下这样的定义：对结构的（任何）描述都是结构信息，描述代表了沟通的可能性，对描述的要求仅限于能将该结构与另外的结构相区别，允许冗量（啰唆话），但必须确切，而且描述的方式是开放的。

康托尔的集合论——空间的信息容量

表面上，结构信息似乎并没带来什么进展，把范围（context）内可能的结构都计算在内，当作变异度，然后取对数，这不是和申农信息一样吗？不然！在物理问题中讨论信息量，与通信问题中的要求大不一样，具体数值并不重要，不是非算出来不可，如进行物理测量，需要的只是读数，并不计算每个读数给出多少信息量。实际信息量的大小取决于计算或测量精度，而理论精度须是**无限**的。因为一般理论并未自己给自己设限，使自己在什么范围之外就不成立了。注意这种设限不是外在的宣称，须把限制条件容纳在理论的公式体系中，使公式体系在某个范围之外自动失效，或修改成别的形式。因此我们可以在"任意小的尺度下"，例如 10^{-500} cm 或更小，远远超出弦理论①设想的范围，求解牛顿的运动方程。虽然这样做没有任何实际意义，但从原则上说却没有任何不妥，把长度的单位改小就行了。

给古典物理设限的是相对论和量子力学，但这种设限仍是外在的，因为古典物理和量子物理是两套公式体系，源头互不相干。两者之间有著名的**对应原理**，即让光速趋于无限，普朗克常数趋于零，相对论力学和量子力学就变成古典力学。其所以如此是因为，例如用古典力学计算接近光速的运动，得到的结果将与实验不符，但在低速运动下，则古典力学给出的结果仍大致正确。因此相对论和量子力学加于古典物理的界限只是外在的。

就实际测量而言，任何物理量只消有理数就够了，但理论计算却可能出现

---

① 这是一种关于物质结构的理论模型，假定在 10^{-13} cm 范围内成立，有精巧的设计，但尚未获证实.

无理数，于是不设限的物理理论就要求把物理量的取值范围扩充至整个实数域，或具有连续统的结构。这个连续统代表了一维数轴的**信息容量**，和数轴上**点的总数**一样多。注意**容量**指的是最大信息量，例如通道容量便是指测量的范围，或所有可能的测量值。空间升级成二维或三维后情况也一样（二维及三维连续统），每个**点**同样代表一个取值的可能性，其总数就等于二维或三维空间的信息容量。

为了深刻理解信息容量的内涵，需要知道一点无穷集合的**势**（potential）的概念，它是集合论的创始人康托尔首先提出的，可以认为是有限集合的**元素个数**概念的直接推广。有限集合的元素个数就是某个自然数，但对无穷集合就不能这么讲，因为它们的元素个数是无限的。但无限集合也可以比较**大小**或趋向无限的**快慢**，因为无穷大或无穷小都有**阶**（order），阶数越高趋向无穷就越快。阶不必是整数或有理数，也可以是无理数，因为幂函数的"幂"包含这些数，无理数也属于编序甚至可测集合，可以比较大小。

最基本的无限集合是自然数的集合，元素个数称作**可数集合的势**（因自然数是用来计数的），它好像刚够无限集合的门槛，因为别的无限集合的势都比它**高**。最典型的是**连续集的势**，它比可数集合的势高很多。好比说，只要数轴上一个有限线段，如从 0 到 1，它所包含的点数都比它多很多。比连续统的势更高的势也有的是，康托尔人为构造了许多集合，例如将连续统的每个点加以扩充，这类细节超出本书的范围。但有些点集，它们导致**分数维**的概念，物理上很有意义。如将一个线段等分成三段，可在想象中去掉其中段，但实际上仍然暂时保留，然后将三个线段继续分成三等份并想象去掉其中段，但实际上仍暂时保留。将这个过程无限继续，直到最后（即取极限时）才真正将所有中段（此时已变得非常非常小）去掉（过程进行到有限步骤时都不实际去掉），剩下的点组成的集合自然使原先的线段残缺不全，不足以支撑一个**整**的维度，只能支撑一个**分数维**。它在许多物理问题，如分形（fractal）和准晶（quasi-crystal）中扮演重要的角色，这个过程包含一个典型的自相似变换（每次都在想象中去掉中段），引起许多物理学家的兴趣。

势的概念虽然源自有限集合的元素个数，但却和个数很不相同。对于有限集合，整体大于部分是理所当然的。例如从 1 到 100 的整数共 100 个，其中偶数或奇数各占 50 个，都小于 100 个。可是推广到整个偶数和奇数集合，情形就不一样了，因为这两个集合也是无限的，它们的势和自然数集合的势却完全一样，因为很容易建立自然数集合和偶数或奇数集合的一一对应关系。对于任何一个自然数 n，都能找到一个对应的偶数 $2n$ 或奇数 $2n+1$，所以它们和自然数集合元素的个数**一样多**（势相等）。这点说出来容易理解，但在实际问题中却常引起含糊，例如有人假定"宇宙总能量为常数"，它就违背了上述规则，因为"常数"必须是有限的，无穷大不能被当作常数处理。

　　回到两种信息的容量问题，申农信息十分简单，它完全适合普通的一维或多维空间。困难只在于结构信息，能否找出与它相应的信息空间和信息容量呢？现在只能尴尬地承认：没办法。结构的概念，因为极其广泛，所以缺少具体规定，只是一个**非编序**集合，很不容易处理。非编序的意思是，两个结构，哪怕归为同类（例如都是三角形），放在一起，谁能指出其中一个先于另一个？这和两个实数放在一起，总可依大小排出顺序完全不一样。或者说，三角形可以比较面积，但面积大或小就一定为先吗？正因为如此，我们也无法指出一个结构，例如三角形旁边**紧邻**的是什么结构？注意集合有三种情形：非编序、编序和可测，一个比一个条件更严格。编序的未必可测，也就是存在不可度量的情形：例如今天工作你比我累，但他比你更累，你、我、他之间按工作劳累程度可以排出顺序，但却说不出你究竟比我累多少，3 倍、2 倍还是 1.5 倍？不能度量，也就是不可测。

　　结构信息虽然麻烦，但它是**普遍概念**，无论量子态还是古典态都必须采用它，因为状态具有结构且有变化的可能性，它是定义信息概念的基础。尤其从关联产生信息的原则来看，结构正意味着关联，代表信息的具体内容，决不可被抹杀。古典态的信息也是结构信息，只不过它的结构非常特殊，恰好能分解为六个独立的申农通道（三个坐标和三个动量分量），这件事的原因应当可以从人体感官接受自然信息的方式去寻找：我们从三个方向接受距离的信息（中耳有三个垂直的耳蜗），从而成就了实三维空间的概念。可以把这件事看作人类和自然界达成的**默契**，也体现了两者之间的和谐。而量子态却远没有这么简单，我们不能直接感知它，只能根据既有的宏观经验去揣摩它、想象它，但它与宏观经验并没有什么默契或和谐，这是一切麻烦最主要的根源。

从两种信息看隐参量的不可能

经过抽丝剥茧，我们看到，古典态和量子态对应着两种不同的结构信息，这导致两种物理理论之间沟通的困难，于是我们可以来分析波尔和爱因斯坦分歧的实质了。逻辑其实很简单，也非常直接。确定一个物理状态必须有一定的信息量，这个信息量并非有限的具体比特数（它依赖于问题所需的精度），而是指极限行为，即相应的信息空间的信息容量满足无限或任意精度的要求（因为理论无法给自己设限）。**假如量子态的信息原则上能被若干（有限个）申农信息通道全部、毫无保留地传递出来（表达为申农信息），那么隐参量的解释就是可能的**（还可以说，假如隐参量是可能的，那么物理学只消 N 维空间就够了，无需分数维）。这里"全部或毫无保留"应满足无限或**任意精度**的要求，且**恰到好处**，由比较康托尔无穷集合的势来判断（注意**势的概念在康托尔的集合论中是确切的**）。这显然不可能，因为支撑结构信息变异度的是一组给定条件下的可能结构，它是**非编序集合**，无法确定它的范围，也**无法给出信息量的具体数值**，这是问题的核心。在这种情况下，量子态的信息空间没有精确的定量定义，无法讨论信息容量。即便找到它的信息空间，能不能作**独立信息通道的分解**也毫无保证（注意数值之间可能存在不可公度的情形）。

隐参量不论采取何种形式，如德布罗意的量子场或戴维·波姆的量子势，**只要满足爱因斯坦"现实要素需有确切数值"的要求，便必定属于申农信息**，也就无法用它把确定一个量子态所必需的信息量全部读出来（获得该信息），使对这个态有确切的描述，至少在一般情形下，即非本征态绝不可能，核心是由于非编序集合和编序、甚至可测集合之间难以实现沟通。这就是从更深的信息层次观察量子力学的隐参量解释（假定可以用古典物理学量＋隐参量的办法描述任何量子态）所得的结果。在这种情形下，量子力学的统计性是不可避免的。本征态的情形稍显例外，因为给定了本征值，状态波函数也就同时确定了。例如平面波，只要给定了粒子的动量或波矢，波函数就确定了，但它仍不同于粒子的轨迹，这个问题后面还会有进一步的讨论。

现在大家关于隐参量问题的判断主要是根据**贝尔**（Bell）**不等式**的相关实验（可搜索互联网上的解释），绝大多数物理学家接受实验的结果，不再幻想定域隐参量的方案是解释量子力学的正确途径。但这似嫌缺乏理论的高度和说明，因为**需要一个广泛的概念框架，否则实验可能只是出于偶然**。两种信息的概念或许能弥补这个空白，毕竟它属于基本物理的层次，具有广大的外延。此外，认识结构信息的难点也同时有助于了解当今物理学的理论风格和认识发展的程度。

别希望从科尔莫哥洛夫的算法论定义给结构信息找到任何出路或帮助，因为这个定义只有实用的价值而无理论的意义。它把变异度转换成复杂性的概念，再把复杂性用程序长度来测量，早**已将信息作为变异度的本来意义弄得面目全非**，丧失了任何理论分析的价值。

现在返回来再看波尔和爱因斯坦的争论，很显然，这里没有任何人或上帝在同人类掷骰子，是人类自己糊涂，搞不清两种信息的本质区别和它们之间沟通的困难。由于从古典物理沿袭的思想习惯，非要把量子信息纳入申农信息的框架，这是一个不合理要求，根本不可能实现。从这个角度看，霍金反驳爱因斯坦说"上帝就是在同人类掷骰子！"也**同样不对**，而且这句话反映了他对量子力学的统计性认识有误：既然是"上帝"在同人类掷骰子，那么很容易使人想到历史上曾经出现却很快被人们否定的所谓量子力学的**随机解释**（stochastic interpretation），即认为微观客体**本性**就是随机的。**这类解释等于什么也没有解释**："本性如此"就是不让人去追寻更具体的"本性"，和说某人坏是"天生"的坏一个道理，既然是"天生的"，也就不用再去分析其成长环境、教育过程和生活经历了，天生就是天生！霍金肯定"上帝同人类掷骰子"不仅承认了"掷骰子"（量子力学的统计性）确有其事，而且断言掷骰子的主体是"上帝"，这便犹言量子力学的统计性是**天性**。随机解释遭到绝大多数物理学家的抵制是理所当然的，毕竟因果律是当今人们世界观的重要基石之一，否定它、打倒它整个世界就会乱套。假如微观客体本性就是随机的，那将如何过渡到宏观世界，重新恢复因果律应有的地位或权威？

再谈结构信息——从本征态开始

结构信息的概念十分广泛，但它可能还是使人感觉陌生或不够具体。一般来说，结构是指整体内局部之间的关系，任何具体对象都适用结构的概念，没有结构就是混沌一团，不可认识，不能同其它对象相区别。它可以是：第一，系统的结构，系统划分为子系统或元素，结构则需认定这些局部对象，同时认定局部间的关系，此概念多用于硬件；第二，状态的结构，依据系统对局部的划分，认定其局部的状态，进而描述系统状态的整体特征，假如在实空间，事情较为容易，但如果不在实空间，只是一些抽象的数学或逻辑关系，就不具有直观性；第三，过程的结构，过程划分为片段，因此有片段之间的衔接或并行等关系，例如软件程序，它包括主程序和若干子程序。状态的结构特征其实是一个经常性课题，如激光的单色性、偏振平面、频率、强度等，均属于状态结构。但"量子态"的状态结构却很空洞和抽象，因为它超出人的表象能力，波粒二象性该怎么想象？后面第六章将说明，量子态会超越古典的时空，因此不能有直观的分析，它的具体特征都包含在数学结构里，很难有语言的描述。

但事情未必都那么绝对。前面提到过**本征态**的情形，在这种状态下，力学量有确定的数值，说不定有可能从它这里撕开一条口子。量子力学区别于古典力学最重要的一条是"态叠加原理"：系统如果能够处于 φ_1，φ_2，φ_3，…诸状态，那么它也就可以处于这些态的线性叠加态：

$$\Psi = a_1\varphi_1 + a_2\varphi_2 + a_3\varphi_3 + \cdots \tag{1-7}$$

式中系数 a_1，a_2，a_3，…决定各个态在整体中所占的份额。这个原理的更深刻的含义以后再说。它的一个重要的实用功能是可用来将任意的波函数展开，表达为本征态的线性叠加态。古典力学量子化之后力学量应表达为厄米算符（或矩阵），要求算符具有厄米性是因为必须保证本征值或测量值为实数。厄米算符的本征函数作为态矢量，构成一个**完备基集**，支撑一个完备的希尔伯特空间。完备的意思是这个空间中的任何矢量均可对其展开，或表示为它的基函数的线性组合。由于这些基函数都是某个力学量（携带申农信息）的本征函数，因此它们应当和该力学量有某种特殊关系，允许我们对它们进行物理分析，很像通常的调和分析。

最常见的物理量包括动量和角动量，它们对应的本征函数是平面波和球面波。两者均有比较直观的物理图像，能够部分展示状态的结构信息。平面波意味着它的波前（位相相同的点组成的流形）须是平面，这就是重要的状态特征，也是加于状态的很强的约束条件，影响着它所能承载的信息。必须对作为信息基础的变异度有所了解，它不是抽象的可能性，而是给定的约束条件限制的可能性。求解力学问题的变分原理是：在所有不违背约束条件的轨道中，寻求使作用量泛函取极小值的一条。就变分原理的提法而言，量子力学和古典力学是类似的，因为因果律对两者而言都是一样的，所以将两者作对比是有物理意义的。因此，寻求特定量子系统的运动问题的解答，也得考虑约束条件。例如选择平面波作基函数，它会对可能的波包组成有非常实质的限制，类似的限制也适用于球面波，它的波前应是以某个中心场为参照系的球面。实三维空间中平面波的波函数表示为指数函数 $A\exp(-i\boldsymbol{k}\cdot\boldsymbol{r})$，括号中的标积等于位置矢量 $\boldsymbol{r}$ 在波传播方向（与波矢 $\boldsymbol{k}$ 一致）上的投影，如果 $\boldsymbol{r}$ 限制在与 $\boldsymbol{k}$ 垂直的平面上，则投影为常数，表示平面上每一点振动的位相都相同。球面波的情形稍微复杂点，它表示为"球谐函数"$Y_{1m}(\theta, \varphi)$，它由勒让德（Legendre）多项式和贝塞尔（Bessel）函数组成，此外还应当有一个径向部分 $R(r)$，其中 r，θ，φ 为球坐标。函数的脚标（$1m$）与角动量算符 L 及其分量 L_z 的本征值有关。

值得注意的是，平面波或球面波均非量子态本身，而只是它在实三维空间中的**表象**，实三维空间是从经验起源的，并不属于量子态。本书后面将说明，量子态本身并不具备**时空**的特性。但这个**表象和量子态之间的对应应该是严格的**，须知没有表象，我们对一个量子态将完全莫可名状，必须选定了表象方可以述说它，这是"表象"理论的核心思想，并非只是选择基函数实行计算那么简单。当然，即便有了表象，我们对量子态的（语言）述说，如说它是平面波或球面波，仍嫌不够完善，不足以传递所有状态结构的信息。但在选定表象之下的数学表达式却应当被认为是完善的，**因为从数学表达式可以求解薛定谔方程，得到问题的完满解答**。这雄辩地证明了数学表述相对于语言表述的巨大优势，只有**在数学公式中才能最完整地保留自然的信息**。由此可以领会海森堡强调牛顿力学不仅给我们提供了运动的规律，而且证明了人能用数学描写自然界的能力，这个本事不是仅仅把规律的表述换了个花样或形式，写得更为简洁，而是体现了人类能**用数学工具完整地掌控自然信息**，数学公式中各种符号的意义和关联更具有概括性，它们都具体表达着语言难以述说的自然信息，这对于因果律是非常实质性的。

这件事也意味着我们最终必须要回到波函数或态矢量所属的希尔伯特空间，研究这个空间的信息容量，因为正是这个空间完整地保有量子态的自然信息，和实三维（欧几里得）空间包含古典粒子完整的运动信息一样。可以预见，这个空间的信息容量将会是一个饶有兴趣的科学问题，因为实三维的信息容量已经有人研究过，它可以归结为申农信息，在理论的无限精度的要求下可以借助康托尔无限集的势来表达。注意只要两个无限集的势相等，即可认为它们的元素个数一样多，尽管这个"一样多"的含义与有限集并不一样，只是一一对应的关系，犹如自然数集和偶数集一样。但是，实际信息量的计算永远只到有限精度为止，因此只要两个集合的康托尔势完全相同，就可以对它们的信息容量进行任意（有限）精度的计算，就像自然数集和偶数集对应的（离散）空间的信息容量相等一样。在这种意义下，康托尔的势可以认为是严格的。

注意希尔伯特空间是复数空间，不仅它的数轴比实空间"多一倍"，更重要的是它的**点**不再是编序集合（实数在前还是虚数在前？）。这给约束条件的应用增加了困难，但困难总会逐渐被克服，毕竟量子态包含的信息量还是一个新课题，它不会永远是一个抽象的捉摸不定的东西。

为什么波尔胜出爱因斯坦一筹

现在能够看出在波尔和爱因斯坦的争论中为什么波尔会胜出一筹了，因为他跳出了古典物理的概念框架，不固守于物理态只用若干物理学量来表示的一种方式，而承认量子态（物理态的另一种情形）可以表述为波函数，特别是肯定了从薛定谔方程或因果律的角度来看，这种表述是**完备的**。这件事意义很大，至少可以从两个方面来说。

第一是开启了结构信息的大门，否则把状态的描写局限于一组独立参量的形式，那就等于把思想绑定在申农信息的范围，阻碍了对信息问题采取更广泛的视角。当然，在波尔和爱因斯坦的时代信息论尚未兴起，但它是个或早或晚的必然。必须看到，波尔接受波函数作为物理状态（量子态）的描写方式是一个勇敢的决定，并不只是顺其自然或顺水推舟那么简单。薛定谔此前已经写出了量子力学最著名的方程式，其中波函数业已取得作为状态表征的地位，波恩还给出了它的统计解释，可谓已经对此做了铺垫。尽管波函数并非波尔本人的发现，但他通过和爱因斯坦的长期争论把问题彻底铺开了，从而启发了人们更多的想象。

第二，他给完备性的条件设立了一个客观的标准，那就是运动方程或因果律的自然标准，此前爱因斯坦的标准虽然从古典物理学来看并无不妥，却明显带有局限性：一面把自己限定得很死；另一面却又试图把它推向普遍。虽然把特殊推向普遍或"外推"是科学中的常见现象，但它必须是真普遍，而这次爱因斯坦恰恰弄错了，**参量组**作为状态表征的方式并不具有普遍性，因为不能假定信息通道都能普遍做申农式分解。能不能做这种外推的判据得由科学规律本身说了算，波尔在这点上可谓把握住了分寸。他强调了薛定谔方程的作用和地位，尤其凸显了信息的控制作用。运动方程由一个时刻的系统状态决定它以后时刻的状态一事，从信息的角度来看就是：上一时刻状态的结构信息已经完备，足以因果地控制系统进入下一时刻的特定状态，此特定状态由运动方程预期。整个过程就是一个环环相扣的因果链条。它应当作为我们对物理规律本质的了解：它携带了足够（完备）的自然信息，对过程实施有效的控制，信息的唯一功能就是控制。

这就是我们对**量子力学的解释问题**的认识，虽然对于当代物理学，它似乎早已落后于前沿，不比其它更时髦或更具实用前景的课题，比如基本粒子的结构那样受到关注，但它不可动摇的基础地位使它永远不可能被悄无声息地绕开或回避。例如量子场论的概念框架便依然建立在量子力学之上，所谓粒子的量子态不过是它的粒子数算符作用到真空态波函数上的结果，因此量子力学得不到正确和合理的解释，其它什么理论的基础都是不牢固的。在这点上我们不可能向实用主义者妥协，他们主张，只要能用量子力学的公式算出正确的结果，与实验相符，管它这个解释还是那个解释呢！在他们看来，世界可以这样也可以那样，人类但求眼下的生存便足够了。而我们却要顾及将来，我们绝不放弃**弄清世界的本来面目**这个形而上的目标。

第二章

信息在世界基本架构中的地位

信息概念的哲学争论

从量子力学的解释中可看出信息问题非比寻常,它不是一个普通的科学概念,使人不得不刮目相看,因此需要绕点圈子,从更高的视角来审视和分析它,认识它在世界的基本架构中的地位。

20世纪80年代中国哲学界曾对信息论、控制论和系统论(即"老三论")有过热烈的讨论,对专门的科学问题引起如此巨大的正面的哲学兴趣无论在历史上还是现在都是十分罕见的。可惜由于讨论未能切中要害,许多内容流于空泛,不得要领,充满了学究气。虽然如此,它还是引起了一定的关注,甚至连带牵涉到普利高津的不可逆过程热力学,使他本人十分讶异,他的学说为何在中国引起了如此多的关注,他承认这在世界范围是独一无二的。

当时人们主要迷茫于两个问题。第一个问题缘起于哲学和专门科学的关系。因为中国哲学家大都沿袭苏联哲学界的思想路线,把外部世界划分为自然界、思维现象和人类社会三大基本领域①,认为只有哲学才是概括整个外部世界的普遍规律的科学,其它都只属于**专门科学**,应当限制于专门领域,可是信息论、控制论和系统论却和哲学一样,在三个基本领域都通行无阻,有自己适用的情形,可谓遍及三个基本领域②,那么哲学和"三论"的区别或界限在哪里?

---

①不把思维运动纳入自然现象反映了当时人们对这类现象保留的神秘感,甚至某些偏见,这使心理学不知自己应属自然科学还是社会科学,有如蝙蝠不知自己属于兽类还是鸟类一样.

②控制论的创始人维纳曾经怀疑他的理论是否适用于人类社会,但后来的发展证明这种担心是不必要的.

这个迷茫反映了学术界在**科学分类**问题上的思想混乱，不懂得在对不同现象领域分门别类进行研究的**实体科学**之外，还有以通行于所有现象领域的各种**形式关系**为对象的**形式科学**（与英国罗素的形式科学概念不同），即如数学，自然界和社会领域的计数与算术运算规则是完全一样的。存在这类形式关系证明了**世界的统一性**。因此，科学分类的原则首先不是**自然科学**和**社会科学**，而是"实体科学"（**同时包含自然科学和社会科学**）与"形式科学"（数学、信息论、控制论、系统论，甚至热力学的一部分）的划分。笔者首先提出了这个新的科学分类原则，从而为数学和信息论等一大批形式科学定了性[1][2]，指出形式关系本就遍及各个现象领域，是各种运动形式中共同的东西，所以不受现象领域的限制，以此帮助哲学家们解除不必要的担忧和疑虑，告诉他们形式科学专注各类具体的形式关系，无意染指哲学家们醉心的那些更广大、更抽象的概念、范畴和规律，更不会侵占他们的领地。

第二个迷茫则是关于信息的**哲学本性**，实质是有人搞不清它和物质、运动等基本哲学范畴的关系，具体来说就是不知道这一概念在亚里士多德的客体划分理论（见下面第三小节）中居于何种地位。当时共有**三派**观点，有将它归属于物质的，有认为它表达的是关系的，笔者当时明确指出信息本身属于**特性**的范畴，因为信息需要**载体**，它不能飘浮在空中，因此不属于物质或对象的范畴。信息的基础是变异度，或变化的可能性，它源自客体之间的"差异"，而差异应当是对象的"附属物"，自然归于特性范畴。但是特性和关系之间有错综复杂的联系，称为**特性和关系的辩证法**，它处于内部和外部联系的纽结（特性以内部关系为基础，却表现于外部关系中）。因此有人指出，信息的传输会导致**不确定性的消除**，这牵涉具体的实际过程，在分类上与**关系**范畴显得更加接近。

后来的讨论变得更加具体，牵涉哲学对科学的影响和作用，以及信息概念是否可以列入哲学范畴等。虽然没有多少具体的成果，却也在社会大众中传播

---

[1] 钟学富. 从科学分类看"三论"同哲学的关系. 未定稿，1986 年 1 期，1 页.
[2] 钟学富. 社会系统——社会生活规则的演绎生成. 北京：中国社会科学出版社，2007 年版，344 页.

了相关的科学知识。而今我们清晰地认识到，世界的基本架构离不开信息，它渗透在所有基本的物理过程中，也遍布每一个现象领域，它的作用在于控制，因而牵涉作为世界基本砖石的因果律——没有它世界就会乱套。就物理学而言，系统任何运动的每一步都由信息实行精确的控制，物理规律包含着人类掌握的所有自然信息，当我们说系统上一时刻的运动状态决定了它下一时刻的运动状态时，意思是上一个状态的"结构信息"正在实行控制。

世界的基本架构

世界是什么？当我们把目光从滚滚红尘的喧嚣中转移开来，来个"静夜思"，便会浮现出一个无尽的世界：宇宙的浩渺无际和粒子的深邃无穷。面对这样的世界人们都会感觉到：它竟然是如此的不对称！世界多么强大，自己却多么弱小，即便人类已经在地球上生活了几十万年，并创造了高度的文明，而在自然力的面前依然显得渺小，一次山崩地裂、洪水滔滔便会吞噬许多人的生命。反之，当人类向世界索取——获取自己生活的养料时，却必须小心翼翼，如履薄冰地按照它本身的规律行事，算计精确，步步谨慎，否则就会迷失方向，达不到自己的目的。

这种极端的不对等催生了一个概念，叫作**客观**，意思是外部世界不能随心所欲、听人摆布，你想什么它就来什么。只有自己的头脑比较容易掌控，可以天马行空，胡思乱想，哪怕世上没有的东西，头脑里也能想出来。相对于外部世界的客观，自己的头脑便叫作**主观**。不仅如此，外部世界是很**实在**的，意思是它们可以感觉、可以触摸，并非虚幻，并不像梦境或捏不住的以太。因为至少吃到的食物是实实在在的，石头砸到身体上引起的疼痛也是实实在在的。这些实实在在、看得见、摸得着的东西，我们都把它们叫作物质。

物质实体可以说是我们对于外部世界的第一个基本概念。曾经有些哲学家硬要把**存在**摆到物质的前面，这没有道理，因为存在只是"前提"，不存在还研究什么？物理学家一般不会像哲学家那么矫情。但是大家很快发现，单靠物质概念有些事情说不通，因为物理的物质具有某些具体特性，比如质量，大家相信它很普遍：凡物质皆有质量。可是爱因斯坦提出了质能关系：

$$E=mc^2 \qquad (2-1)$$

这样一来，不少人因**质量亏损**便认为"质量转化成了能量"，宣称"物质消灭了"。这种观点一度甚嚣尘上，仿佛煞有介事。"物质消灭了"可不是一件小事，推论下去，我们自己最后都得消失。这个问题在物理上已有具体的回答，因为亏损的质量其实是被产生的光子带走了，而光子本身只是**静质量**为零，但它还有**动质量**（以光速运动的物质的质量），因为光子不仅会产生**光压**（由其动量加入普通的质动过程），而且在引力场中会受到引力作用使自己的传播路径发生偏转。

为了避免遭遇诸如此类的麻烦，我们需要一个更**单纯**的概念：**实体**，它不需要什么具体特性，只承载客观和实在的意涵即可。这样做还有更深的考虑：不能先验地排除人类之外的其它认识主体，因此不要把人类对外部世界的感觉和认识强加于它们。物质是我们自己的，而实体则可能被其它认识主体接受：它没有什么具体特性，可能是真正的普遍者。

外部世界有许多实体，它们不能是千篇一律的，这个实体和那个实体不会完全相同，彼此存在差异，因此**差异**是紧接实体之后的第二个范畴。有比差异更基本、更原始的范畴吗？没有了。由差异紧接着就到了**变化**，显然，变化要以差异为前提。没有差异，所有实体都一样，何来变化？再接下来就该到**运动**了，但这个概念原先隐含着空间和时间，最初的运动是指物体（实体）的位置随时间变化，位置就是空间概念的由来。时间和空间的概念在这里有**独立**的经验起源，因为所有感觉（看）到的物体都和我们有某种位置关系，那个远这个近，以及上下、左右、前后的关系。时间则来自心理的记忆，两次闪光有先后和持续长短的区分（差异）。不过运动绝不仅仅是位置变化，场强、温度的变化也都属于运动。

经验的起源是可靠的,有人以经验对个体的依赖而否认它的客观性和可靠性,这是不对的,因为人际交流可以校正各种误差。大家都说樱桃是红的,偏有张三说是灰的,那么张三必定是色盲。这里客观一词比前面有些许变化,不仅**不受思想左右**,而且增加了**集体认同**的含义,因为认识主体不只是个体,也是集体,包含他人的认识。这种集体认同具有客观的根源,人体(包括感官和头脑)的构造大致是相同的(这个事实不管个体是否认同),外部信号进入感官应当引起大体相同的物理过程。这种相似性是解剖学、生理学和医学的前提,没有它,谁还能到医院看病?

承认经验的可靠性也是物理学的前提,因为物理规律正是从实验开始的。如果观察不可靠,那还有什么可靠?英国有个叫艾丁顿(Eddington)的人,他就认为观察不可靠,只有理论推演的结果才可靠,连光速 c 和普朗克常数 h 这样的宇宙常数的测量他都不认可,非要以"纯理论"途径去推演。结果可想而知:没有从观察获得的任何数据,怎么可能得到这些常数的具体数值?逻辑学家早已给出了一个认识发展的基本路线图,从归纳法(以大量个别观察的事实为基础)总结出**普遍规律**,这个规律并不绝对可靠,但它服从归纳逻辑,即观察的事实越多,成立的概率越大,同时始终保留**反例**的否决权。有了从归纳获得的普遍规律,我们才能进行演绎,或从一般回到特殊,在具体的实验中去验证各种理论的推论。这是一个大循环,是从特殊到一般再到特殊,其核心是实证,或经过实践的检验。

这种学究式的咬文嚼字与物理何干?它可能不合某些物理学家的口味,假如我们只关心物理学的技术应用,自然没必要探讨这些,但如真想把基本的物理概念**理顺**,那就能看出它有其存在的价值。比如,差异在这个架构中是很基本的概念,而信息恰恰是和差异挂钩的——信息的基础是变异度,那么就可以断言信息概念必有广大的适用范围,万万不可小觑。这和行政管理很相似,有等级从属关系。各种概念组成庞大的**关系网**,也有等级从属关系。它们不是纷然杂陈,而是有内在的逻辑顺序,一些是另一些的特殊情形,一些是另一些的前提。没有实体哪来差异和变化?可见实体的概念始终居于首位。注意,把普

第二章　信息在世界基本架构中的地位

遍概念用到特殊情况自然就会（哪怕部分）丧失普遍性，因为任何特殊都有自己特别的规定。

这里列举的概念或范畴（外延极大的概念）是**实体**、**差异**和**变化**，它们组成世界的基本架构，物质、运动和信息则稍次一等，却具有更实用的功能。还可以补充另外的范畴，随着叙述的展开，我们会陆续加入一些这类具有**头等重要性**的概念或范畴，例如因果律，它的重要性不言而喻，没有它世界就会彻底乱套。有一种流行的说法，是把能量和信息并列，认为物理过程同时包含能量和信息两个方面。但从这个分析来看它并不恰当，能量属于运动，而且有更具体的规定（也就是能量的各种具体形式），它不能和信息平起平坐，其范围和信息相比较为狭窄，能量上没有区别的物理状态仍可能承载不同的信息。

我们的架构与黑格尔的"绝对理念"有根本的区别，他重视观念而不重视实体，认为实在的东西是从至高无上的"绝对理念"派生出来的，所以他被称作（客观）唯心主义者。正因为如此，他不会从实体出发，而是首先用纯粹思辨的方法构造"绝对理念"或"绝对精神"的概念体系，为此他把"有无"作为变化的先导：变化一定是"从无到有"（显现）或"从有到无"（消失），这对他的"三段式"结构（有、无、变）是很重要的。但物理学并不遵从这个思想路线，而是恰恰相反，具有自己的内在逻辑。这点从下面的一节将会看得出来。

亚里士多德的客体划分理论

人的智慧其实开化得很早，古代的亚里士多德就明白了许多道理，而且作了很精辟的概括。他留下的作品中最著名的是《范畴篇·解释篇》，商务印书馆出版过它的中文译本。理论物理学家想要思路清晰，在自己的领域高屋建瓴，不妨学学其中关于"客体划分"的理论，它是最早的逻辑学，适用于所有的现象领域。这个理论首次**试图把天地间的万事万物整理出一点秩序**，有助于把头脑理顺，进行精准的概括。好比一个军事家或将军，他除了会打仗，还该学点**文化**，知晓历史掌故，懂得战略战术，然后才能触类旁通，实行正确的战略战术，显示出儒将的风度，更有利于整体的决策或全局的调度，因此**物理学家学点逻辑和哲学并不吃亏**。

什么是客体划分的理论呢？先说**客体**，它就是一切存在物，什么都包括在内，不止有实物，而且有思想观念，但凡能钻进脑子被人想到的都算，囊括所有的思想对象。为什么思想观念也算客体呢？因为研究别人的思想或大家公认的观念，你照样得把它当作**客观存在**的东西，即我的主观就是你的客观，我想什么、怎么想，不由你的意志支配，何况现在知道，思想活动本身就是头脑中进行的物质过程（如电化学过程）。这样一来，客体的范围变得极广，可以说无所不包。

客体为什么要进行划分呢？当然因为它们是不同的。怎么不同呢？亚里士多德说它们分为三类：**对象**（object）、**特性**（attribute）和**关系**（relation）。首先说"对象"，它是思考的对象，关注的中心，可以是实物或物体，也可以不是。实物情形很简单，它有许多特性容易理解：硬的软的、红的黑的……。非实物、思想对象也一样，比如概念，它有内涵和外延，还有名词、动词等词性。比较复杂的情形也有，例如"这件事情很棘手"，对象是"事情"，"棘手"或与之相反的"容易"都是它的特性。由此可以看出，客体的划分同语法规则有密切关系，是制定语法规则的依据，而对象通常居于句中主语的地位。对象有时也被叫作"物"，英文 object 一词同时便有物体的意思。对象或物的功能在于它是特性和关系的承载者，特性和关系必须附着于它，有所归属，以它为纽结，也就是拥有并整合着许多特性和许多关系。

其次是特性，它是对象或物的附属物，必须依附于对象或物而存在，属于某对象或某物，不能虚无缥缈游荡于虚空之中。例如软软的床垫，"软"不能单独存在。对象可能拥有多种特性，因为特性是内部和外部关系的统一，以内部关系为基础，却表现于外部关系中。好比一台电视机，内部关系是它的所有零部件，它们必须具有特定的规格和性能，并且协调运作，方能使电视机整体工作正常，显示清晰的图像和声音。这样，在它与人的关系中才能具有特定的用途：接受信息和进行观赏。显然电视机的内部结构很重要，但它与人的关系也不可或缺，没有人观赏节目，电视机便失去了任何用途，即用途的特性必须表现于外部关系之中。这方面的道理可以讲很多，涉及系统的层次过渡、新信息的产生、自由度的缩并，等等，都是物理学的重大论题。不仅如此，对物理学而言还有一个特别的问题，因为这门学科研究最基本的物质结构，既然最基本，那么其"内部关系"是不明了的。例如粒子的质量，从牛顿的"物质的量"开始到现在始终没弄明白，当下最先进的假设是认为质量可从与希格斯（Higgs）场的相互作用中产生。但希格斯场又是什么？如此追问下去，物理学始终都处在最前沿。

最后，关系也不能独立存在，必须是对象与对象、特性与特性之间的关系，属于对象或特性，但我们却还有"关系的关系"。大量物理定律都是对象的这个特性和另外特性之间的关系，比如电阻和温度的关系。但就物理学而言，关系的重要性主要在于它的**相对性**。相对（relativity）一词就是从关系（relation）产生的，意思是**从一定的关系来考察**，依赖于某些关系。变分问题的求解都是在一定的约束条件下，或者说属于条件变分问题，它就表明系统和环境条件有某种关系。其实运动从一开始就是相对的，因为位置本身是相对的，所以在不同参照系中物体的运动轨迹是不同的。相反，绝对的意思就是**撇开关系来考察**或**从一切关系来考察**，而这两者其实是一致的。时空的相对性体现在它们必须**以人为参照物**，因为物理空间和时间的原点，人（观察者）都必须能找到，否则它们就没有任何用处，只能叫绝对空间（撇开了一切人）。数学空间也有原点，但不必以人为参照物，因为它只是为了研究连续统或将点集作为其它无穷集合的同构物。

这个划分具有天然的逻辑顺序，可称为人类思想史上最早的逻辑成果，决定着思想和语言的构成、组合规则（包括语法）。但这个划分并非僵死和一成不变的，因为特性和关系本身也可能作为思想对象，成为（进一步的）特性和关系的承载者，于是我们可以说"特性的特性""关系的关系"等等。比如当研究金属的电阻时，金属是对象，电阻（率）是它的特性。但电阻本身也可以成为思考的对象。电阻与电子在晶格中运动时受到金属原子的碰撞有关，而这个碰撞主要依赖于两个因素，一是不同金属原子的散射截面不同，原子序数较大的重金属散射截面也偏大；二是金属原子在格位上的排列和振动状况不同，排列越密集，温度越高，振动越强，碰撞机会也越多。碰撞频率通常用平均自由程表达，频率越高自由程越短，电阻也就越大。于是电阻本身也有随温度增高而增大的"特性"，即电阻与温度的关系。

信息和差异范畴

信息源自变异度，当然和差异范畴有直接关系，没有差异，什么都千篇一律，就谈不上任何信息。差异有各种类型，不仅是数量的差别，更多的是质或内容的差别。但是在早期通信的数学理论中，这些质的差别大多被忽略了，因为所有的差别通过编码，都被一长一短（点、划）的电码取代了。一份莫尔斯电码的原始稿件可以承载任何内容，政治、经济、军事、科学、文化和其它，它不过是一种符号，和语言文字在本质上是一样的。事物的质的多样性构成不同的信息内容，而以往的信息论则主要关注了问题的形式方面，以至人们把它看作是和数学类似的学科部门。

假如信息论按信息内容划分，那么它可以取代所有科学部门，因为物理、化学、生物、心理、社会，乃至医学和工程各部门，都有各自的信息内容，科学划分就是信息内容的划分。这或许会引起某种混淆，在科学分类业已形成当下的格局之后，信息论不应再来搅局。但信息论也不能只把问题限于形式方面，相反，各个学科都要以适当方式留心或关注自己领地中信息控制的特点。

第二章 信息在世界基本架构中的地位

信息虽然与差异范畴直接相关，但并非任何差异都能导致信息，各种风马牛不相及的事物，它们肯定是不同的，却和信息一点关系也没有。申农信息要求独立试验序列中的各个事件之间存在"统计关联"，即事件发生的概率成此消彼长的关系，最终只有一个能实现，成为必然事件。在平面（或多维）网点作为**像素**构成某种有意义的图形的例子中（插图1），网点的颜色和亮度等各种基本变异度之间必须存在一定的**关联**，例如图形是眼睛或字母便都各自有不同的关联，否则就不能辨识为相应的图形或字母，从而获得信息的意义。

这表明，信息是从**关联**中产生的，没有**基础变异度**的关联，就形成不了有意义的图形花样，而且不同的关联将导致不同的信息内容，因此关联对信息而言是非常实质性的。就一般结构信息而言，关联决定着载体的内部结构，结构本身就意味着关联。只是对基元过程而言，其物理状态的结构尚无法或很难给出具体的描述，例如波函数承载的结构信息便不能做完全的分解，指出它有哪些元素和元素之间呈何种关系，其中包含怎样的基础变异度，有如在网格图形中见到的颜色（三原色的比例）和亮度那样，它们在同类结构中应是相同的。但在稍高的层次上，这种分析是完全可行的，例如分子结构（原子和原子间的键合方式）、机器和工具的结构、生命体的耗散结构等，它们的各种形态学特征都可以从物理上给予说明。

分子结构相对简单，原子的种类就属于基础变异度之一，它无疑受限于元素周期表，然后是周围原子的种类，每种原子都有不同的**电负性**（electro-negativity），代表它吸引其它元素原子的外层电子的能力，它们之间实行或不实行键合很不平等，例如金属原子总是易于同非金属原子结合，等等，它们都受制于更基本的电磁相互作用定律。这种种限制使分子的形成具有严格的因果性质，是量子化学成立的基础，同时也体现了信息的控制。

至于地球上的生命体，它们的器官和组织结构都不是偶然的。为什么生命体必须是相对柔软的血肉之躯（由骨骼支撑），而不是金属或其它固体材料构成的机器？那是因为生命的产生是基于自组织运动，只有在液体状态下才便于分子的迁移，因此生命产生的重要条件是水（液体）。为什么是蛋白质呢？那就得从地球上的元素分布说起，如何有利于各种氨基酸的形成，这当中还包括地域的特征。到了细胞、组织和器官，同样有各自的理由，而且一旦进入生物进化的链条，就得把遗传的因素（亲代和子代的关系）包括在内。总之，每种结构都绝不是偶然的，都是各种动力学规律协同作用的结果，是合乎规律或因果地产生的，过程中体现出信息的控制。

想象一种器官的形态学特征，最初的形成必定有多种选项，但环境的要素限定了它的基本结构形式，或者说排除了其它的结构形式，使它们失去了选择优势，这和在力学问题中约束条件限定了轨道的容许范围一样。内部的运动和发展则进一步确定了器官的结构细节，一直到个体的局部特征，它们都有自己"之所以为自己"的必然原因，可以说每一步都要服从严格的物理规律。脑细胞或神经元数以百亿计，但它们的每一个之所以生长在自己的位置上，和其它神经元整齐排列在一起都不是偶然的，都有自己和同类结构相比较的选择优势。这种思考和应用变分原理求解物理问题是完全一致的，实际上，信息论的近期发展已经提出了信息的"选择价值"的概念，它本质上是一个"泛函"，只有最高选择价值的信息才能最终将可能性转化为现实，而每个步骤上的可能性则限定了"变异度"的大小，犹如约束条件限制了轨道的范围一样。由于结构不是编序集合，我们一般难以确定其范围（context），但在条件变分问题中，则可根据条件的设定来确定可能性的范围，从而得到变异度的确切概念。

信息的控制作用

信息的作用在于控制，但这句话的解读需要深究。通常情况下，控制是以人脑作为信息源。最简单的例子是开关，如果要启动或关停一个机器，先要拨动开关，启动或关停的意志在人脑，因此人脑是信息源。开或关，总共有两种可能，因此只有 1 比特的申农信息。当然有更多复杂的控制，使机器的工作部分进行花样繁多的运动，信息量就会大得多。但确定系统运动状态必需的信息量以及结构信息的概念提出了另一种控制，即运动方程或自然规律的控制。第一章中已经指出，对于古典粒子或量子系统，它们经过一段过程，状态发生变化，无论是坐标、动量组合还是波函数，都应当看作是状态信息控制的结果。上一个瞬时的状态信息控制系统从上一个状态准确到达下一个瞬时的状态，刚好符合运动方程的预期：

$$x \to x+\mathrm{d}x, p_x \to p_x+\mathrm{d}p_x, \cdots; \Psi \to \Psi+\mathrm{d}\Psi \qquad (2-2)$$

这个过程没有人参与，完全是**自然信息的控制**。迄今为止，物理学并未从这个角度思考这个问题，甚至对它毫无感觉。然而，当波尔指出态矢量在希尔伯特空间自行实现"因果运动"的时候，其实就肯定了这种自然信息的控制，否则哪来的因果性？因果性要求有始有终，这就要求中间过程必须环环相扣，不能偏离既定轨迹，否则将无法保证正确目标圆满实现。第一章中提到，现行的物理规律或运动方程都没有自我设限，都假定自己的成立是无限精确的，可以微缩到任何小的尺度，因此运动过程可长可短，极限情况下甚至趋近于零。为了满足这种严格的要求，式（2-2）中用的是微分符号 d，而不是差分符号 Δ。

自然信息控制的概念大大加强了结构信息的概念，没有千差万别的结构信息，何来千差万别的运动轨迹？作为对比，可以想象通常的宏观系统，无论动力机器还是电子设备，它们的运作一步一步都是环环相扣，或依程序进行。每个步骤上机器或系统都处于不同的状态，具有不同的结构（零件或局部居于不同的状态），因而保有状态的结构信息。它们运行的每个"下一步"可以认为都是由"上一步"因果地决定的，准确说是由上一步的**结构信息**严格控制产生的，这不应引起任何疑义。现在不过是把这个概念**外推**到物理学中的基元过程，因为是"基元"，所以无法分析其内部结构的具体内容或细节。但我们始终坚信内部结构的存在，否则就无法解释基元过程的多样性，这就是基于特性产生的一般理论：内部结构和外部关系的统一。

物理学中不仅有常见的动力学过程，还有自组织过程，它除设置宏观条件外，更少人工信息的控制。尤其各种天然的自组织运动，连宏观条件也是天然形成的，毕竟在生命和思维运动之前，自然界早已有过许多结构和秩序，它们是通过自组织运动产生的。由于这类过程没有人类直接干预，自然信息的控制更是因果律的保证。事实上，同自然信息的控制相比，以人脑为信息源的控制只占很少的比例，它是在自然界发展到相当成熟阶段的事情。因为很明显，在**前意识阶段**，谈不上**智慧**的参与，所有的控制都源于自然信息，也就是系统自身状态的结构信息，所以我们必须牢固树立自然界自己控制自己的运动和发展的世界图景。

结构信息的控制，归根结底仍然要通过各种物理学中的相互作用才能实现，钟表齿轮间的衔接当然需要依靠力（力矩）的推动。这些相互作用大都有距离的限制，因此结构信息的控制通常是在直接作用的范围，比如限制在系统内部及周遭的环境。远程的控制则需要信息的传输，即选择一种易于传输的媒体，通常是电信号或光信号的组合，依照需要传输的结构信息，使媒体的信号组合与其呈现严格的一一对应的关系，实际上是使媒体承载需要传输的信息，然后将媒体信号送达远处，并在远处将这些信息重新转换为原来的形式，使其在该处实现有效的控制。第一次信息转换叫**编码**（coding），第二次信息转换叫**解码**（decoding）。编码后的信息获得了另一种物理载体（电脉冲或光脉冲的组合，组合方式显示其结构），等于原先信息的一种符号表示，它们之间是严格的一一对应关系，否则将造成信息的损失。这种转换随处可以实行，**符号**可以有许许多多：存储器中的数据，语音或书写的文字，甚至手势、表情、旗语、哪怕上古的结绳，等等，都承载信息，都可被认为是信息的符号，都可使信息在某个范围内实现传输。当然，不同媒体信号的性能和效率不完全一样，写在纸上的文字通过邮件的传递当然不如光通信快捷。

第二章 信息在世界基本架构中的地位

信息的物理本性

在实际生活中,信息的传输常常被从信息的各种活动(信息加工和信息控制等)中单独分离出来成为**通信工程**,其中的重要环节是编码和解码,即改变信息的载体,将不同的信息内容用约定的代码表示出来。因为不同的信息内容可以表示为相同的代码,最终都表达为点、划的长短键或(0,1)的二进制单元组合,使得在通信活动中,原先的信息内容反而居于次要地位,这便模糊了信息的物理本性,使人更多想到的是抽象的符号或内容的形式方面。实际上,信息的控制当然是内容的控制,一切都取决于载体的**物理状态**,也就是**状态的结构信息**,然后依照结构的各个要素控制相应的物理相互作用来实现。例如钟表中的齿轮组合,各个齿轮每一瞬间的转动方向和角速度决定了下一瞬间的转动方向和角速度,其间的运动摩擦由发条的弹性力进行补偿,环环相扣,才能保证最终正确的指针位置,整个过程受动力学和静力学规律的支配。电气和无线电装置,如手机或电视机中的电磁过程也一样,从输入到输出,每个元件之间的连接方式都受电磁学规律的支配,任何节点处每个瞬间的电位和电流都不会乱来。

编码和解码属于人的行为,都经过人的思维。尽管迄今人类对思维本性的了解非常有限,但科学的昌明已使绝大多数学者在这个问题上自觉接纳和坚持思维的物质本性,反对任何超自然或神秘主义的倾向。笔者不久前出版了《论思维过程的物理机制》一书[①],初步揭示了自我意识和个体意志的根源,实际是一个普遍的概型,完全摒弃了任何非物理的要素,把在心理研究中仍然极具神秘色彩的意识现象清楚地解释为物理的语言。特别指出了思想结构的形成和通常物质结构

[①] 钟学富. 论思维过程的物理机制. 北京:中国社会科学出版社,2017年版.

的形成一样有两种途径，即逻辑和自组织的途径，后者的主要表现形式为**猜**（或**直觉**、**感悟**之类），对应于物质系统中的动力学和自组织过程。思想中的信息加工应是通过神经脉冲群的物理相互作用实现的，这就使我们有根据采用百分之百的科学眼光来看待头脑中的信息过程。即便人有独立的个体意志，仍然可能忠实地传递自然的信息，自觉服从客观规律的要求。本书第七章将叙述这个模型的梗概，体现物理学在高端现象领域的应用，其中同样体现出信息的控制。

摆脱编码和解码的符号或非实体的本性，回归到信息内容本身，那么将看到它绝非结构外在的形式表达，而是包含丰富的物理内容。首先，结构信息的**结构**本身就是物理地形成的，不管是动力学途径还是自组织途径都包含物理的相互作用，不存在任何神秘的超自然力量。其次，实现信息的控制也要依靠各种物理量的相互作用，结构中的各个要素都有可能对后续的发展或下一个状态、步骤发生独特的影响，左右着过程的进行，因此信息本身必须具有物理的本性，不只是外在的形式的东西。归纳起来可以说，信息载体都是系统的结构或物理状态，每种信息不能不具有自己独特的物理本性，在各自的现象领域中实行有效的控制。只有在信息传输中，某些过程形式（电磁运动）更适合远程的传送，于是才将相应的物理状态通过编码作为公共的载体，承载多种不同的信息，最后再由解码恢复其本来的物理内容，实行相应的控制。

能量和信息概念的比较

有许多说法，将信息和能量并列，比如称一个过程既是能量过程，也是信息过程，这有一定的道理，却并不十分严格。从严格的理论观点来看，其实能量和信息并不能平起平坐。现代物理学无疑是建立在相互作用和能量概念基础之上的，古典物理从一开始就是做**功**（work），将重物从一个地方搬到另一个地方（此谓之质动现象）就是做功，做了功就会有能量的累积（或消耗），因此能量和功以相同的单位测量。做功需要力，现在知道的基本相互作用力一共有4种：万有引力、弱相互作用力、电磁力和强相互作用力。最后一种只在很小的距离上，例如原子核内部才有显著的作用；相反，万有引力非常弱，却在宇观的尺度上占据主导地位。这些力都可以做功，都有它们的质动方程，当然能够导致系统能量的改变。正因为如此，这些力的传递速度受**光速不变原理**的限制，或者说能量的最大传递速度就是光速。

但在量子纠缠现象中，通过**退纠缠**（解除纠缠）可以实现信息的传递。在爱因斯坦、波多尔斯基和罗森原来的设计中采用的是两个处于纠缠态的电子，其总自旋为零（没有自旋极化）。在非均匀磁场作用下，两个电子由于自旋在磁场方向的投影正好相反，将沿不同的方向前行，于是彼此分开（但仍处于纠缠态）。对其中一个电子进行测量，同时解除纠缠，假如测得其自旋为＋1/2，另一个必为－1/2，这等于传递了一个比特的信息至另一个电子处。但此信息的传递速度将不以光速为极限，实际上是瞬时或无限的。这一事实可作如下的理解：当电子处于纠缠态时，它是一个多（双）粒子的**纯态**，应将两者看作一个**整体**，因此两个电子之间的纠缠或退纠缠是纯态**内部**的过程，须不同于一般粒子**之间**的相互作用。这个整体性具体体现在，当整体中某个局部受到扰动时，其影响不能只限于局部，而应当**立刻**并**瞬间**达到整体的任何局部，它不同于一般粒子之间的相互作用。事实上，纠缠或退纠缠并非通过上述4种基本作用力实现的，也不涉及能量的传递，只有单纯的信息传递，因此不受光速不变原理限制，也不与光速为能量传递的极限速度的概念相矛盾。

纠缠或退纠缠可以改变两个实体（电子、光子、……）之间的关系，在这个意义上和一般物理学中的相互作用十分类似，但又的确不涉及任何基本的相互作用力，不改变能量状态，和一般物理学中的相互作用具有根本区别。因此，不能说电子或光子发生纠缠或解除纠缠靠的是电磁作用力，它什么相互作用力都不靠。电磁作用力可以改变电子或光子的运动状态，例如使电子加速或改变光子的波长（频率），但这些和量子纠缠与否无关。纠缠并不表示空间距离接近，实际上纠缠可以发生在任何空间距离上，因此量子通信原则上不受距离的限制。由于这个缘故，我们有两种相互作用的概念，广义的包括量子纠缠，狭义的则不包括。

这件事实充分表明，信息过程较能量过程更加宽泛。不仅如此，对于状态的描写，信息比能量还具有更高的**分辨率**，即有许多物理状态，它们在能量上没有分别，但却是**不同的**物理状态，用能量不能区分，用信息内容或状态的结构信息仍可区分。大家知道**简并态**的概念，所谓简并就是指不同的量子态却具有相同的能量。有多种导致简并的原因，最常见的是基于系统的对称性。例如在晶体的点群①对称中，容许的量子态须是点群的不等价不可约表示的基函数②，当不可约表示的维度大于或等于 2 时就会有简并出现。要消除简并，可通过降低对称性，即使原来能量相同的简并态能量出现差别。低对称的群其不等价、不可约表示常常是一维的，简并度也低。

能量和信息过程不对等，或能量的分辨率不高的另一个例子是**位相**，位相

---

①点群是指由围绕晶体格位的对称操作（转动、反射等）组成的"群"，一般不包含平移操作。群是一个集合，其中的元素可以施行"乘法"运算（由两个元素寻找第三个元素的规则）。这个运算满足算术结合律：$a(bc) = (ab)c = abc$. 其中 a、b、c 都是集合的元素. 由于这里说的是点群，这些元素都是围绕格位的对称操作，例如 a 是绕某轴转动 $60°$，b 是转动 $180°$等. a 和 b 相乘得 ab 则是先施行操作 b，再施行操作 a. 它们的乘积依然是集合（群）的元素，满足对称性的要求.

②点群以"对称操作"为元素，用于数学演算很不方便，这个缺点可以借助"群表示（representation）"的方法来克服，也就是寻找与点群"同构"却适合演算的另一种数学对象组成的群作为其"替身"。这个替身不是别的，就是矩阵. 矩阵可以定义多种运算，包括乘法，它本身就满足群的条件. 很容易找到与点群的对称操作对应的矩阵，例如坐标变换的公式就给出一种可能的方案，每个坐标转动都能表示为一个矩阵，因此矩阵就是群元素的"表示". 但坐标变换的矩阵不是唯一的表示，还有数不清的其它矩阵群也满足同样的条件（与点群同构），这当中需要注意两个问题. 第一是矩阵本身可以经"相似变换"变形（相似变换指：$\mathbf{A}' = \mathbf{SAS}^{-1}$，其中 $\mathbf{S}^{-1}$ 是 $\mathbf{S}$ 的逆矩阵），这样的矩阵群被认为是和原先的矩阵群"等价"的，在群表示理论中不加区分. 第二是矩阵本身可能"约化"，即经相似变换变成准对角的形式，约化为若干低阶的矩阵. 群表示理论只关注"不等价""不可约"的表示，因为由它们可以获得任何其它表示，而群表示的基本定理则是：有限群（元素有限，如点群）只有有限个不等价、不可约表示. 这些"基函数"表示与不等价、不可约表示的维度相当，n 个维度的不等价、不可约表示应有 n 个基函数，它们都是希尔伯特空间的态矢量，犹如坐标轴的基矢量一样，这个结果源自力学量的算符化，而算符在希尔伯特空间中则表示为矩阵，由此可看出群论和量子力学之间深刻的内在联系.

因子一般对能量没有贡献。因为波函数是复函数，本身不可测量，有实际物理影响的是它和共轭波函数的乘积，而在相乘时，共轭部分会使位相因子互相抵消。但在另外的过程中，如干涉和衍射，位相因子可是具有决定作用的，因为它决定振幅互相抵消还是互相叠加，从而决定了强度的再分布，也就是干涉和衍射的花样，直接显示干涉和衍射的效果。

此外，前面的讨论中已经提到，能量概念有较多的具体规定，也就是有多种能量形式，因此它不能适应普遍性的要求，最主要的是运动的控制，而控制是因果性的必然要求。能量的一般概念可以用来展现运动的**活力**，能量越高，运动的活力或运动的强度就越大，这也许正是当初创设能量概念的初衷。显然活力的概念没有控制精准，因此信息的概念更为深刻。

信息论的发展及与物理的合流

信息论是从"通信的数学理论"中发展出来的，而在通信理论中**信息量**是关注的重心，拍发的电文长度当然是重要的问题，至于电文的内容，在编码之后都表达为通用的数字符号，反而退居次要的位置。这是很长时期以来信息论被认为是性质与数学相近的学科的原因，但我们将要改变对于信息论的这种狭隘的认识，因为信息内容确实是一个不容回避的方面，而一旦将信息内容纳入，那就显得五花八门，使问题具有**物理**的性质。

要看到信息的控制功能，它和控制论具有内在的密切联系。控制论是美国人维纳（Winner）于20世纪四五十年代提出来的[①]，那时工业自动化问题非常迫切，各种生产流程需要精密控制。以一台自动控制的金属切削机床作为自动控制和信息加工的范本，加工工件的形状、尺寸和光洁度的要求是事先存储在机器的控制中心的。有两种类型的机器，一种是普通的自动机，它按照加工工件的规格给机器的工作部分，即切削的刀具下达指令，左三刀右三刀，切完拉倒。假如设计恰当，左三刀右三刀后便大致符合要求了，如不满意则只能再加一刀或减一刀。另一种则是自主系统，它比较复杂，因为它要实时监控被加工的工件，看看它是否已经符合要求，如不符合则继续加工，否则就停工。这需要在工件和控制中心之间有信号传输，从工件到控制中心的信号报告工件的实际尺寸，而从中心发出的指令则是根据此信号经过信息加工（判断是否合于要求）形成的，叫作**反馈**。这是一个极其重要的概念，它把机器的控制水平提升了一个层次，因为此时控制中心不再只以自身的存储信息（那是人为输入的）为准，而是根据工件的实际情况办事，因而获得了一定的**自主性**。这大大加强了信息的作用和地位——它是决策的依据。这是**控制**作用的实质内涵。用这个眼光观察，法官对犯罪分子的判决，其实是由罪犯所犯罪行的信息决定的。举一反三，各行各业，信息的作用都在实行控制，包括物理运动在内。

这启发我们，物理问题的求解原则上也可采取信息的途径。回忆力学问题的变分原理，那是在给定的约束条件下寻找所有不违背约束条件的轨道，从中挑出使作用量（或某个确定的泛函）取极小值的一条。量子态虽然神秘，但同样能化为变分问题。通常认为量子力学有三套公式：薛定谔的波动力学，海森堡的矩阵力学和费曼的路径积分方法，第三种就是直接求解变分问题。信息论近年的发展，使它和物理学的概念框架越来越接近，其中信息的**选择价值**概念尤为重要，某个信息内容的选择价值是指**该内容实现的可能性**（不是申农信息中独立事件的概率）。因此，它实际上相当于力学中作用量的泛函，其极值即可选择现实的可能性，和依作用量选择真实的物理轨道完全一致。对状态的结

[①] N. Wiener. Cybernetics or Control and Communication in the Animal and the Machine. New Jersey：John Wiley & Sons, Inc., 1949.

维纳. 控制论. 北京：科学出版社，1962年版.

构信息求解，首先是排除哪些结构的可能性（和约束条件排除哪些轨道一样）；然后确定容许结构的范围（context），或变异度大小，并从中挑选实现可能性最大的。这并非理论的可能性，而是有过实际的范例。多年前人们就曾研究过多元的化学系统，其中存在多种反应的可能性，但究竟哪些反应会实际发生呢？这就可以用选择价值进行挑选。对于比较简单的系统（成分不多），人们用化学势实际构造出了选择价值的泛函，然后求它的极值，于是便得到所需的答案。不过这只是特例，绝不表示可以普遍采用选择价值来求解物理问题，这是做不到的，因为状态的结构信息比较抽象，远不如观察量，如坐标、动量、能量，甚至场强等直观、具体，它们更适合用于求解具体问题。并且，我们也没有构造"选择价值"泛函的普遍方法，而构造系统的哈密顿量、写出运动方程则容易得多。

第三章

物理学从"为我"走向"自在"

破　题

　　任何认识活动都是在认识主体和外部世界的**关系**中进行的，是特定认识主体在进行认识。认识主体本身也是世界的一部分，只不过在认识活动中需将它同世界的其余部分区别开来，在这个意义上，认识活动属于世界的**两个局部**之间的关系，一个有限，另一个却无限。以往对认识的研究，为了凸显真理的客观性（和权威性），常常故意将目光从认识主体移开，只**把一切关注都集中于认识对象**，即外部世界的现象和本质上，似乎只有这样才能保证认识结果（最高表现形式就是科学理论）不依赖于认识主体，不牵涉或沾染主体的任何特性，成为想象中的**纯客观理论**。然而，既然认识活动是在主体和外部世界的关系中进行的，科学理论作为认识的结果（更不消说各种狭隘的个人经验了）便**不可能是纯客观的**，它必然受制于认识主体，同时反映主体的特性，而不同的认识主体会导致不同的认识结果：这不是认识的主观性，而是它的**相对性**——因为认识始终是在一定的关系中实现和进行的。

　　通常认识的客观性是指外部世界的特性和运动规律不依人的主观意志为转移，不能想它怎样就怎样，不存在任何简单意义下的随心所欲或意念控制，这是毫无疑问的。因为思考本身是头脑中进行的电化学过程及神经脉冲的传递和相互作用，整体上只是一个局部和有限的物质过程，能量更是极其有限（尔格量级），远低于一般宏观运动平均的能量水平，所以不可能直接左右外部世界的运动和发展。至于人掌握了一定的客观规律，然后利用它们去控制外部世界的运动和变化，使其服务于人类自身的目的，那又是另一回事，个中必定存在若干能量的级联放大过程。

客观性的另一个标准是从众或**共识**原则,这并非指真理可由少数服从多数的表决来决定,而是指认识的主体不仅是个体,而且也是集体,甚至更重要的是集体。但这个集体的硬件或身体结构(感官和头脑)是大致相同的,因此**必然、必须和必能经过沟通取得"共识"**。例如天空的蓝色,大家看上去都是蓝色,只有个别色盲认为是灰色或其它颜色。不同国别的人群说着不同的语言,对蓝色的称呼可能不同,但意涵是相同的。中文"蓝色"和英文"blue"在语义上没有区别。这点也非常重要,否则我们将无法定义色盲。尤其重要的是,没有它,解剖学、生理学和医学等学科都不可能存在,因为没有共性就没有规律可循,总不能一人一套医学吧?这点并不影响真理有时就掌握在少数人手里,因为假如真是少数人掌握了真理,那么他们最终总能通过实践说服多数人,但色盲却永远不能说服大多数人。因此客观性的从众原则或共识原则不是理论的假设,而是**事实的必然**。

客观性并不排斥相对性,相对性是指**从特定关系来考察**,然而每种关系本身也是客观的,不依人的意志为转移。正如我们可以选择不同的坐标系来观察物体的运动,而在不同坐标系中物体运动的轨迹一般是不同的,这是运动的相对性。在每个坐标系中,物体的运动轨迹都不是随心所欲的,想它什么样便是什么样,是圆周运动便不是直线运动,因为轨迹是由运动方程的解确定的。事实上,通过观察、测量,对每个运动的轨迹大家总能取得共识,所以**在每种关系中,运动都是客观的**。

认识的相对性有多种含义,在每个认识发展的具体阶段上它都不是完美无缺的,还有许多未知的东西。而现在要考察的是**对认识主体的相对性**,它还很少受到关注。曾经出现过宇宙学中的**人择原理**,即宇宙之所以是我们认识到的样子乃是因为认识它的是人,或者是人在认识。这个结论没错,但却十分笼统,缺少具体的解释和分析,尤其这种相对性很容易进入**集体的盲区**,因为大家同属人类,认识中由人带来的特点,你有我有大家有,反而容易被忽略。这些特点只有在同其它智慧生物的比较中才会明白显示出来,而我们现在还很难说真正遇到过其它的智慧生物,因此不知道它们认识的特点,也就无从比较。

重要的是,任何认识都只能从直接经验开始,它们严重**依赖人的感觉器**

官，依赖由此而形成的直观表象①，然而，随着认识的深入，总要进到不能由感官直接经验的领域，这时从感觉或表象中归纳、总结出来的观念就会表现出很大的局限性。这些直接或间接从经验获得的观念都具有不同程度的**直观性**，可以称它们是"**为我**"的，因为它们适合于感觉经验，与直观表象完全一致，就像速度适合于表达物体轨道运动的特性（速度总是指向轨道的切线方向），颜色和形状适合于表示物体外观一样。这样的概念对于描述那些能被直接观察的事物和现象使人感到习惯和自然，但却不一定适合那些不能由感官直接经验的事物和现象，两者之间甚至可能格格不入。在超越感觉的领域中实体运动无疑有自己的特点，也服从特定的规律，却未必能够纳入人的直观表象的范围，就像微观客体的运动不能纳入人的形象思考一样，因此这些运动可以称作是**自在**的——自己运动，不管人能否感知或是否在感知。如何摆脱感觉经验和直观表象的限制，将认识活动继续深入下去，掌握超越感觉的外部世界的**本来面目**，无疑具有极其重要的意义。不仅人类，任何其它智慧生物也会遇到同样的问题，它们的认识也得靠各自的感官接受外部世界的信号，从直接经验开始，因此这个问题具有普遍意义。从古典物理到近代物理表明，人的认识活动正处在这样的**转型期**，正从分析、考察外部世界在人心目中的**表象**，逐渐深入它的本来面目，也就是正在从**为我**走向**自在**——这才是认识的根本目的。**为我**和**自在**并非两个不同的世界，但它们却因与我们感觉的关系不同而有不同的表现。**为我**是可能直接感觉和经验的，或者至少能应用从感觉经验而来的形象思考表述的那部分世界，而**自在**的世界一般却不能，顶多可能借助外在的形式类比，帮助我们进行猜测，却不能把它们真正当作世界的本来面目。好比说，我们可以将电子的自旋比喻为带电小球的旋转，却又不能把电子真正看作带电的小球一样。

---

①这里指心理学、认识论中的**表象**，与量子力学中的**表象**重叠，但已有的语言习惯无法更改. 这是各学科分门别类研究的后果，只可从论题或上下文判断所说的是何种"表象"，不应产生混淆.

第三章 物理学从"为我"走向"自在"

物理学中的相对性概念

相对性是一个与关系相联系的概念，而关系具有多样性，所以相对性必然有多种表现。事实上，事物之间的关系或联系必定广泛存在，一个事物会与许许多多外部事物相关，这些关系各式各样，不会千篇一律。物理学考察最基本的现象和规律，同样会遇到各种各样的相对性。最简单的就是位置的相对性，它是从视觉直接产生的，最初我们确定外部物体的位置都很自然地把自己当作参照物，远近、方位都是相对于主体或观察者而言的，因此没有**绝对的**位置。给一个孤立的物体定义位置是不可能的，只有选定了参照物，也就是在一定的关系中来讨论位置才有意义。参照物也可以选择在**我**之外的其它物体上，但该物体和**我**的位置关系必须明确，因为位置关系有**传递性**，即知道了乙、丙两个物体的位置关系，然后知道物体甲与乙之间的位置关系，那么甲和丙之间的位置关系也就确定了。这个传递性是坐标变换的基础，根据需要将一个坐标系变换到另一个坐标系，但变来变去，一切位置关系最终都该是**为我**的。

由于参照物与**我**的关系必须有定义，早年人们习惯采取托勒密体系观察日月星辰的运动，说太阳从东边出来，到西边落下去，都是以**我**为标准。托勒密体系本身并不表示什么错误，只是不如哥白尼体系优越。即便采用哥白尼体系，最终也得明确定义人和太阳的位置关系，否则人将很难采用哥白尼体系中的计算结果，这个体系也就没有真正的实用价值。

有了位置的相对性才有运动的相对性，所以运动轨迹依赖于坐标系的选择。在坐标系中需要区分**惯性**和**非惯性**系统，这些也都和**我**有关，因为我们接受的牛顿定律只有在对**我**而言没有加速度的坐标系（亦即**惯性系**）中才成立。

一旦有了加速度，或变成非惯性系，就需要补充相应的**惯性力**（它等于该物体的质量与加速度的乘积）。有所谓的**伽利略相对性原理**，它断言牛顿定律在所有惯性系统中都成立，因为这些系统彼此之间只做匀速直线运动，没有加速度，一旦有了加速度，就不再是惯性系了。这似乎并非**相对性**原理，而更像是**绝对性**原理，即牛顿定律不依赖于选择哪个惯性系统，它对所有惯性系统普遍成立，这是牛顿定律的绝对性。普遍性都包含绝对性——因为普遍，所以允许撇开各种特殊的关系。最普遍的就是撇开所有关系，或从所有关系来考察的意思，而这两者其实是一样的——由于在所有的关系中都成立，因而可以撇开（任何特殊）关系来考察，这是真正的绝对。

（狭义）相对论因为采用相（绝）对性原理，可以叫作"绝对论"，不仅如此，它还有一个更绝对的"光速不变原理"：在两个相对做匀速运动的坐标系中，光源发出的光以同样的速度传递。换言之，运动学上的速度合成定律

$$v'=c+v \qquad (3-1)$$

没有意义，相加的结果依然是不变的 c，不满足速度合成定律。这显然和我们直观的时空概念相背离，所以它建立了新的时空理论，打破了时间和空间相互独立的观念，修改了牛顿力学成为相对论力学，其中长度随物体运动速度的大小而相应缩短（洛伦兹收缩），时间距离则随速度大小而相应变长，质量也不再是个恒量，而是随着运动速度增大而增大。在这种概念之下，与速度合成定律的表面矛盾可解释如下，即随光源运动的系统中，尺度会相对缩小，时延会稍稍增长，以变化了的长度和时延计算光速仍和先前一样，因此光速始终是恒定的，这反映在新的速度合成公式中，很容易在一般相对论的教科书中找到。

相对论的意义在于，它确认所有的物理规律（不仅是牛顿力学，还有电磁学的规律）相对于惯性系之间的坐标变换是不变的，或者在两个惯性系中将力学的运动方程或电磁场的方程写出来都是一样的。只是要注意，在非相对论情况下，坐标变换是伽利略变换，它使时间 t 和长度 d 分别保持不变，这里有

$$d^2=x^2+y^2+z^2 \qquad (3-2)$$

是距离的平方。而在相对论的情况下，由于时间和空间不再是分离的，坐标变换则为四维时空中的洛伦兹变换，它使四维时空中的距离 l 保持不变，这里 l

的定义为

$$l^2 = x^2 + y^2 + z^2 - c^2 t^2 \qquad (3-3)$$

它以虚时间 ict 为四维时空的第四条坐标轴。有趣的是，电磁场的麦克斯韦方程自动具有洛伦兹共变性，即对它施行洛伦兹变换，换到与先前的坐标系做匀速直线运动的另一个惯性系，方程的形式依然不变，因此麦克斯韦方程自动适合相对论原理。这里也可看出，d 和 l 分别是伽利略变换和洛伦兹变换下的**不变量**。

认识主体的相对性

认识活动本不属于物理的范围，它是比较高端的运动形式，但它却和物理有着重要的关系。20 世纪 70 年代，科学家们提出了基础自然科学的 4 个前沿，即基本粒子的结构、宇宙模型、生命的起源和思维的本性（或意识的产生）。这**4 个前沿并不孤立**，前两个属于物理，后两个则都和生命现象有关（思维或意识现象与生命现象不能分割）。不仅如此，基本粒子的结构和宇宙模型还有内在的联系，因为有理论认为，在宇宙形成的初期，尚不存在原子、分子和凝聚物质以及星云之类的形态，所谓的物质就是基本粒子，之后才有原子、分子等，因此最初有哪些基本粒子至关重要，为何它们会在早期出现，如何衍化为其它的粒子，进而分子、原子之类。至于生命和思维的联系也很紧密，没有生命，哪来的思维？没有思维，生命个体如何去适应和改造环境，以利于自己的长期存活？这些都是显而易见的关系。可是生命、思维和基本粒子的结构与宇宙模型之间有什么关系？好像学科跨度太大。然而，当时就有人猜测，有关系！只不过语焉不详，一般人也不明就里。而现在我们就要指出，这个关系不是猜测，而是实实在在的，因为物理（和其它学科一样）是通过思维活动建立起来的，不可能不带着思维方式的印记，而这些思维都是人在进行，不能不沾染人的特性。因此在物理科学中必须引入思维，把物理研究也纳入认识范畴，不能只是**纯粹的**物理。虽然低端现象对高端现象具有基础和决定的作用，但高端现象也同时反作用于低端现象，两者互相影响，在某些情况下互为因果。只关注低端现象对高端现象的作用就是一种片面性，而这个反作用具体体现在**对认识主体的相对性**上，它导致一般意义上的**人择原理**，即认识所获得的结果对于认识主体具有强烈的依赖关系，物理学永远不会只是纯粹又纯粹的客观现实的描述。

  需要从了解认识活动开始，它并不神秘，也是基于最普通的物理过程。心理和逻辑学家经过多年的研究已经确认，概念在形成之前一般得经过三个步骤：感觉、知觉和表象。首先是**感觉**，它指感官接收外部世界信号的物理过程，例如视觉便是外部的（可见光）信号在视网膜上引起的光化学反应，而听觉则是空气中的振动（排除超声及次声）对耳鼓膜的刺激。嗅觉和触觉也都有相应的物理机制，它属于"前心理"阶段，物理信号尚未被赋予心理意涵——例如光波只是波长或频率，还有强度或亮度，而谈不上**颜色**。其次是**知觉**，它是指感觉器官将接收到的外部信号通过神经纤维传送到控制中枢进行识别，也可说是对外部信号的感知，这个步骤将确认外部信号的心理意涵，实现从物理到心理的过渡。各种信号交互进入和传递，经识别可以形成意涵明确的**当前事件**，如遇见交通事故、听说银行挤兑、从媒体获悉战争消息，等等。识别或认知都需要有事先的信息存储作为前提，因为这个过程主要就是将输入信号同已有的信息存储相对比。这里不能追溯记忆或信息存储的形成过程（从新生儿的**白板**状态开始），而且必须强调识别的是心理意涵，不是物理信号（如单个的神经脉冲），其间包含如何从物理层面过渡到心理层面的问题。简而言之，心理意涵作为高层次信息，必定源自低层次的基础变异度的关联，也就是头脑中的物理和几何结构。记忆机制是一个复杂的问题，但可以断言，人脑的记忆和电脑不同，不是采用**定域分区模式**（将每个不同意涵或信息片段分别固定存于某处，现代计算机就是这种模式）。相反，复杂的意涵在头脑中应是**跨区域存**

储的，依赖于若干神经元上的**突触—树突**连接的神经网络。在头脑中，能够承载心理意涵的物理和几何结构不外三种类型：神经元的解剖学结构（突触、树突和轴突的特殊形状和连接），生理学结构（吸收养料的生化反应的过程结构），还有神经脉冲群的组合结构，它们对正在进行思考或被调用的存储关系极大，相关的细节可以参考笔者的《论思维过程的物理机制》①。

这两个过程均需伴随感觉，或与感觉（外部信号的进入）同时进行。感觉不消说了，感知也一样，一边在感觉，一边**同时**就进行识别了，起码简单的意涵人们几乎不需要多长的思考时间，复杂的、深奥的意涵可能需要仔细观察（感觉、体验），反复考虑，但这个过程往往还包含信息加工在内。原因也不复杂，因为神经脉冲群的传递速度虽然和电脑没法比，但和一般心理活动（如包含复杂信息加工的思考活动）所需的时延相比，还是很快的，几乎可以忽略不计。识别或感知过程需要调动既有的存储，它也只需要神经脉冲群的传递，一般可同样迅速地完成。

比较复杂一点是**表象**，它是在感觉和感知结束之后在头脑中留下的印象或记忆痕迹，它带有形象和综合的特征，如一种动物的形体：头、角、尾巴、躯干、腿、爪、毛色……；声音和动作等也包括在内。"形象思维"的基础就是表象，因此表象可能具有各种复杂的意涵，这并不奇怪，因为形象都有结构，因而包含各种**关联**，可以承载信息。概念是在表象的基础上制定出来的，它从表象的**结构形式**中抽象出来，具有**语义**的特征（摆脱了表象的记忆痕迹）。有研究认为，概念和表象的区别在于其具有**分解的形式**，即它已将**一般表象**的要素一一列举出来，使之成为概念的**内涵**，而在一般表象中这些要素只是以一种整合（未分解）的形式存在，是综合所有要素的图像。一般表象的意义是，例如猫，它不是个别或特定的猫，不是这只黄猫或黑猫，而是**所有的猫**（包含所有"猫"的要素）。这充分表明，一般表象和概念一样都有概括的能力，它代表的不是个别存在，而是一般存在。

一个重要的事实是早期的英国哲学家洛克指出来的，即人的表象能力是有限的，因为感觉经验是有限的。洛克的原话并未把意思完全表达清楚，他说人

---

① 钟学富. 论思维过程的物理机制. 北京：中国社会科学出版社，2017年版.

只能将各种"观念"进行组合,却不能"创造"任何从未见过、从未听过或从未感觉到或经历过的**观念**,这里的**观念**其实指的应当是形象思维中的表象。好比五味杂陈:杂陈的诸味——酸、甜、苦、辣、咸,一定是已经尝过的,不包括任何从未尝过的味道。可以想象一种怪兽,但它只是把已经见过的兽类身体的**零件**重新拼凑、组合起来,却不能想象出从未见过的功能器官。看看假想的**外星人**,它完全就是一种拟人的动物,没有任何创意。

这个原理从思维的本性来看很有意义,因为表象的基础是直接的形象记忆,载体是神经元的突触和树突连接而成的神经网络,它是通过一系列感觉过程,从**外部信号**引发的神经脉冲群开始,有神经递质的活动参与,因而是**物理地形成的**(按神经生理学的要求生长和发育),可以称为**记忆痕迹**,带有**硬件结构**的性质,不可能在思考或信息加工过程中轻易改造或变形,只能简单拼凑或组合,即通过神经脉冲的传递将不同的形象串联、拼接起来成为组合的形象。这点与经抽象和组合形成的语义概念不同,语义思考并不一定需要外部的感觉信号,可由内省或其它思考过程启动,因此在语义思考中,各种概念可以逐次推演和加工,由抽象到抽象,然后定义出另外的概念,它们可能与原先的概念毫不相似,甚至相反,或者具有完全不同的更深刻的含义。而这些在形象思考中通常都做不到,这是形象思维和语义(逻辑)思维的一个基本差别,洛克的认识论原理正是反映了这个差别。

这点直接关系到微观客体的**波粒二象性**,我们有波和粒子(轨道运动)的生动形象,却无法在头脑中形成**同时兼容**波和粒子的物理图像,因为一个是连续的(波),另一个则是分离的(粒子),两者互相排斥。神经脉冲群的连接不能改变既有的记忆痕迹,也就不能将两者糅合。它带来了量子力学的直观性困难,这是一种无法逾越或不可克服的心理障碍,与人的智力开发无关,多聪明的人对此也无能为力。当爱因斯坦说他自己搞不懂量子力学,而且不相信那些自称懂得量子力学的人是"真懂",就因为爱因斯坦拼凑不出一个统一的图像。

思想活动当然还包含其它内容,感觉、知觉和表象之外,就是**概念、判断和推理**,推理的步骤包含信息的加工,整个活动过程可以纳入一个**输入—输出模型**:从外部信号的输入开始,经过信息加工得出有意涵的判断或指令,作为思想或行为抉择作用于外部世界。后面的活动,以思想判断为核心,始终建立在概念或心理意涵的基础上,它和感觉的起源最终是分不开的。概念或意涵起源于感觉,开始都是直观和具体的,然后才通过概括引入抽象的一般概念。但即使最抽象的东西仍然得与原始的感觉或直观的东西兼容,不能互相冲突。这其实是为了保留最初的信息源,谁都知道,用来定义另一个概念的概念本身须是明确的,"明确"就是指它有确切的定义,不能含混不清。好比"电冰箱是用电制冷的容器",其中"电""制冷""容器"等概念必须是确切的,它们均已被更原始的概念定义过了,否则我们将弄不懂电冰箱究竟是什么东西。所有概念的定义均可逐一追溯下去,直到最后一定是直观概念,它们无须再追溯了,因为直观概念的意涵或信息内容都在一般表象里,它本身就传递信息。好比蓝色或红色等颜色的概念,它们不是由另外的概念定义的,而是直接诉诸一般表象,亦即从各种蓝色或红色物体中概括或抽象出来的颜色。这样一个级联的**概念关系网**保证了信息通道的畅通,因此使最后的定义可以理解。除此之外,**思想体系的"无矛盾"**原则也是至关重要的,否则它将破坏系统的稳定性——因为矛盾的观念会**互相排斥**,和电荷间的相互排斥会使能量增高一样,它也会促使头脑中的能量升高,造成系统的不稳定。

很显然,感官和控制中枢都是很具体的东西,是在特别的生活环境下形成的,必定带有浓厚的地域特殊性。人类是在地球的环境条件下历史地进化而来的,身体由蛋白质、脂肪等组成。但科学理论却不能证明蛋白质、脂肪等对于生命的普遍意义,不能断言宇宙间(不仅是银河系或总星系)只有蛋白质、脂肪等才能组成生命体。理论上知道的只是生命体必为热力学的**非平衡定态**,它要求系统具有开放的特征,属于**耗散结构**,与外界同时有物质和能量交换,因而不能"起死回生"[①]。在这个意义上,可以认为人之所以会死是因为它要呼吸和进食,假如人不吃不喝不呼吸,只像机器一样接收和散发能量,那便可以死而复生——机器停工后再度启动,重现其工作程序的结构,就等于它的运作

[①] 耗散结构有两种情形,与外界既有物质交换,也有能量交换,以及只有能量交换的情形. 前者因物质交换使系统发生变化,不能起死回生;后者的系统依然保持,所以允许起死回生.

程序**死而复生**（注意：机器加工的原材料不属于机器，它最后变成输出的产品和废料，因为不允许有原材料残留在机器中）。此外，非平衡定态的稳定性，即受到适度的轻微扰动，产生些微形变后将自动恢复原先的结构，这被看作结构具有一定的**自我治愈**能力，显示**活结构**的特征：**生和死**的界限主要就看能否实行自我治愈。只有**活结构**破点皮才可以自己长好，**死结构**（或称静态结构）如桌椅板凳之类就不行，它们坏了只能由人工修复。当然，死结构和活结构之间也没有绝对的鸿沟：活结构是开放系统，有信息流（随物质和能量）源源不断地进入，**死结构则是外部信息源被切断后的情形**，因此它丧失了自我治愈的能力。死结构可经动力学方式打造，而活结构通常是经自组织途径形成的。

假如有不同的智慧生物，它们有自己的生活环境，具有与我们不同的感官构造，因而有不同的感觉过程，那么它们"头脑"中对外部世界就有不同的表象（外部信号在头脑的记忆系统中留下的痕迹），它们描述外部世界的概念体系与人类肯定是不同的，这就是**对认识主体的相对性**。迄今我们还没有见到与自己不同的智慧生物（地球上的动物虽有不同程度的"智力"，但相当低下——**缺乏语义思考，不足以看作真正意义上的"智慧生物"**）或外星人，这种相对性还没有得到真正的验证，但宇宙间存在其它智慧生物或外星人的信念是普遍存在的，因为我们不能论证自己在宇宙中的唯一性，那等于主张**人类中心论**。一个引起思考和争议的问题是：为什么至今还没有见到外星人或其它智慧生物？有人说，它们已经来过了，只不过我们不知道而已。这句话很神秘，但又像是白说，既无法相信，却又无从反驳。实验根据是找不到了（传说中的各种资料大都不确切），我们只能依靠理论分析确认一点原则，避免胡乱瞎猜，没有任何真凭实据。对认识主体的相对性就是为了帮助解答这个问题，但它同时对了解现有物理理论的性质和局限性有很大帮助，体现出认识活动对认识结果的影响。

第三章 物理学从"为我"走向"自在"

人择原理

对认识主体的相对性直接导致**人择原理**，这个词在宇宙学中有比较明确的解释，意思是我们认识的宇宙之所以是**现在的样子**，就因为是我们**人**在进行认识。这句话暗含的意思是：宇宙并不必然或必须像我们认识到的样子，也可能是别的样子，或者说我们认识到的宇宙样子并非唯一的，它在别的智慧生物那里可能表现为完全不同的样子。这个概念破除了"人类中心论"，不假定人类是宇宙间唯一的智慧生物或认识主体，符合对认识主体的相对性的概念。为什么不能假定人类是宇宙间唯一的智慧生物呢？那就是因为生命和智慧现象都是自然界在发展的基础上**合乎规律地**产生的，既不是神造，也不是出于偶然，只要条件具备，任何地方都能开放出生命和智慧的花朵，产生别的智慧生物。不过，这些花朵必定带有地域的特征，不会是千篇一律。在这个意义上，地球上的人类绝不会是宇宙间的唯一。既然不是唯一，那就需要了解其它的智慧生物会把宇宙看成什么样子，它们怎么来认识宇宙。

先得搞清楚：我们认识的**宇宙样子**包含哪些具体内容？当今人类对宇宙的了解不仅是天体和星系，而且应当包含物质结构、生命和智慧现象，乃至人类社会，换句话说，已知的全部科学内容。既然是认识的结果，都属于我们所认识的宇宙——无论哪儿都是宇宙的一部分，宇宙是无所不包的。拿物理学来说，它就包含原子、分子和基本粒子的结构，4种基本的相互作用力，还有不同物质形态在不同环境条件下的运动规律。有了原子、分子，才会有化学，有了物理、化学才会有生命科学、心理学（思维现象背后的物质过程），乃至社会历史。笔者曾具体考察过，人类社会的层次结构是如何通过自组织运动形成的，社会发展同样是自然、历史的过程，因而有规律可循，而且从根本上说，社会发展同样受制于物理的规律[1][2]，等等。这些科学的内容，先前都被认为是"纯客观"的，不依赖人的"选择"，"不属于"（或无所谓）人择原理，至少基础学科如物理和化学之类应当如此。比如牛顿力学方程，那是有实验结果（如天文观察）作为先导，不是牛顿个人的选择。然而对认识主体的相对性打破了这种观念，因为所有一切最终都依赖于人的感觉内容，也就是依赖于我们这种特殊的智慧生物接收和感知外部世界信号的方式。就人类而言，我们的感官是眼、耳、鼻、舌、身，分别对应于视觉、听觉、嗅觉、味觉和触觉[3]。所有的知识都从它们发源，因为一切思想观念都得从外部世界在我们头脑中造成的感觉和表象开始，否则我们将不会有任何语义的概念，也就无法思考，因为即使最抽象的语义概念，最终（不论经过多少中间环节）都得联系到原始的直观概念，否则该概念将是"不可理解的"——联系不到就表示没有获得最初的信息源。概念的直观性是心理学的论题，指的是概念同感觉经验的联系，比如蓝色概念是直观的，因为我们有对蓝色物体或蓝色天空的感觉和表象，它们就是最初的信息源，距离感觉经验越远，概念的直观性就越少。

这种对原始表象的依赖人人都一样，它不与个人相关（包括科学理论的发明者在内），却和人类整体有关，所以对认识主体的相对性是一种**集体现象**，因为每个人的感觉器官——眼、耳、鼻、舌、身的基本构造都是基本一样的，其中进行着大体类似的生理过程，或者感觉和感知的机理人人都大致相同，它们在头脑中启动和激发类似的心理或思考过程。比如视觉都是基于光信号在视网膜上引起的化学反应，而看到同样的光信号（意涵相同），人和人的反应也应有强烈的关联（看见危险信号都会快速躲避）。这些相似性是生命科学（解剖学、生理学和医学等）和心理学的基础或前提，假如人和人之间缺少这种相似性，那么生了病

---

[1] 钟学富. 物理社会学——社会现象演绎理论的探索. 北京：中国社会科学出版社，2002年版.

[2] 钟学富. 社会系统——社会生活准则的演绎生成. 北京：中国社会科学出版社，2007年版.

[3] 有所谓"第六感"之说，它在很多情况下是运用头脑的整合能力获得的高层次信息，典型的例子是听出"弦外之音"或话中有话，它超出了词语本身直接的语义范围。

毫无规律可循，医学也就压根儿不可能了！心理学，如心理分析虽然有很大的个体差异，那是因为每个人的生活轨迹不同，知识和信息存储不一样，外界信号在头脑中引起的反应不会千篇一律，但仍然不是无章可循。

拿时空观念来说，大家都认为现实的物理空间是三维的——这不是什么"天经地义"，无论多么普遍的特性或品格都不能以天经地义作为论据。（谁能判定哪些是天经地义，哪些不是呢？）空间三维性的原因其实并不复杂，因为人的中耳都有三个相互垂直的耳蜗，它决定了我们接收外部物体位置信息的方式（中耳不仅属于听觉系统，而且是身体最重要的平衡器官，出了毛病身体很容易失去平衡。而保持身体平衡则必须参照周围事物的位置分布，不断接收它们的位置信息，足见中耳和外部物体的位置密切相关）。三个耳蜗代表了三个独立的信息通道，在长、宽、高之外再也找不到第四条独立的信息通道，也就安不上第四条坐标轴了（数学上实三维空间中任意4个矢量必然是线性相关的，第4个矢量一定能用其余3个矢量的线性组合表示出来）。物理学家中有人想以动力学方式或能量原则证明空间是三维的，虽然有过长期的探索，但事实证明都是徒劳的，因为其中一定包含某些不合理的假定。这些假定特别与空间的无限性有关，因为不是每个有限的命题都能无条件外推到无限。

这种对认识主体的相对性必须引起人们、特别是物理学家的高度自觉和自省，不要轻易把现有的普遍结论看成"纯客观"或"天经地义"，仅仅因为想不出别的可能性，就认为它是宇宙天地间的唯一，那便等于默认或暗中假定了人类中心论。这个理论在地球上，或就地球上所有的生命体而言也许是对的（因为人的智慧发展程度最高），但在宇宙天地间却一定是错的。我们现在相信物质都由原子或更基本的粒子组成，原子有118种，但这未必对另外的智慧生物也适用，它们关于物质结构的概念不一定同我们一样，因为它们感觉器官的构造和运作机理必定与我们不同，我们能感觉的它们不一定能感觉，它们能感觉的我们也不一定能感觉。以地球上的生命体而言，人能看见的是可见光，人能听到的是次声和超声之间的振动频率（得有空气为前提），在这些范围之外，我们就是盲人和聋人。许多高等动物可能和人类似，当我们处在黑暗中时它们也看不见任何光亮，但并非所有动物都如此。许多昆虫的复眼看见的并非可见光，蝙蝠则能发出和听到超声。可以断言，蝴蝶通过紫外线看到的"花"和我们看到的"花"绝对不会一样，它们能够想象我们不能想象的某些东西，世界在它们的感觉中很可能更精彩。

假如让脑洞继续大开，设想完全不同于地球上各种从低级到高级的生命体，甚至不接受我们4种基本相互作用力的概念：**谁能证明宇宙间只有我们知道的4种基本相互作用力？**不接受分子和原子（遑论蛋白质！），也根本不和我们处在同样的尺度上，甚至超越我们的时空，不属于我们的**总星系**。如果是这种情形，那就连**外星人**一词都不能成立，因为它暗含这些智慧生物仍然生活在某个星球或星系中，属于我们的总星系。须知，连**时空**这样更基本的概念都依赖或离不开感官，那么别的智慧生物当然该有它们自己的**时空**，不能与我们的混为一谈。

这里不能不提到神奇的**暗世界**（dark world）概念，意指**暗物质**（dark matter）和**暗能量**（dark energy）①。现在物理学家根据得到的天文观测数据，大都相信我们所认识的物质实体只是宇宙中很小的一部分，其余绝大部分属于暗世界（中国已经在地下2500米深度建造了一个专门探测暗物质的实验室，规模世界第一，许多外国科学家试图与之合作）。很容易想到，在暗世界中难道就没有生命和智慧现象？显然不能这么认为。暗物质之所以为"暗"只是因为它们不参与强相互作用和电磁相互作用，因此我们感觉不到或看不见它们（"看"需要光线或电磁波），也不以习惯的电子、质子、中子、中微子等粒子的形态存在。然而这并不排斥依靠弱作用和引力作用（尤其我们不知道的其它相互作用）产生和维系各种结构和秩序，其中很可能就包括具有一定自我治愈能力的**活结构**（属于非平衡定态）——暗世界中的**生命体**！而长期维持这些活结构则需要发育出具有自反馈功能和自我意识的反馈控制中心（和地球上的生命体为了自己的长期存活需要有发达的头脑和智慧一样，否则暗世界的生命体也不能适应它们的生存环境，将迅速归于灭绝），有了自我意识则可对决策进行自我监督并实行最佳化原则，进而形成个体意志。可以认为，这些是产生生

---

① 有测算估计，我们生活的物质世界（包括所有天体）的总质量只占宇宙总质量的4%，而暗物质则占27%，其余则为暗能量.

命和智慧的实质条件，它们是合乎规律产生的，是条件满足时的必然事件。没有理由认为暗世界中的物质一定不能满足这些条件，**因此暗世界中存在生命和智慧现象是大概率事件**，不管它们和我们是否能够直接沟通。事实上，由于没有强相互作用和电磁相互作用，暗物质可以随时**穿越**我们的身体和世界，如入无人之境，我们却毫无感觉，它们也许可以通过弱作用或其它我们不知道的某种作用力观察我们（假定它们有适应于这些相互作用力的感官和感觉过程），我们却不能从电磁相互作用力观察它们，所以我们在明处，它们在暗处。

这些暗世界的生命体自然不会拥有与我们类似的**血肉之躯**，因为没有电磁力，那就没有我们熟悉的分子和原子，至于蛋白质就更别提了，但生命和智慧的物理条件在暗世界照样可能存在。有人说"贫穷限制了自己的想象力"，那是对富人们各种穷奢极欲的消费方式显得无知，比起完全不同的其它的智慧生物，尤其暗世界的智慧生物，我们的想象力必定更加贫乏得可怜。看看科幻片中所谓外星人ET的形象，分明只是参考人体设计的，两只明亮的大眼睛，当然是从人身上复制下来的，可是谁能证明外星人，或更准确说是别的智慧生物，必须用眼睛"看"？它们的形体、感官和感觉过程，和人毫无共同之处，我们怎可想象它们究竟是什么样子（洛克的认识论原理）！既然如此，我们又怎能奢望它们接受我们的宇宙概念？它们连原子、分子的概念都没有，甚至不与我们生活在同一时空，我们还能期待与它们有多少共同的思想观念？外星人这个词本身就缺乏想象力，以为别的智慧生物必定在总星系中，须知别的智慧生物可能压根儿就不属于我们的总星系，不必居住在某个星系的某个星球上，不属于我们的时空。因此外星人一词多半是人类自作多情，事先假定总星系是唯一的。现在应当承认，别的智慧生物也有它们的总星系——这才是宇宙学人择原理的要义。许多人都困惑，为什么迄今仍然找不到外星人或其它智慧生物呢？请别忘记了人择原理：我们认识的宇宙样子只因为我们是人类，不是人类的其它智慧生物，它们也应有**自己的宇宙样子**，宇宙甚至时空观念都不能沟通，怎么去发现外星人？它们站在我们面前或穿过我们的身体也认不出来。或许这才是迄今找不到外星人或其它智慧生物的真正原因。

顺便指出，有极少数人利用暗物质概念散布神秘主义思想，甚至荒谬断言暗物质就是灵魂，这是毫无道理的。戳穿这类谎言的最好办法就是迫使他们给"灵魂"下定义："灵魂"究竟是啥东西？他一定回答不出来，或者只能用含含糊糊的表述来应对，只要抓住这点，按照用来定义新概念（灵魂）的老概念必须是明确的这个公认的逻辑准则，一定能指出其中的含混之处，说得更清楚一点，"灵魂"和"鬼怪"的定义不可能有实质差别，因为这两个概念绝对没有任何实证基础，找不到现实的对应物，只是一些语义的虚幻组合或胡搅蛮缠——谁见过"鬼怪"或"灵魂"？我们应当坚持**彻底的唯物主义**，不必再堕入神秘主义的泥潭，在科学昌明的今天，真没必要使认识再去走回头路。

"为我"和"自在"的世界

对认识主体的相对性完全是由于我们感官和感觉过程的有限性，它们是很现实、很具体的东西。**具体性一定表示包含着特殊性**，只能在有限的、局部条件下成立，人类就是在地球的特殊环境下经过若干万年的进化和发展而来的，这是不争的事实。由于感官和感觉过程的有限性，作为一种特殊的智慧生物，我们的认识能力也是很具体的，不能抽象或笼统讲认识的无限性，没有什么是原则上不可认识或**不可知**的。但知也有很具体的规定，既然要"知"，就必须有相应的**信息传递**，没有具体的信息通道，怎么去"知"或认识？而信息通道只能合乎规律地建立，传递什么内容和传递能力也有相应的限制和规定。当然不能说没有直接的信息传递就一定不能认识，因为还可以有间接的途径，但即使间接的途径也同样有具体的限制和规定，最终受制于生长在我们身体上的各种感官和其中进行的感觉过程。

逻辑上可以判定，人的认识总是始于直接观察，所以一开始总是很具体、很直观的，最初比较简单，然后逐渐进入复杂的领域。物理学正是如此，古典物理就是基于感官的直接观察，主要是与我们身体的尺度大体相当、可以比拟的宏观物体，它们构成**宏观世界**。这样获得的概念来自与感觉相联系的直观表象，允许我们进行形象思考，例如物体运动的轨迹。由这些概念和概念体系组成的理论属于"**为我**"的世界，意思是它们总能与我们的感觉和表象取得一致，即便是比较抽象的古典物理概念，包括复杂的电磁过程，如电磁波在介质中的传播和吸收，甚至介质中光传递的群速度低于相速度的事实，也永远不会和感觉经验发生冲突，显得格格不入，因为它们归根结底依然能联系到最初的信息源，也就是由感官而来的表象或直观图景。这正是古典物理学的特点，也是"为我"世界的共同特征。

然而认识的深入发展总会使我们接触越来越多的现象和过程，它们必然会超越直接观察和经验的范围，不可避免会出现某些与宏观现象不一致、甚至矛盾冲突的情形。最典型的就是"波粒二象性"，电子本来在很多情况下被看作一个个分离的粒子，例如将电子束投射到荧光屏上出现闪光的实验，闪光是电子与原子相互作用的结果，因而是一个一个发生的。而在另外的情形下，电子却又显示波动的性质，如电子衍射实验，即让一定能量的电子束穿透晶体，此时整齐排列的晶格原子会发挥类似于"光栅"的作用，使电子束产生一般波束才有的**衍射现象**，记录在著名的劳埃（Laue）图上。这种微粒和波动的二重性，使人无法将电子想象为任何古典的实体，因为所有的古典实体没有这"两者统一"的图景，任何人都无法在头脑中将其整合。这被称为量子力学的直观性困难或直观性问题，在 20 世纪五六十年代受到许多人的强烈关注，它被认为是量子力学和古典物理的根本区别。

直观性问题或直观性不仅表明我们在微观世界中缺乏形象的思考，因为"波粒二象性"超出了我们的表象能力，而且因为概念同表象的契合关系到我们对**物理实在**的概念。为什么我们认为古典物体是实实在在的呢？就因为我们能够观察它的运动轨迹和运动花样，符合我们的表象，即便不能直接观察，起码也能将它纳入想象。满足这个条件才能被认为是实际存在的，否则就是虚幻或不可能存在的东西。各种还在设计中的物件或机器，在它们未建成之前，只是存在于我们的脑海里，并未成为现实，但我们之所以那样想象它们，必定是它们与现实的存在并不矛盾，这被称为"合理"，否则它们将永远不会变成现实：不合理的东西必不能存在。

波粒二象性与此不同，它与空中楼阁的区别在于，空中楼阁虽然存在于我们的想象之中，却永远不能变成现实，而波粒二象性却是现实中的例子：它的现实性不是通过"合理性"来证明，而是通过直接实验来证明，且相关实验不知重复过多少次，早已无可争议，却永远不能进入我们的形象思维，因为谁也无法在表象中整合两个互斥的图景（"合理性"始终未得证明）。这就带来一个问题，即电子原是真正的实体（物理现实性已由先前的实验证明），但它既非粒子亦非波，那它的"本来面目"究竟是什么？这个问题实际上承认了一个"本来"或"自在"的世界，承认微观客体都有一个"本来"或"真实"的面目，它不是直接源于认识主体——因为不存在相应的图景，只有图景才会依赖主体的感官和感觉过程。然而，随着认识的深入发展，"自在"世界的问题只会越来越多，物理学不得不更多地面对它们，**现在我们就处于这个阶段**，所以必须切实把握从"为我"世界到"自在"世界的过渡。我们先前的概念都是从"为我"世界获得的，传递了"为我"世界的各种信息。现在进入"自在"的世界，我们不再有直观的概念，只可能有一些抽象的数学表达式，如波函数和算符之类，怎样去理解和接受这种"不匹配"？这是一个大问题。但所有先前的概念决不能完全抛弃，那样我们将无法思考，什么也理解不了，更谈不上付诸实施，毕竟只有"为我"世界的概念才能联系到最初的信息源。问题就集中在如何建立抽象的数学工具和我们先前的概念之间的联系，把抽象的东西变成可以理解的，然后将它们的结论付诸实施，搭建相应的实验或其它实际的过程。

缺少直观性肯定将影响我们的认识能力，但它绝不会将认识能力限制为零，抽象的语义思考仍然能够将认识引向深入，使我们能够把握微观客体的各种运动特性。薛定谔方程便是明证，它具体给出了这些客体运动的基本规律，使我们在这个缺乏形象思考的领域中仍然有章可循，不致将自己陷入寸步难行的境地。它体现了认识的能动性，因为语义的思考在一定程度上能摆脱表象能力的限制。20世纪50年代后曾一度展开对量子力学直观性问题的讨论，一方面肯定了直观性困难的事实；另一方面波尔和海森堡都强调，借助抽象的数学描述，我们将能够克服这个困难。态矢量在希尔伯特空间的运动完全是因果的，可以把握。的确，我们能够求解薛定谔方程，得到符合实验的结果，但我们还需要了解，数学为什么能有这么大的本领？这需要考察数学公式中体现出来的信息加工和变形的特点。

假如做不到这点，就会有人主张，只要大家"习惯于"抽象的、无形象（无轨道）的思考，能够根据量子力学的数学公式，计算出实验上需要的观察量的数值，能够将理论同实验对比，那就足够了，管它什么解释不解释呢，何必再去追求那些"形而上"的东西！但笔者不同意这种实用主义的态度，总是希望有更清晰的语义说明，认为那样才能使人相信，通过数学确能把握真正的物理现实，毕竟数学公式是抽象的东西。这个困惑在我们引进了"结构信息"的概念之后应当有所改进，要得到状态的直观描述，其实就等于要对状态的结构信息进行分析，对它的"结构"进行详细的描述，然而这个要求现阶段是不能满足的，原因在于波函数已是最基础的层次，除非有新的突破，否则将不能对其组成的要素进行分析，或者压根儿就不知道该是什么要素，正如基本粒子已是**最小砖块**，它由什么组成或怎么进行划分当然不能直接回答。

认识的一般条件

撇开图形的思考或形象思维，因为它们受感官和感觉过程的限制，我们确实必须更多关注语义或逻辑思维，它们才能突破形象思维的限制，更能体现认识的能动性。不过需要了解，要使认识活动成为可能还先得满足一些普遍的条件，分析这些条件实际上等于假定了**一种广义的认识论**，它适合于所有的认识主体或任何智慧生物,因而或许能够从中找到某些同别的智慧生物沟通的线索。这个分析更重要的意义还在于,因为摆脱了对认识主体的相对性,它显示的应当是整个外部世界的一般特性或构造的基本要素。这听起来像是一个很伟大的猜测,可能吗?可能!别忘了,**在特殊性中也包含着一般性**,比如宏观世界的每个物体都必须遵从牛顿的力学定律,每个物体的运动方式和花样都不同,但背后的力学规律却是普遍的,这就是特殊性中包含或体现出普遍性。我们虽然只是一种特殊的智慧生物,但我们的认识也必须与普遍的认识论框架一致,否则认识活动将无法进行。重要的是,我们只消剔除专属自己的特殊性,而保留各种普遍的特性,那么就会发现,哲学的范畴理论会有很大的帮助,因为哲学范畴都是外延极其广大的概念,有很高的普遍性。现在将这些条件或对外部世界的猜测归纳如下,它们应当符合基本的逻辑预期。

外部世界不可能是混沌一团,那样它就不可能作为信息源,向主体传递任何信息,认识就根本不会发生,也没有任何意义。由此推论出,外部世界必须能够进行划分,以一个一个的"个体"形式存在,有些相同,有些则不同。其实认识主体本身也是个体,有很具体的接受外界信号的感官和感觉过程,只不过不必是眼、耳、鼻、舌、身,那是专属我们人类的特殊性。因为个体对象可能相同(相似)或不同(不相似),这就暗含了**计数**的必要和可能,因此"自然数"应当是普遍接受和采用的,任何智慧生物都应当能够理解。相应的,我们也应当有算术的四则运算,加、减、乘、除,因此之故,有理数、甚至实数的概念都可能普遍成立。进一步,数字一般总会发生变化(否则世界将是僵死的),那么变量和函数、甚至泛函的概念也都可能普遍成立。这意味着初等数学,如算术和初等代数都有普遍意义。换言之,这些数学部门的内容、法则有可能让其它的智慧生物"懂得",至于比较高级的数学分支,例如特殊函数,它们是从某些微分方程的解获得的,这些微分方程适用于特殊的条件,其它的智慧生物未必会遇到,那就不一定会明白。不过问题在于,仅仅懂得一些抽象的数学概念,缺少现实的体现,不能把这些数量关系移植到实物或过程中去,启动可以互相交流的信息传递,未必会有实际效果,其它智慧生物恐怕还是照样不能理解我们,毕竟同它们打交道不是一起来做习题,而有其它更实际的目的。

至于单个个体也不能只是一个均匀的小球，为了承载有限的信息，个体都必须具有自己特殊的结构和秩序，所以每个个体都是**复杂的**。这些结构和秩序和我们的世界一样，可以是"死结构"，也可以是"活结构"，依赖于是否切断了和外部信息源的联系。只不过承载它们的是另外的物质，包括"暗物质"。假如外部信息源没有切断，那就是非平衡定态。对于人类，我们还有耗散结构，那是因为我们有能量的概念，而其它的智慧生物则未必如此。当然，相信在它们的世界，运动和变化的**活力**依然是存在的，所以也应当有**能量概念的对应物**。从这里可以看出，信息概念比能量概念有更大的适用范围。事实上，智慧生物的存在本身就意味着复杂的结构，无论生命还是智慧都需要复杂的信息控制，过于简单的结构是决计无法承载这些信息过程的。

个体具有结构，逻辑上就意味着它可以分解，而且这个分解难以找到止境，因为结构的元素本身便是另一类个体，它们也必须承载信息（否则无法确定元素的特性），于是它们又可以再分解。这样，类似于我们的原子、分子、基本粒子的概念，在其它智慧生物那里也应当能找到，只不过和我们的原子、分子、基本粒子毫无共同之处。正像前面指出的，暗物质没有电磁相互作用力，当然不可能组成我们所谓的原子和分子。

如此看来，我们和其它智慧生物之间还是有许多的共同之处，这些都是彼此实现沟通的基础。然而在实际方面却仍然没有找到共同之处，那得看组成其它智慧生物的物质和组成我们的物质之间有什么共有的相互作用，比如，我们现在判定暗物质的存在就是因为它和我们的物质一样都有引力相互作用，但这还远远不够，不能提供进一步的信息，所以即便实现了上述的数学沟通也未必能有实际的意义。从根本上说，我们自然希望所有的智慧生物都能通力合作，开发共同的宇宙（却分属不同的世界或时空），但看看人类今天的发展阶段，它未必（甚至多半）不能成为现实的目标，不能盲目指望其它智慧生物能帮到我们，或者我们能帮到它们。这的确很难，谁知道这些智慧生物处于什么样的发展阶段，当前有什么样的行为动机？尤其有没有或有怎样的认识误区，说不定它们还因为各种内部纷争，正想把遇到的困难转嫁给我们，以为我们有碍它们还想加害或清除我们呢！在这个意义上，霍金认为不要轻易同其它智慧生物（"外星人"）打交道，是完全正确的，因为还没有摸到它们的水深水浅！害人之心不可有，防人之心不可无，它们有多大本事谁知道？为了避免可能带来的巨大危险，我们还是应当先避开它们为妙，真要打交道，则必须先摸摸它们的底，做好充分的准备，把自己保护好，尽量万无一失。

论"多世界"解释

量子力学的"怪异"使诠释者风起云涌，除"隐参量"、哥本哈根解释之外，还有苏联布洛欣采夫的"系综论"（波函数不属于单个微观客体，而属于统计系综），随机（stochastic）解释（微观粒子的"本性"就是随机的），等等。最为大胆的埃弗雷特（Everett）于1957年提出**"多世界"**解释，他针对测量理论中"波包坍缩"的假定（测量将系统带到被测力学量的本征态之一），认为波包任何时候都不会坍缩，薛定谔方程是永远成立的。只不过世界本身分裂为许许多多的"相对态"，测量时可以从这个相对态到达另一个。这个解释的设计考虑到了著名的薛定谔猫的佯谬，即在一个笼子里关着一只猫，上方有个装有剧毒物质的玻璃瓶，瓶上则挂着一只小锤。当小锤落下时，打破玻璃瓶，毒剂漫出，猫就会被毒死。而小锤是否落下则由一个盖革计数器控制，当它计数时小锤便落下，否则就继续悬空，猫便依然活着。可是盖革计数器是否计数则由放射性元素的原子是否嬗变来决定，而原子嬗变只有概率的预期（因为只知道半衰期），没有精确的动力学理论。这就等于假设了一只"半死半活"的猫，与常识不合。假如接受埃弗雷特的"多世界"解释，活猫和死猫在测量前后分属不同的世界，没有交汇，便可避免上述尴尬。这个解释受到一定的关注，赞成和反对的都有。反对者中包括爱因斯坦，**他说自己不相信测量过程有那么大的影响，只要"看一眼"**（相当于测量），**世界就会发生巨大的变化，从一个跳到另外一个**！但埃弗雷特就这么假设：波包坍缩没有了，但世界却变多了。

薛定谔猫的佯谬一直延续至今，它确实使许多人困惑，但"多世界"解释其实并未真正说明"半死半活"的猫究竟是什么状态，只不过把死猫和活猫"安排"在不同的世界里，不使其发生直接冲突而已。在笔者看来，这些讨论其实在假设的前提下就搞错了，所以后来的讨论根本不会有积极的意义。在这个设计里面牵涉的猫属于宏观物体，却又有生死两种状态，而在另一端则是嬗变的原子，属于微观客体，把薛定谔方程同时用于两者当然是不合理的。在讨论经典的牛顿力学方程时我们便指出，这个方程肯定有适用的范围，但它自身却不显示这个范围，更不会调节自己在超出范围时自动失效。因此，把牛顿方程用到微观，其至亚微观的尺度上，仅从数学上考察没有任何问题，但它实际上没有意义。同样，把薛定谔方程用于活猫和死猫都没有意义，这个方程也不能辨别猫的死活，否则生命科学就该从薛定谔方程出发。所以不是有没有办法解决薛定谔猫的佯谬，而是这个设计本身就没有意义。在实际生活中，猫是死是活不是量子测量的问题，而是肉眼的直接观察或生命体征的鉴定。即便玻璃瓶破了，毒剂溢出也有多种情形，也许猫在笼子一角，毒剂未必能漫过去，毒性不足则猫也未必会死，即便死，也还要有一个挣扎的过程……，这类细节，谁能说得清楚？所以，我们根本没必要在这类问题上绕弯子，纠缠不休。

相反，我们倒是应该问一问，究竟有什么**实际理由**使我们相信存在"多世界"或"多宇宙"？这里有个简单的逻辑：认识问题是认识主体和其余的外部世界的关系，前提就是**外部世界只能有一个**。人类可能遇到种种怪诞的事物，例如其它的智慧生物，甚至暗物质世界的智慧生物，但它们对我们而言也是**其余的外部世界**，无论明物质还是暗物质都属于同一个世界，彼此共存。在这个意义上，任何理由都不可能给我们带来另一个世界或宇宙，实体的宇宙无所不包，我们永远只是其中的一个部分。

然而，对认识主体的相对性使我们看到，这个世界或宇宙在不同的智慧生物或认识主体那里是可能表现为不同形式的，我们的宇宙是基本粒子、原子、分子、星体和星系，在它们上面可能开放生命和智慧的花朵，生命的形态在地球的条件下是蛋白质、脂肪等各种组成身体成分的具体物质，而在其它的智慧生物那里则多半未必，即便它们也有自己的"粒子"，却可能和我们的粒子完全不同，生命物质自然更是如此。最要紧的是，不同的认识主体连时空概念都可以不同，换言之，它们生活在不同的时空里，即便能与我们沟通，一定也是比较奇特的方式。这是否意味着真有多世界或多宇宙？不然，必须区分实体的**世界**或**宇宙本身**和它们的**表现，前者永远只有一个，后者却可能有许多**。不同的时空是不是"不同的世界或宇宙"？不然，时空本身只是实体世界或宇宙的特性，允许它有多种表现形式，在我们是一维和三维连续统，在其它的智慧生物那里则未必。

这种相对性与运动的相对性在概念上是完全相同的，同一个物体的运动，在不同的坐标系中看起来有不同的表现形式，认识结果在不同的认识主体那里同样是千差万别的。这丝毫不足为怪，哪怕最基本的思想观念也是如此，它们在一类认识主体中也许是普遍的，但在不同的认识主体之间则未必。不过，认识主体内部应当是一致的，就像人类之间的共识一样。需要指出，各种智慧生物为了长期存在，必须采取集体的形式，否则容易由于各种原因而导致种族灭绝。这虽然看起来是人类社会的"特殊性"，然而它恰恰是一种普遍性。

第四章

结构和秩序,非平衡过程热力学

信息都是由稳定的结构承载的（瞬息万变的结构无法把握），因此我们有**结构信息**的概念，稳定的结构本身就意味着秩序，没有秩序世界就会乱套，也谈不上任何规律性。结构和秩序是科学的永恒主题，比爱情是文学的永恒主题还"永恒"，科学规律就是该现象领域中的结构和秩序。在任何有意义的物质运动中，结构和秩序都必须占据首要位置，否则，就不能形成有目的的活动，影响人类和其它生命体的延续。因为信息必须靠结构承载，而结构本身就包含信息，这构成了我们的世界图景，所以物理学必须关注信息，把它放到基础位置，而非平衡或不可逆过程热力学就提供了结构和秩序产生的普遍概型。

信息和熵

在信息论之前，物理学中便有一个牵涉结构和秩序的概念，那就是熵（entropy），熵在热力学中表示**混乱度**，假如系统乱七八糟，乱到极点，那么系统的熵就取得极大值，而此时对应的系统状态则是平衡态。在一个透明容器中施放烟雾，一开始烟雾翻腾，静置一段时间，翻腾逐渐停止，而呈现为一种均匀的灰白色。翻腾时系统（烟雾）处于非平衡态，翻腾结束则达到平衡态。平衡时表面平静，其实混乱度极高，也就是烟雾微粒的速度分布很分散，有一个**最可几速度**，拥有的微粒数目最多，但优势最不明显，速度低于它和高于它的也占有很大的比例。

平衡态各处均匀，破坏了任何结构，没有梯度或广义力，所以系统没有发展的活力。它只能有小小的涨落，或对平衡态的微小偏离（速度分布稍稍不同于平衡分布），而偏离之后还得再回归平衡。所以如果没有外界干扰，平衡态将无限期保持下去，不能自己演化到另一个状态。热力学第一定律就是关于平衡态的定律，它认为任何系统，只要长期不受外界干扰，都将自动趋向于平衡，就像翻腾的烟雾最终归于平息一样。在这个意义上，可以说平衡态是所有物理系统自发趋向的目标状态，因此它有最大的**热力学概率**。反过来，假如系统显示出秩序甚至高度有序，有稳定的结构，那么系统的熵就将变小甚至极小。系统显示出秩序或者结构，也就是呈现出某种"花样"（pattern），它的均匀性就一定不复存在了。

如此看来，熵和信息之间须有某种内在联系，否则不能此消彼长，熵如果最大，信息量就最小；反之亦然。这个内在联系最早是由法国人布里渊（Brillouin）指出的，它其实很容易理解。学过熵的统计解释的人都知道有个著名的玻尔兹曼公式，即

$$S = -k\ln W \tag{4-1}$$

这里 k 是玻尔兹曼常数，它的数值很小，$k=1.3806505\times 10^{-23}$ （J/K），ln 是自然对数，W 是状态的热力学概率，它是一个很大的数字，因此它在统计力学中被解释为与该宏观态对应的**微观态**①的数目。凝聚物质都由大量的粒子组成，所以微观态的数目是个很大的数字。但许多不同的微观态对应的却是同样的宏观态，或者说微观上不同，宏观上却看不出来。一个宏观态对应的微观态数目越多，热力学概率就越大，系统就有更多时间或机会处在该状态下。这里之所以特别强调微观态和宏观态的对应，是由于粒子的全同原理，当交换两个全同粒子所处的状态时，即让粒子 1 取得粒子 2 的状态，而粒子 2 取得粒子 1 的状态（坐标和动量同时交换，或在量子力学中交换两个粒子的波函数），系统的宏观状态不会有任何改变。而所有的微观态都被假定是**平权**的，即权重相等，大家都有相同的出现概率，所以对应的微观态数目 W 越多的宏观态热力学概率也越大，系统也就越有可能处于这样的状态。平衡态对应的微观态数目最多，对于通常的大系统（粒子数不可胜计），它可能占到微观态总数的 90% 甚至 99% 以上，所以系统总是自发地趋向于它，因其热力学概率或微观态数

---

① 微观态是指单个粒子动力学状态的总和，例如气体或液体的微观态就是所有分子的坐标和动量的总和．因为有全同性原理，两个相同的粒子互相交换坐标和动量应视为"不同的"微观态，交换粒子并不使系统宏观上有任何改变，所以一个宏观态可以对应许多微观态．

目最大。

允许把微观态的数目看作宏观态的**变异度**,因为它只对应这些不同的微观态,只有那么多变化的可能性,于是很明显,除了一个比例常数,统计力学的熵和申农的信息定义没有任何实质区别。之所以差一个固定常数,一是熵的定义中有玻尔兹曼常数 k,而且自然对数和以 2 为底的对数(申农的信息常用二进制测量)之间也差一个常数。不过,虽然熵和申农的信息定义内容一样,符号却是相反的,因此熵增加时信息量减少;反过来,信息增加,状态变得更加有序,混乱度或熵也就减少。由于这个缘故,布里渊把信息叫作**负熵**。平衡态下熵最大,信息等于零,因为此时系统的宏观态完全均匀,显示不出任何结构,因而不承载信息;反之,在完全有序、没有丝毫混乱的情况下,信息量最大,熵却最小。

信息等于负熵,这是布里渊带给我们的一个重要的知识点,需要牢牢记在心里。

非平衡过程热力学

熵和信息的关系架起了信息论和热力学之间的桥梁,但这似乎只是静态的,限于概念的内涵本身。严格说来,热力学和信息论在一定意义下都只是**形式理论**,因为它们适合任何系统,哪怕社会出现乱象,某些秩序遭到破坏,人们也可以称其为"(社会的)熵增",尽管这个社会的"熵"没法度量,但定性地却可以这么说,某些社会科学家也喜欢这样借用物理学的名词。只有当把热力学用于具体的物质系统,例如凝聚态物质,才是物理学的一部分,否则它和信息论一样都只属于形式科学,不限于任何特定的现象领域。

第四章 结构和秩序，非平衡过程热力学

20 世纪 50 年代之前，热力学大多围绕平衡态进行，但平衡态变化范围有限，主要是涨落，而涨落的结果依然是回归平衡，不会带来任何实质的改变。甚至状态的变化也大多设定为"准静态过程"，即假定过程只以小步进行，其中每一步都保持着平衡（因为是"小步"，前后两步差距很小，所以不计趋向平衡的弛豫过程）。这套理论对提高热机效率曾有过不可磨灭的重大贡献（回忆卡诺循环），但科学内容确实相对贫乏，难以有重大的观念突破，无法应对更多的实际问题。可是对于非平衡过程，特别是在远离平衡的情况下，因其杂乱无章、变化迅速，难以把握，所以一时难以入手。但在 20 世纪 50 年代，比利时的普里高津（Prigogine）却写下了一个重要的方程，它引入了**熵流**的概念：

$$dS = \frac{\partial S}{\partial t}dt + \frac{dQ}{T} \qquad (4-2)$$

即系统的熵变等于进入它的熵流（第一项）和内部的熵增（第二项）之和。它形式简单，却意义非凡，概括了所有的开放系统。系统和外界的熵交换，依托于物质或能量交换，或者同时依托于两者。物质和能量都有质和量两方面的规定，因此可以承载信息，形成信息流或熵流。引进的信息或熵会导致系统内部的结构和秩序发生改变，如果没有这个熵流，那么系统内部就只有熵增的自发过程；相反，如果系统引进了负熵（信息），那么它就可能变得更有秩序，这就补充了先前的热力学只关注系统内部的自发趋势的不足，扩充了它的范围。至于产生的秩序的种类则取决于熵流或信息流的具体内容。这实际上就是结构和秩序产生（或破坏）的**普遍概型**，因为它不仅适合于物理系统，而且适合于任何系统，包括生命系统、思想系统乃至社会系统，因为任何系统归根结底都是物理系统。

造成熵流或信息流的其实都是物质流和能流：输入（出）了物质，什么物质？输入（出）了多少？这些都包含信息，也就包含熵。如果是生命系统，物质可能是营养成分，也可能是毒药，它们当然会在身体内部造成截然不同的反应，最后以不同的方式改变身体的结构：使身体健康或毒杀身体。能量也一样，它是什么种类？数量是多少？都包含信息的内容。有了能量，系统的运动状态就会改变，进而影响系统的结构和秩序。固体受热融化，原先的晶体结构

便彻底改变了，这无疑是个熵增的过程，$dS = \dfrac{dQ}{T}$，$dQ > 0$ 代表传递的热量，T 则是温度。系统内部的熵变还可以写成其它的形式，一般的凝聚物质，熵变总跟热量的增减有关。

非平衡态通常变化迅速，难以把握，但其中有一类特别重要，即**非平衡定态**，它既是非平衡的，却又是定态。非平衡意味着它不是一片均匀，而是具有变化或结构，定态的意思则是指它的结构特征不会改变，不随时间变化。像下面将要介绍的贝纳特包（插图2），就是一个范本。它像是一个**动态平衡**：液体的对流形成了一个六角形的花样，但花样却相对固定，所以它是非平衡的定态。这个定态还有一定的**自我治愈**能力，即用小棍轻轻扰动，使贝纳特包变形，当扰动停止时，将小棍撤出，包又会迅速恢复原状。这是因为定态均有一定的稳定性，能够经受适当的干扰。稳定性越高，所能经受的干扰也越强。但稳定性总有一个限度，超出这个范围，系统即将走上"不归路"。在状态图上，系统经过大扰动之后即不再是定态，而变成一般的非平衡态，然后逐渐到达另一个非平衡定态，形成另外的结构和秩序。后面将看到，生命体、思维现象和人类社会等高层次系统的进化均属于这种情形。

注意液体在形成贝纳特包之前，表面完全是静止或均匀的，六角形的包显然大大改变了液面的形象，产生了新的特性。可以认为，出现非平衡定态表示系统的运动发生了**层次过渡**，从低一级层次过渡到高一级层次，高层次的特点是具有描写高层次运动和变化的特性，它们是新产生的，就像相变中新的序参量。由于高层次的特性数目通常远低于低层次的特性数目，就像电视机零件和指标的数目很多，而它的功能只有不多几种（观赏节目、监控等）一样，所以我们有**自由度缩并**。缩并的原因是形成了新的关联：电视机的零件协同运作才能正常接受播送的声像信号，并显示在屏幕上，即关联是产生新信息的关键。

非平衡定态产生的空间和时间结构，因其具有一定的自我治愈能力，通常被认为是**活结构**，相对于一般的**静态结构**或死结构，是另一种结构类型。静态结构通常可由动力学途径打造，像桌椅家具之类，一个个零件均由动力学方式准确安装到位。活结构，例如生命体却不是，也不可能以动力学方式打造，而是在适当的环境条件下使其自行生长发育而来的。没有哪个器官是靠人工把一个个细胞安排到位得来的（从哪里去找那么多合乎规格的细胞？），它们的形成靠的是**自组织**途径，即安排适当的条件，让胚胎或机体自行生长出身体的各种细胞和组织，然后形成各种器官，最后形成整个的身体结构。它们协同运作（关联），对应着一个特定的非平衡定态（耗散结构）。需要牢牢记住：**动力学和自组织是产生各种结构和秩序的两种基本途径**。

表面上静态结构或死结构与活结构差别很大，一个有自我治愈能力，一个没有，但在热力学的基础上却可以找到两者的相通之处，将其统一起来。活结构都是开放系统，有外界的熵流或信息流维持其结构。静态结构没有这些，它基本上是孤立系统，但这个孤立只是由于**切断了外部信息源，使其失去了演化的活力和自我治愈的能力**，结构才变得固定或僵死。假如恢复或重新接上外部信息源，仍可将其**激活**。

设想一个静态结构，如一张桌子损坏了，它没有自我治愈的能力，只能靠人工修复。假如把桌子和修复的工具、材料以及工人扩充成一个大系统，那么修复也可看作"自我治愈"，而此时的外部信息源则是人脑，因为如何修理、修复后桌子该是什么样子等，全都存储在修理工的头脑中，所以它是修理过程的**外部信息源**。这里包含一个很有趣的事实，即在生理上，我们必须将头脑和身体作为一个整体，否则后果无须解释，但在热力学上我们却必须将头脑看作**外界**，使其和肢体分属于不同的系统，由它提供外部的信息流，这叫作**脑体分离原则**。

人工修复家具是一项有目的的活动，需有高度智慧的生命体方可进行。而大量天然的静态结构很可能是自组织形成的，但后来由于环境变迁，中断了先前的信息流，于是结构才固定下来。名山大川的优美风景，常可作如是解读。

物理学和信息论

记住贝纳特包的范本

　　非平衡定态只能出现在开放系统中，因而系统必须和外界有物质或能量交换，或两者兼有。假如交换的能量允许在系统内部储存起来，例如一个自由的振子系统，它吸收能量后振幅可以越来越大，却并无能量耗散（转化为热能）。这是一种可能的情形，至少在一定范围内成立，那么它就不属于耗散系统。另一种情形则是交换的能量部分或全部耗散（通过某种机制，例如通过摩擦变成热量），那么将它称为**耗散结构**。结构的意思很明显，因为系统不平衡，不可能处处均匀，因此必须呈现出结构。有两种类型的耗散结构——空间的和时间的，分别对应于空间和时间中的结构花样。因为都属于**定态**，花样不能随意变化，它们可能被用于各种实际的目的。有两个时间和空间结构的古老范本。时间中的耗散结构是**贝洛索夫化学钟**，它是利用自催化反应[①]使溶液中的反应物和生成物周期性地占据优势，加入调色剂可使这种周期性通过颜色的交替变化显示出来，十分鲜明。这个例子的细节可在一般网页上找到，这里就不再赘述了。与此类似，还有一个生态学的例子：一个地区的某种动物种群以某种植物为食物，当植物生长茂盛，食物充沛时，动物种群就开始繁殖，数量增多。但动物种群成员越多，作为它的食物的该种植物被吃掉的也越多，使其总量减少，以至不敷供给，于是动物种群数量便因食物短缺而相应减少。但此时植物却得到恢复的生机，可能生长更加茂盛，促使动物种群数量再次增加。这种植

[①] 加成物或生成物本身就是反应或逆反应的催化剂叫作自催化反应，因其无需额外的催化剂。通常化学反应速度应与加成物浓度成比例，或呈线性关系，有了自催化，线性关系即遭破坏，成为非线性的.

物和动物种群数量的周期变化也可以看作一种耗散结构。不过，**最重要的时间结构还是机器中程序的执行**，每个程序都是一个时间中的耗散结构，属于非平衡定态。非平衡是因为程序都有步骤，它不会杂乱无章，否则不能执行其功能，定态则是程序步骤相对固定，耗散则是在执行时需要机器（或其它实物）运作，因此需要消耗一定的能量。和其它结构相比较，程序属于**软件**，即运动过程的结构，不执行时是不消耗能量的。而其它的例子，均属于硬件，即以实物作为结构的支撑，实物在运行中都要消耗能量。软件的例子很多，比如一段舞蹈，写在剧本上，它不消耗能量，让演员在舞台上表演或在练功房排练，都需要消耗能量。各种各样的耗散结构的例子不胜枚举，但我们最好是详细解剖一个结构，列出其中的物理要义，然后作为范本，它不是别的，就是著名的贝纳特包。

插图 2 给出了贝纳特包的实验图像，它是用拌有硅黄粉末的液体展示的，以使边沿更加明晰。下面是包的放大图像，可以看出六角形包的中心和边沿液体在不断流动翻滚，但翻滚的方向却是中心向下，边沿则向上，或者中心向上，边沿向下，这样形成对流。

实验条件并不复杂，在一个圆形的平底容器中放上一些液体，然后均匀地在容器下面加热，均匀是很重要的条件，否则实验不易成功。加热的结果是造成上下表面的温度差。当这个温度差突破某个**临界点**时，就会从液面某处开始出现六角形的包。最早的包出现在哪个地方带有随机性，不能严格预期，它显然应当和容器底部加热的温度涨落或非均匀性有关。一旦某处有包出现就会迅速扩展至整个液面，形成如图展示的六角形结构，称为贝纳特包。我们来分析这个包产生的物理原因，同时也了解它产生的条件。

当加热时，液体上下形成对流，下面受热的液体向上流动，挤压上面的液体向下填充向上的液体留下的空间。这个对流会经受液体的内摩擦，由黏滞系数表达，而这个**黏滞系数是随温度变化**的，温度越高，液体越稀薄，黏滞系数就越小，使对流变得更加容易，带有加速（向上）和减速（向下）的倾向。本来对流的强度应和温度差呈比例（线性）关系，温度差越大，对流越强，但由于这个加速趋势，整个过程就变成非线性了，这是促使包形成的关键要素。假如黏滞系数不随温度变小，始终保持恒定，对流便只会随温差加大而均匀增强（各处都一样），不会导致液体对流时互相挤压，产生**对称破缺**形成贝纳特包。**因此，非线性力是导致耗散结构形成的实质性条件**，各种耗散结构莫不如是。贝洛索夫化学钟，其中的非线性效应就是自催化，即反应的生成物本身就是反应的催化剂，生成物越是增加，反应就越快，因而呈加速态势。不过当反应物耗尽之后，逆反应逐渐加速，生成物又成了逆反应的催化剂，这便造成了震荡效应。

在形成耗散结构的过程中有一个重要的伴随现象，那就是**对称破缺**。就贝纳特包而言，液面本来是均匀且各向同性的，具有很高的对称性，形成包之后对称性立即降低，变为六角对称。这种情形带有普遍性，因为产生一个非平衡定态一定有新的内部关联形成，产生新的信息。新的关联很容易理解：原先液体各部分的对流各不相干，形成包之后，从一个包的对流即可推断其它各处的对流（一个包就确定了全部包的排列）。广义而言，对称破缺其实可以看作相变，有新的序参量产生。就贝纳特包而言，六角形的边长和方位便是新的序参量，通过它们即可描述整个液面的贝纳特包。这个新的序参量也可以看作是产生了层次过渡，即过渡到宏观的层次：本来液体的运动应由每个分子的坐标和动量来描写，而现在却只需要少量的宏观量（两个）。原先系统的自由度是每个分子的坐标和动量，相当于系统的全部自由度（假定每个分子的运动是独立的），数目很多。现在只消两个就够了，因此我们有**自由度缩并**，这两个量也可以认为是产生的新信息。这和前面提到的电视机零件和指标以及电视机的观赏和监控功能完全可以对比。

最后是过程带有**随机性**，每个贝纳特包的形成是因为液体在中心和包的边沿有不同的对流方向（中心向上则边沿向下，反过来也一样），如果画一个截面图将可以看出它的流线有顺时针和逆时针两个方向。对于一个包而言究竟是顺时针还是逆时针则完全是随机的，不能事前完全严格预期。这个随机性发生在相变的关节点上，只要一点点扰动，即可改变包中液体对流的方向，顺时针的包可以即刻改变为逆时针的。除了这个随机性，还有另一点，即最初的包出现在液面何处。这个随机性应当是由于容器底部或加热的非均匀性决定的：希望是均匀的，但实际上总有起伏或涨落。这可以类比于一个日常生活中的例子，设想在圆柱形的小棍两段均匀加压，假如小棍是**绝对**均匀的，那么小棍只能产生均匀的压缩。然而实际上总不会那么理想，圆柱形小棍必定在某个方向上略有缺陷，于是当压缩到一定程度后，小棍必定就在该方向上打弯，变成弓形。朝哪个方向打弯是随机的，因为小棍上的非均匀性是随机的。

贝纳特包还有一个显著的特点，就是可以"**起死回生**"。设想把加热器挪开或让其熄火，液体上、下表面的温度差即不再维持，于是包的结构便归于消失。但如果重新加热，那么包的结构亦可重新展现，相当于"起死回生"。这个特点须有一定的条件，即液体不能与外界有物质交换，假如有重要的、不可忽略的物质交换，那么"起死回生"就绝无可能。实际上，在这个实验中，除了少量蒸发，液体在整个实验过程中是保持恒定的，没有添加任何东西，也没有抽掉其中任何一部分。极少量的蒸发可以忽略不计，那么可以认为液体只和外界进行能量交换（吸收和散发热量）。相反，假如系统和外界有物质交换，那么系统就会不断改变自身，等于不断成为新的系统，先前的结构就碍难维持，更谈不上"起死回生"。这是一个非常重要的结论，**即耗散结构可以分为两种基本类型，即跟外界只有能量交换的和兼有物质交换的，前者可以"起死回生"，后者却不可能**。在这个意义上可以认为，人类之所以"必死无疑"乃是因为人类既要吃食物，还要呼吸——人类是吃死的！可是，假如人类都不吃不喝不呼吸，那么其耗散结构还能维持吗？

由此可以归纳耗散结构的普遍特征：开放系统、非线性力、对称破缺和转变关头的随机性，它们都不是无缘无故产生的，处处体现出信息的控制，因此带有根本性。当然还可以加上层次过渡、自由度缩并等，它们也有普遍的意义。至于每种耗散结构，例如生命现象的其它具体特征，到了相关部分我们再逐一说明。

生命现象——生和死的界限

自然界有各种各样的非平衡定态或耗散结构，其中重要的一类就是生命体，它的出现是进化的标志。从无机到有机、从非生命到生命、从非细胞到细胞、从单细胞到多细胞，一直到动植物的多样形态，这都是自然界的进化。当然还有另一条进化的线索，即从一般的反馈控制中心到具有自我意识和个体意志的思维过程，进而以思维为基础的智慧控制，两者是密不可分的。智慧依托于生命体，生命的长期存活和发展则必须依靠智慧，以趋利避害，最大限度地利用外部的生活条件，两者是相辅相成的关系。此外还有各种软件过程，以人的行为模式来体现的程序执行，它们都属于非平衡定态，但生命现象是第一个重要台阶，有了它才能有其它的林林总总。

面对生命现象，人类曾经长期困惑，深深陷入神秘主义的泥潭，像早年以**燃素**来解释燃烧现象一样，想以无法严格定义的**活力**来解释生与死的差别，划清两者的界限。然而这是不可能的，因为现在已经很清楚，生命是从无生命进化而来的，必须从基本的物理原理出发才能厘清两者的本质区别。当热力学的基本原理逐渐确立之后，面对生命的各种形态，人们又产生了新的困惑：热力学原理不是宣称系统会自动趋向平衡或均匀吗？为什么又有那么多结构鲜明的生命个体，分属于不同的物种呢？这个表面的矛盾甚至到薛定谔撰写的《生命是什么?》(*What is Life?*)出版，依然没有得到明确回答。直到20世纪50年代，普里高津发展了非平衡或不可逆过程热力学，概念才算真正得到了厘清。他指出系统内部确有熵增加的自发趋势，然而只要系统和外界有物质能量交换，不断接受外界的熵流或信息流，自发增加的熵即可被抵消，甚至出现熵的减少，从而增加系统的有序度，维持或者产生新的结构（如胚胎中新器官的生长和发育就是例子）。生命体都需要吸收营养，布里渊因此戏称吃进食物为"吃进负熵"，原因是食物的种类和数量都承载着信息（负熵）。这是一个重要的结论，它给生命现象提供了最主要的理论依据，足以划清生和死的界限，从此再没有活力之类神秘主义的藏身之地，科学在任何时候都将高擎无往不胜的大旗。

作为非平衡定态或耗散结构的特殊存在形式，生命体必须具备活结构的各种基本特征。首先是"自我治愈"能力，它是活结构与静态或死结构的基本差别。最简单的贝纳特包的自我治愈能力体现在，假如用小棍轻轻扰动液体表面，包的形状将会发生畸变，不再是整齐的六边形。可是当停止扰动，将小棍从液体移开后，包即会自动迅速恢复原先的整齐形状。对一个生命体而言，假如肢体受到轻微损伤，如划条小口甚至某些骨折，都能逐渐恢复，进行自我治愈。皮肤上伤口的愈合当然是细胞重新排列为整齐的形状，满足表皮和真皮之间正常的结构关系。活结构和静态结构的界限，或生死的界限，主要在于自我治愈能力，但这对生命而言却还是远远不够的。

为什么对于生命体，尤其是高级和复杂的生命体，问题并不如此单纯呢？因为生命的意义绝不仅仅在于保持自己的活结构，或者**存活**，它还要**生长和发育**，使自己活力四射，**对自己存活的环境或世界发生重要的影响**。而且，即便就存活而言，像贝纳特包那样的实验装置，由于必须借助外部的能量供给（加热），也不可能持续很长的时间：几分钟或几小时罢了。经年累月？一般都不可能，只要加热一停止，包的结构立即消失。因此，为了结构的长期存活，必须自己解决能量供给的问题，自己充当能源，这便要求系统与外界有物质交换，通过吸收营养物质或"养分"进行化学反应，释放能量，使生命能长期延续。地球上最聪明的生命体——人类，现在平均寿命已达约 80 岁，有哪个发电站能在 80 年间连续发电，不停机、不检修的？一旦停机检修，能量供给立刻中断，活物就变成死物，"生命"现象也就消失了。至于电池，那就更不消说了。而要同外界发生物质交换，生命体就必得拥有更重要的特征：**新陈代谢**。由此，生长和发育的问题也自然得到了解决。只还有一点，个体的存活，由于环境的复杂性和变迁，依然受到很大的限制，就算把人的理想预期寿命一百多岁再加好几倍，依然是很有限的数字。个体的长期存活是不可能的，只有**集体**或**物种**整体的存活才有可能，这便需要个体拥有**自我繁殖**的能力，要能复制自己。这就看出生命体更重要的基本特征或条件：新陈代谢，自我繁殖。或许还应当加上另一个重要条件：**集体群居**，因为单凭个体的力量永远不可能应对大的环境变迁，例如环境灾难，尤其是任何个体绝不可能把对外部世界的利用达到极致，它需要集体的力量和智慧。

有这么复杂的特征，缺一不可，生命的个体必须能执行许许多多的功能，也就要给自己搭建许许多多的结构（一定的结构才能通过结构信息的控制执行一定的功能），不仅有空间结构，还有时间结构，不仅有解剖结构，还有生理结构。器官功能都是通过程序的执行实现的，比如消化，食物进入消化器官就会引起各种消化液（如蛋白酶）的分泌，加上胃肠道的蠕动，将食物进行分解，然后在肠道吸收有用的营养成分，通过血液循环输送到身体的各个部分。不能吸收的则作为废物，通过肠道排泄出去，另有许多液体则通过肾脏进入输尿管，以小便的形式排出体外。这些**软件程序**或生理（生化）过程同样属于耗散结构，其中一大部分是生物化学的反应过程。它们如果发生紊乱，器官的功能就会减弱甚至衰竭，那就是生病。这些功能的恢复有的需要药物帮助，有的则可自行调节，这也是一种自我治愈。所有的自我治愈都有一定的限度或范围，不是没有边际的。小腿上划条口子可以自我治愈，如果脑袋被重锤砸得粉碎，那就不能治愈了，因为毕竟自我治愈的根源在于非平衡定态的稳定性，偏离一点可以恢复，偏离太多，那就走上另外的发展道路，不仅无法原路返回，甚至根本不能恢复先前的状态，这体现出过程的不可逆性。前面讲过，因为生命体和外界都有重要的物质交换，属于不能起死回生的类型，宗教教义中的"生死轮回"之说不过是一厢情愿的幻想而已。

新陈代谢不仅意味着一般意义上的吃进食物和排泄废物，它的要义在于吸收的养分要沉积在体内促进机体的生长和发育。所以人吃进食物（吃进负熵）不同于向机器输送原料，哪怕机器在对原料进行加工后也要吐出废料。要害是这个过程中机器不会留下任何残留物（它会损害机器），所以机器和外界没有真正的物质交换，它只是对原料进行"加工"。正因为如此，机器的活动停止之后可以重新启动（起死回生），而生命体却绝对不行。

另外，吃进食物和排泄废物的过程是**严格依照程序**进行的，**处处体现出信息的控制**。首先，每种细胞吸收哪些营养物质便不是随意的，而是由细胞核中的染色体或 DNA 分子预先设定好的。把细胞放进培养液中，可能进行的化学反应有许许多多，但实际进行的则只有少数，它受细胞膜的渗透压强的控制，必须是需要的营养物质才能进入细胞膜。这被解释为少数的特定反应具有较高的选择价值，可以从对各种成分的化学势进行分析确认这些反应，而根据全在细胞核，它就是一个小小的司令部。常识告诉我们，每种细胞得到正常的营养供给，它会继续保持其原来的种类和特性，不会发生异变或转型：使肝细胞变成横纹肌细胞是不可能的，变成脑细胞更不可能。相反，假如不幸吸收了异种物质，习惯上称之为**毒素**，那就很可能使细胞的性状发生变异，可怕的癌细胞就属于这种情形。细胞之上的生长和发育，同样有类似的限制，它们也受遗传信息控制，总之一切都不能乱来，否则只能长出怪胎。不能轻易长出特异细胞，不能轻易长出怪胎，起码它们都只是小概率事件（正常生长发育是大概率事件），这体现出生命体具有稳定的生理结构，说明软件系统也应看作非平衡定态，因为程序步骤的执行不能发生紊乱。

一般生命个体都具有明显的**层次结构**，尤其是高等动植物。细胞是最低层次，之上是组织，由同类细胞组成。组织之上是器官，最后是生物个体的整体。每个层次上都有自己独特的结构，细胞由细胞核、原生质、线粒体、细胞膜等组成。组织安排细胞的排列，器官则整合各部分形成特定的功能，把多种器官整合在一起，使其协调运作，这才是生命的个体。有没有层次过渡要看有没有形成新的、有意义的关联。细胞的内部关联不消说了，组织内部也有新的关联，因为细胞需要营养供给，还有细胞会死亡，也需要更新，这些都是在组织内部完成的，它不会是同类细胞的胡乱堆砌。至于由器官到整体就更不消说了，不会有人认为心、肝、脾、肺、胃可以随便安放在一起吧？它们之间的关系是人体生理学的基本内容。至于个体的发育，它们是从胚胎或胚芽开始，DNA 分子携带的遗传信息规划了整个的生长和发育过程，这就是生命的密码，

遗传信息最终由 DNA 分子的结构决定，所以遗传信息是一种结构信息。

现代对于各种 DNA 分子的认识已经相当深入，虽然距离完善还差得很远，但已弄清了它的许多片段在机体发育过程中的基本作用，因而可能有针对性地实行**基因编辑**，将不合格、有残缺的片段剔除，改换成合格的片段，以消除某些遗传疾病，这是非常可喜的进展。但这种修补仍须谨慎进行，毕竟每个人的生命个体都需要尊重，而基因处于最基础的地位，关系重大，尤其需要技术充分成熟。由于基因编辑技术的进展，某些设想是否涉嫌大胆得过头，这值得仔细斟酌。比如有人提出了基因设计和人造生命的设想，这个问题并不单纯，因为它还牵涉思维的本性，生命和智慧是密不可分的，这点我们在后面第七章将再回来讨论。

上面指出个体的生命必然有限，生命的延续只能通过种群，它要求生命个体具有繁殖能力，以延续自己的生命。最原始的单细胞生物直接通过细胞分裂的方式实现此目的，到了低等生命体则采取无性繁殖的方式，而高等生命体最为先进，它采用有性繁殖的途径，从而大大减少了物种退化的可能。这一切，从细胞分裂开始，都是基于 DNA 分子的自我复制能力。因此，DNA 是一种神奇或功能强大的分子，原因无它，就因为它的结构复杂，携带的信息量庞大，能够实行多方面的控制。这当中还有各种细节，包括 RNA 分子的信使作用等，我们就不再讨论了。而本节的核心，即 DNA 分子在整个生命发育过程中的控制作用，跟波函数对系统演进，或坐标和动量对运动轨迹的控制作用，具有完全的类比，都是结构信息的控制。

生命是一个巨大的平台，在它之上又衍生出了另外的非平衡定态结构，主要是思维运动和社会运动，后者是由于群居而产生的新的关联，也就是社会生活的准则，它会约束成员的行为模式。在低等动物，如蚂蚁和蜜蜂的群体中，个体的功能是和身体构造挂钩的，工蚁、兵蚁、蜂王、蜂后……，都是发育生成的，而人类社会却不一样。"公侯将相，宁有种乎？"没有！人的社会功能有很大的灵活性。在思维现象中，实际进行的思维过程也是一种耗散结构，人脑的活动也消耗能量，至少在尔格的量级。它们和业已形成的理论的概念框架不一样，后者只是静态结构。思维的结构性质首先在于它承载意涵，否则便不能

第四章　结构和秩序，非平衡过程热力学

实行控制。这两个领域的问题，本书后面还将有专门讨论，证明以信息概念为先导的物理学对高端现象领域同样有实质的意义，唯有物理学才能解决这些领域最核心、最关键的理论问题，物理学家对此万不可以为与己无关，漠然处之。

目的、利益、不可逆性

有了生命体，尤其有了受主控意识支配的生命体，就会产生目的性、利害关系等概念，它们都和非平衡定态密切相关，而且需要从物理上给予准确的定义。众所周知，热力学上我们只可有平衡态、一般的非平衡态和非平衡定态三种情形，然而平衡态是死态，缺少发展的活力，因此不适合作为目标状态（生命体通常都是求活不求死）。一般的非平衡态则变化多端，且变化十分迅速，不易把握（就人的思维敏捷程度而言）。只有非平衡定态适合选择作为目标结构，使过程的发展不断趋向于它。有一个生动的比喻就是**吐烟圈**，它是某些吸烟者的自娱行为之一。吸烟者喷吐的烟雾可以看作一般的非平衡态，它们的形状能以高速摄影定格，显示出复杂的无规则图形。谁也没有本事刻意吐出这样一种转瞬即逝的烟雾花样。唯一可能的是吐烟圈，它虽然在空间也会逐渐飘散，但飘散的速度同烟雾微粒的运动相比还是较为缓慢的，允许在空中停留相当的时间，因此可以近似看作非平衡的定态。原因是在非平衡定态下，只有少数宏观参量（如烟圈的直径）需要把握（这就显示了自由度缩并的意义），而在一般非平衡态中，全是微观结构，信息量太大，无从把握，哪怕采用机器控制也不行，必须以宏观参量作为控制参量才有可能实行有效的控制。吐烟圈恰恰是一个可能实现的目标，而任意的烟雾花样却根本不行。

这个例子表明，我们只能选择静态结构或非平衡定态作为目标，而前面讲过，静态结构无非是切断了外部信息源的非平衡定态。就生命体而言，它们身体的解剖和生理结构就是自己最重要的目标，人或动物的一切活动或行为都是为了维持自己的身体结构不变，并正常地生长和发育，否则生命就将受到威胁。平常所谓的"身体健康"就是指要保持各自身体的解剖和生理结构均处于正常状态，有各种指标作为衡量的标准。

必须用这个视角来观察我们平常的生活与行为。可以说，人类从事的一切活动或努力的目标，从技术、经济到政治各个领域以及日常生活，都是为了全体民众身心的健康发展。"身"就是我们身体的耗散结构，包括解剖和生理结构。而"心"则是我们的思想、观念，它是我们各项行动的指南，全部个体行为都是由它控制的。只有思想正确，行为才不会出偏差，教育和宣传都是为了开启和疏通社会的信息流，打造健康的思想秩序以保证社会成员齐心协力，分工合作，保证社会的运营不出偏差，维持良好的社会秩序，从而使社会的生产活动提供充足和优质的产品，满足全体成员的物质需求，同时使大家精神愉悦，享受生活。这个目标应当是所有社会运作，包括经济和政治活动的基本目的，它可以叫作**以人为本**。在这个总目标之下，各行各业、各个社会单元以及成员个人还有众多数不清的、大大小小、分门别类、分阶段的具体目的。

社会生活的各个具体领域，各个运作的具体部门，都必须有秩序地进行，不能杂乱无章，否则一定不能实现各自的具体目的。而**每一种社会秩序**，包括运作机构的规章制度，**都是一种非平衡定态**。这些大大小小的非平衡定态，从生产活动开始（生产的工艺流程可不能乱来），直到社会的政治高层，都**受制于社会底层的技术信息**，由**技术信息决定人们的行为模式**（有汽车才能坐汽车，有手机才能相互远程联络，如果连拥有普通农具都成问题，自然只能刀耕火种），然后**人的行为模式又决定社会的结构和秩序**。所以生产的技术信息，就社会的层次结构而言，相当于生物个体最基础的 DNA 分子。各种证据俯拾皆是：学校教育是为了打造学生的知识结构，课堂教学则是其中一个重要环节，它要求一定的课堂秩序，假如有人破坏，把秩序搞得一团糟，教学就不能达到上述目的。教师或同学自动维护课堂秩序，也等于是一种**自我治愈**。因为社会生活是通过人的自觉活动实现的，这种"自我治愈"更具有鲜明的特征。

有了目标结构即可划分**有利**和**不利**两种情形，从而得到基于非平衡定态的**利益**概念，有如健康便是我们最基本的利益目标。由于过程进行无非是**趋近**或**远离**特定的非平衡定态或利益目标，前者被认为是**有利的**，后者则被认为是**不利的**，趋近越快越有利，反之则越不利。于是从大大小小的非平衡定态，或大大小小的**利益目标**便自然引申出**趋利避害**、**利益最大化**（或**代价最小化**）的原则，也就是要以最方便、最快捷的方式或途径实现其利益目标（趋向相关的非平衡定态），它是人们行事的基本准则。

这自然令人联想到了**动力学的变分原理**，即真正实现的物理运动是使某个泛函（作用量）取极小值的那一个。这个原理保证了普遍的因果律，因为极值的**唯一性**才会使"一定的原因只能导致一定的结果"。假如没有这个唯一性，一定的原因可能导致多种结果，那么因果律就失去了它的作用和意义，我们便无法保证世界的结构和秩序，各种过程的进行都会乱套，人们无所适从，更谈不上任何利益目标了。在这个意义上，借助非平衡定态重新定义的利益（代价）概念则是一个关系人的行为的**泛函**，而最大利益原则则可看作**广义的变分原理**，在复杂的高层次活动中有效地支配着人的行为。利益一词当然也可以改换为其它的称谓，例如在日常工作和生活中，我们希望做任何事情总是取得好的**效果**，效果一词在这里的意义和利益是一致的，都可以作为影响人的行为的控制参量。在复杂的问题或事情中，效果有多种衡量的指标，重要性并不全等，有主有次，需要统筹兼顾，实现最佳的综合效果，获得最大的整体利益。做事的不同方法跟途径效果一般不同，它们相当于选择不同的**变分路径**。

需要强调的是，趋向或远离目标结构的过程一般是**不可逆**的，因为它的每一步都是从某个非平衡态逐渐过渡到另一个非平衡态，其间没有平衡态参与。决不像可逆的准静态过程那样，步步都先实现平衡。在非平衡态下，不可能命令分子集体原路返回，哪怕单个分子的运动是可逆的。存在单分子的可逆性，或所谓**微观可逆性**不假，但集体就不行。微观的可逆性是由于动力学方程对时间反演的对称性，即将 t 换为 $-t$ 时，方程的形状仍然保持不变。就古典力学而言，这是因为牛顿方程为二阶微分方程，方程中包含时间 dt 的平方，它对正负反号完全无感，两次反号等于不反号。而对薛定谔方程而言，时间反号相当于取波函数的复数共轭，而按照量子力学的统计解释，波函数的**平方**才给出发现粒子的概率，波函数和它的共轭量可以认为是互相等价的。迄今没有发现基元的动力学方程（如狄拉克方程和其它基本粒子方程）直接违反时间反演的对称性。大家知道，量子场论中著名的 **CPT 定理**，即当同时进行电荷共轭（C）、宇称反射（P）、时间反演（T）三个操作时，相互作用的哈密顿量必须保持对称或不变，因而运动方程也不变，这是一个普遍的基本要求，所以微观的可逆性应当没有问题。不可逆性的产生全在集体行为，这是一个非常重要的认识。

分岔点偶然性的决定作用

非平衡定态或耗散结构的产生带有某种**突变**的意味，这也是对称破缺的要义，因为对称性的降低不可能是连续变化，只能是突变。这个突变与非线性方程的一个重要特点，即它的解用来描述系统的状态发展，在图上展现为相空间的路线图，而这个路线可能带有**分岔点**，或后续的发展道路可能具有不同的情形（插图3）。非线性方程的这个特点不难理解，就像多项式根的数目，它等于多项式的最高幂次，二次方程两个，三次方程三个，余则类推。但在二次以上（含二次）的方程中不能排除重根的可能，一切全看方程的系数如何取值。当出现重根时，方程的解好像是唯一的，只有一条路径（因系非线性微分方程，故解表示为曲线或其它流形），而出现异根时，则路径分离，两者的结合部就是分岔点。插图3给出了一个简单的示意，即系统的后续发展可以沿不同的路径进行,两者在宏观上有截然不同的表现。

分岔点的重要性不仅在于其存在,而且是它对系统后续发展的影响。明显的事实是,在分岔点附近,系统的状态**差别很小**。具体含义就是,只要微小的涨落就能将系统从这条道路带到另一条道路,这是一个非常重要的启示。在传统的热力学中,着眼点都在平衡态及其附近,平衡态只有涨落,而涨落之后经过弛豫系统又复归平衡。涨落带有偶然性,不管它如何变化,终归在平衡态附近,不能使系统状态有任何质的飞跃,没有任何显著的宏观差别。这件事被理解为,涨落不重要,偶然性也不重要,因为它不能给系统带来任何新面貌。只有在像**布朗运动**中的小颗粒(几百个原子的小系统),其运动轨迹才对涨落敏感。

但现在不同了,在远离平衡的区域,即分岔点附近,涨落能使系统走上完全不同的道路,彼此呈现重大的宏观差异,它的作用就不可小觑。事实上,**在这种转变的关节或分岔点附近,正是微小的涨落起着决定性的作用**。这就大大改变了先前的刻板印象,偶然性被认为是不重要的,当说到某件事是偶然时,就意味着不必重视,下次不会再有了等含义。当然,在多数情况下偶然性也真不值得大惊小怪,个别坏人无伤大雅,但保不住在关节点或分岔点上,那就当作别论了。

人们常说**细节决定成败**,但显然不是任何细节都能决定成败。宫廷政变肯定必须精心策划,关注到每个细节,但保不住个别士兵擦枪走火,暴露了政变意图,引起对方的警觉,提前下手,使政变归于失败。这就使事情有了完全不同的结局,国家政治也就走上了不同的发展道路,这都起源于一个小小的火星。商业竞争同样如此,转瞬即逝的商机,很多都带有偶然性质,碰巧从某处获得一条信息,于是改变投资方向,结果赢了,否则就可能赔得一塌糊涂。我们的人生轨迹,其实可以归结到一个**随机的微分方程**,在不同时刻有不同的随机变量,也就是有各种机遇,能够抓住的便一帆风顺,走上成功的道路,否则便是另外的结局。在思想领域,重要的是创新,而创新需要灵感,灵感却不能规划,也不能预期。李政道和杨振宁曾经互相争论到底是谁头脑中最先冒出了**宇称不守恒**的思想火花,这个问题旁人自然无从置喙,但肯定其中会有各种细节。

就贝纳特包而言,它也有两条"发展道路",即包中液体的对流是中心液体向上涌动而边沿向下流动或是相反，它决定了包的纵切面流线是顺时针方向还是逆时针方向。这个宏观差别也是微小的涨落造成的，在宏观层次上没有任何动力学理由可以解释，因为偶然性就是偶然性。

宏观信息的产生——自由度缩并

本章涉及的信息与第一章有些不同，不完全属于**基元过程**，大多在宏观层次，包括 DNA 也是大分子。当然高层次信息都来自低层次，也就是让低层次的基础变异度发生关联，造成自由度的**缩并**，缩并的意思是高层次的自由度很少，而低层次的自由度很多，由多到少叫缩并。最简单的缩并是取平均值，例如液体或气体的温度是分子动能的平均值，每个分子都有动能，所以自由度很多，缩并后只有一个值，就是温度。但分子的动能是在微观的层次上，而温度则是在宏观的层次上，后者是高层次的信息，是过渡到宏观层次时新产生的。这个过渡所需的基础变异度的关联在哪里呢？原来，只有在平衡态下才能定义温度，而非平衡系统没有统一的温度，取它的分子的平均动能没有意义。可是在平衡态下，分子速度是不可以乱来的，有一个平衡的速度分布函数，规定了每个速度区间包含多少比例的分子，其中大多数集中在一个最可几速度周围，远离这个速度，过高或过低，比例都会急剧降低。这便证明分子速度，继而分子动能之间是互相关联的。由于这种关联，才会产生温度这一宏观信息，它只有一个单一的值，或一个自由度（微观层次的自由度应与分子的数目一样多）。至于在非平衡状态下，只能采取局部平衡的概念，选择一个个宏观小、微观大的区域，认为它们局部是平衡的，有一个温度值，但整体上温度并不均匀，在这种局部平衡的条件下，形成一个温度的分布或温度场。

第四章 结构和秩序,非平衡过程热力学

贝纳特包是另一种情形,它的宏观变量是六角形的边长和方位,也是由于液体分子运动产生关联形成的。这个关联体现在,包的中心和边沿液体对流的速度都不是任意的。自由度缩并也很明显,在微观层次上,每个分子的速度代表一个自由度(独立取值),和分子数目一样多,而在宏观层次上只有六角形的边长和方位两个量。一般来说,凝聚物质发生相变会有新的序参量产生,它们即代表高层次的信息。液体结晶成为固体,固体的晶格常数和对称都是新的序参量。

自由度缩并的概念有广大的适用范围,不局限于微观向宏观的过渡,也不必是大系统(像液体分子的数目那么多)。有限个物体的组合,只要内部满足稳定性条件,外部参与适当的联系,都有可能实现层次的过渡,产生新的信息。任何机器都是由零部件组合而成的,零部件不能随意组合,而必须互相匹配,这就是关联。这种内部关联造成机器在外部联系中的特殊**功能**。两种典型的机器是钟表和电视机,前一种是机械的,后一种是电气的,工作原理和用途都不一样,但都由内部基础变异度的关联产生了新的信息。钟表的基础变异度是发条伸缩的程度,各个齿轮的位置等,它产生的新信息则是时间,即小时、分、秒的读数。电视机的零件是各种电器元件(现在是集成电路板或芯片,但原理是一样的)、荧光屏等。而它产生的新信息则是作为观赏节目的用途,也可以用于实时监控。元件及其指标很多,所以基础变异度很大,用途则相对有限。甚至像电子和重子(质子、中子)组成原子或原子组成分子这样的过程也都可以采用这样的视角。原子作为整体,具有不同于组成它的基本粒子的特性,比如,原子有电负性(electro-negativity)或电子亲和势,代表它吸引电子于自己的能力,在原子化合时扮演重要的角色。原子组成分子也一样,虽然原子的性质影响着它们组成的分子,但分子却有自己的特性,例如分子的振动和转动光谱(多在红外波段),就和原子的光谱具有根本区别,它们都属于高层次的信息。

这些高层次信息,描述着高层次系统的状态,也是状态的结构信息。和微观情形一样,它们的变化控制着系统的运动,使系统从这一时刻的状态**因果地**进入下一时刻的状态。好比钟表,它的运动状态的结构信息就是每个时刻发条

的伸张程度和各个齿轮的位置，最后是指针的位置。这些数据并不独立，具有强烈的关联，因为齿轮是互相耦合的，大小、顺序都不能乱来，否则不能保证指针正确指示时间。与微观系统的区别是，宏观状态的结构信息有清晰的描述，钟表、电视机或任何人造的机器都没有问题，而微观的状态，例如电子的状态则未必，即便知道了波函数，依然不能以语言或解析的方式描述其结构。当然，也不是所有的宏观系统内部结构都一目了然，控制论中有**黑箱**或**灰箱**的概念，就是指的这种情形。人的身体、器官现在多数还处于黑箱或灰箱状态，我们对它们的结构和功能还知之甚少，甚至一无所知。对于黑箱只能通过观察输入、输出的相关变化来猜测它的结构，了解其性质。不过，宏观状态结构信息的控制依然是严格的，满足因果律的一切要求，哪怕黑箱和灰箱也不例外。因果律适合于任何个体的事件，它是我们对于外部世界认识的基础，对它的任何违反都将是灾难性的，这一点在本书最后一章我们还将讨论。

最早得到因果性的概念是基于动力学规律，认为相互作用是一切的**究极原因**，由此确立了能量在学科体系中的地位。但因果或必然性并不仅限于动力学规律，统计学规律同样能使各种事态以接近于1的概率必然发生。水在100 ℃下沸腾，它并非动力学的结论，但却毫无悬念。这种统计规律性由**大数定律**保证，只要投掷次数足够多，硬币正反面出现的频率总会互相接近，都等于0.5。这种必然性可以同样纳入信息控制的框架，就像贝纳特包，控制参量只是液体上下表面的温度差。一般来说，信息的控制须在同一层次上，好比温度能控制气体的体积和压强，却不能控制每个分子的运动。它只可调动分子运动的自发趋势，温度升高时，绝大多数分子的运动一定加快。因此，温度作为宏观变量，只在宏观层次上属于系统运动状态的（结构）信息。

系统的层次过渡和新信息的产生很容易令人联想到波姆的层次（level）理论[1]，他把层次过渡同随机性和必然性联系起来，认为两者在层次过渡中会交替出现，例如宏观层次上的必然是基于分子层次上的偶然（分子的随机运动）。但我们看到，层次过渡，如基本粒子到原子、原子到分子，还有各种机器的构

---

[1] David Bohm. Causality and Chance in Modern Physics. Philadelphia：University of Pennsylvania Press，1971.

建，它们都不涉及大系统（元素不可胜计），也就不存在随机性的问题。

可以认为，世界的发展就是结构和秩序的不断翻新，因为系统总是不断同外界发生关系和联系，产生各种新的结构和秩序。从无生命到有生命，然后是物种的进化，新思想、新技术、新产品层出不穷，叫人眼花缭乱、目不暇接；社会形态也逐步演进，从原始社会到今天高度组织的社会形态，等等。这一切，除了动力学打造的结构，就大系统而言，从本质上说都不过是**从一个非平衡定态到另一个非平衡定态**，其间会经过弛豫过程，由不稳定逐渐趋于稳定。当中的每一步，都是信息的控制，不仅有宏观信息的控制，而且包括非平衡态之间的变化通过微观信息的控制（但这点人做不到，因为人的头脑只能把握有限的信息）。

宏观世界有两大发展类型，即动力学和自组织过程。钟表或一般机器（包括电视机、电脑等电子学机器）是第一种，DNA决定生命个体的生长和发育则属于第二种。但两种情形都毫无例外、毫无悬念是信息在控制。尤其DNA分子更是结构信息控制的典型（当然其它的信息也是结构信息，申农信息只是结构信息的特殊情形）。现在已经部分掌握了DNA分子的若干片段在遗传和发育中的作用，并开始尝试用**基因编辑**技术来实现优生，治疗遗传疾病。这表明，人类已经在生命现象中具体掌握了结构信息控制的具体应用，不限于机械或电磁现象的领域。

总之，信息概念给我们带来了世界发展的生动图景，处处都展现出结构信息的控制作用，由此有力地支撑着作为世界基石的因果律概念。这个过程中也有各种随机性的出现，但大量随机性的结果只是作为因果发展的引导（分岔点）和补充，因为世界的发展图景是结构和秩序的不断调整。结构信息唯一不够圆满之处是在于基元过程，因为我们不能对波函数或态矢量进行具体的结构分析。但这不是结构信息的概念有错，而是我们到达了认识的边界。我们之所以确认结构信息的概念依旧适合于波函数或态矢量，那是因为它们呈现种种差异，这个波函数和那个波函数是不一样的，差异就是信息的基础，有差异的地方就一定需要信息的概念，哪怕暂时还不能对差异做出具体而合理的物理解释。

第五章

相对论和测不准关系

物理学和信息论

20世纪物理学的发现

19世纪末，物理学的天空一片晴朗，牛顿力学和麦克斯韦电磁理论近乎完美的优雅使人赏心悦目，只在天边还有两朵小小的"乌云"或两个未解的谜团，但正是这两个谜团分别促成了相对论和量子力学的诞生。迄今人们都把它们看作是两个**独立**的发现，一个出自在计量局"不务正业"的年轻的爱因斯坦，另一个则是一干已有一定专业学术地位的学者们：普朗克（Plank，量子论、普朗克常数）、尼尔斯·波尔（Niles Bohr，原子模型、量子力学的解释）、薛定谔（Schrodinger，薛定谔方程）、波恩（Max Born，波函数的统计解释）、海森堡（Heisenberg，矩阵力学、测不准关系）、泡利（Pauli，自旋和不相容原理）和狄拉克（Dirac，变换理论、狄拉克方程），也许还该加上法国人德布罗意（de Broglie，物质波）和后来的费因曼（Feynman，路径积分或量子力学的第三套公式）等。爱因斯坦的光电效应无疑使量子理论获得了重大应用，但他对量子力学的基本概念并无多少直接贡献，不过他同老波尔的长期争论却对理解量子力学，尤其是后来排除隐参量的迷思有着重要的影响，甚至具有启发的意义：看看爱因斯坦如何不理解量子力学，就知道该怎么去理解量子力学。

表面上，（狭义）相对论和量子力学分属不同的领域，一个是高速运动和时间空间的理论，一个则是微观世界，看不出两者有什么内在联系。不过四维时空概念似乎"也应该"用于微观世界，所以我们需要用相对论去**改造**薛定谔方程，使其满足相对论的共变性要求，从而获得从**外部**将两者联系起来的**相对论量子力学**，仅此而已。然而，下面我们将看到问题其实并非如此简单，相对

第五章　相对论和测不准关系

论和量子力学之间很可能还有更深层次的沟通,某些重要的量子特性其实源于相对论效应。爱因斯坦不是说他"不相信上帝会同人类掷骰子"吗?假如把"掷骰子"解释为量子力学中包含的某些不确定性,那么他就该知道,**这些不确定性恰恰是相对论效应的体现**,说得更俏皮一点则是,爱因斯坦亲手把骰子递给了上帝。

　　量子力学开始传播的早期,人们多把目光集中在海森堡的测不准关系上,认为它体现了量子力学和古典物理的本质差别,一个测得准,一个测不准,测不准就是随机性,或者微观粒子本质上就是随机的,因此有随机(stochastic)解释出现。海森堡自己还提出了一套很漂亮且流传很广的说辞:为什么坐标和动量不能同时精确测量呢?因为想把粒子的坐标测得准,就必须用波长很短的光波(这里海森堡把粒子想象为小球,波长超过粒子的线度测量就没意义了),波长越短测得越精确,可是波长越短的光波动量也越大,带给粒子的干扰也越大,所以坐标测得越准,动量就测得越不准。这种情况在古典物理中是没有的,因为古典物理的对象是宏观物体,此类干扰均可忽略不计。于是微观世界**不可控制的干扰作用**又成为人们热议的话题。至于"测不准"一词如何伤了唯物主义哲学家的心,他们许多人都赞成用"不确定"来翻译 uncertainty 的文字功夫就不必赘述了,总之,在这个问题上迄今似乎并未有什么进一步的见解和认识。

　　需要顺便说几句的是,许多人谈到 20 世纪物理学的伟大发现时,往往只举出相对论和量子力学,因为它们太奇妙了,与常识相去甚远,带给人们的心灵震撼也最大。但是,物理并不是变魔术,而是要切切实实用于社会生活,毕竟我们的生产活动和日常生活仍处在低速的宏观运动的范围,并非每时每刻都会碰到相对论和量子力学。诚然,相对论和量子力学在找到越来越多的实际应用之后,也会逐渐走进和深入我们的生活,比如手机,那里面的半导体芯片就得用到量子力学(这点多数人不知道),还有已经看得见端倪的量子通信和量子计算,它们都可能给实际生活带来重大影响。原子弹、氢弹只要不掉到头上,似乎和普通人也没什么关系,但大国博弈就靠着它们呢,它们影响国家发展,也就间接地影响着每个普通人。何况还有原子能发电,你家的电力说不定就是某核电站供应的。尽管如此，我们的日常生活、生产劳动、人际关系、社会活动的准则，绝大多数仍不属于相对论和量子力学的范畴。那属于什么呢？这是一个重要问题。起码，它们都有一定的规矩，不能乱来吧？换言之，社会生活的各个领域都必须有相应的结构和秩序，那么结构和秩序的产生有没有一个普遍概型？如果有，它的理论框架是谁提供的？回答很干脆：当然有！提供这个理论的就是非平衡过程热力学。正因为如此，当普里高津获得诺贝尔奖不久就有人提出，这是 20 世纪**第三个重大的物理发现**，其意义不亚于相对论和量子力学，而从实际应用来看，说不定比相对论和量子力学更重要，因为它的范围更广，哪里没有或不需要结构和秩序？这话很有道理，特别是在作者考查了这个理论对高端现象领域的应用之后更觉得事实确实如此，而**高端现象恰恰更接近人们的日常生活**。

但我们现在还是先集中讨论相对论和量子力学的关系，看看加入信息的视角后会带来怎样的新意，从而证明信息概念的特殊价值。

共轭量的由来

测不准关系并非说一切都测不准，而只是说不能同时测得一对**共轭量**的精确数值，所以共轭量是测不准关系的关键。共轭量的由来，其实量子力学交代得不够清楚，它通常是在将力学量算符化之后自然导致的结果，因为有些算符（对乘法运算）对易，有些则不对易，即可以满足也可以不满足乘法的交换律。对易的算符（对应的力学量）可以同时测量，因为它们有共同的本征函数，不对易的算符则没有，所以不能同时测量。但这些特征并不足以解释两个物理量之所以会**共轭**的物理根由，毕竟不能把共轭现象解释为数学的巧合。

第五章 相对论和测不准关系

先把这些概念的数学表达式写出来,它们容易看懂。采用狄拉克符号,态矢量记为 $|a>$,它是力学量的算符 A 的本征函数,本征值为 a:$A|a>=a|a>$。相应地,$B|b>=b|b>$。设若算符 A 和 B 对易,则它们有共同的本征函数 $|ab>$。很容易推导出

$$[A, B] = AB - BA = 0 \tag{5-1}$$

$[A, B]$ 称为算符 A 和 B 的对易子,对易子为零是算符对易的数学表达式。

现在看不对易的情况,典型的是坐标和动量。在坐标表象中,动量算符不再是古典物理中那样是个常数,而是变成了微商 $p_x = -\dfrac{i\partial}{\partial x}$,显然,$x$ 和 p_x 是不对易的,因为

$$(x)\left(-\frac{i\partial}{\partial x}\right)|\psi> \neq \left(-\frac{i\partial}{\partial x}\right)(x)|\psi> \tag{5-2}$$

这里态矢量 $|\psi>$ 是任意的,所以我们有

$$[x, p_x] = xp_x - p_xx \neq 0 \tag{5-3}$$

不对易就意味着不能同时测量,因为首先测量顺序便不能确定。在对易的情况下,测量顺序无所谓,因为本征函数在测量前后不会变。假如对本征态测量了 A,那么它依然保持为同一本征态,继续测量 B 就好了。假如不是本征态,则可对本征态的完备集展开,然而 A 和 B 的本征态完备集是共同的,所以将得到同一个展开式(即完备集中每个基矢的展开系数都相同,不会改变分别测量的平均值)。但假如算符不对易,情况就大不相同了,测量 A 和测量 B 将生成不同的波函数或态矢量,顺序不同,结果将大相径庭。

看得出来,发生不对易的关键全在力学量的算符化,因为它是算符的数学性质,而之所以需要算符化则是因为量子力学的状态描写改成了波函数或态矢量,这是基本的物理原因,却并未具体指出哪个物理量和另外哪个物理量对易或不对易,它只取决于算符的具体数学特性。但是,我们猜想,这个对易或不对易,共轭或不共轭,背后还该有点别的原因。

真的是这样。我们来看相对论中著名的洛伦兹收缩公式,不对易的共轭量其实与此有着密切的关系:沿 x 方向以速度 v 运动的量尺,长度缩短的公式为

$$x_2' - x_1' = (x_2 - x_1)\left(1 - \frac{v^2}{c^2}\right)^{\frac{1}{2}} \qquad (5-4)$$

式中带撇的量是运动系中点 2 和点 1 之间的距离。(5-4) 式最直接的意义就是坐标和速度不是互相独立、毫不相干的物理量，而是彼此关联着的。注意当速度沿 x 方向时，y 和 z 方向都不受影响，因为我们始终有

$$y' = y, \; z' = z \qquad (5-5)$$

换言之，在两个与 x 垂直的方向上，都没有收缩发生。这也不奇怪，因为对 x 微商的算符与 y 和 z 坐标是对易的，共轭算符只是同名的坐标和动量分量。

出现关联的物理根源在于光速的不变原理，因此我们有洛伦兹变换公式，而不是伽利略变换公式。(5-4) 式的导出正是洛伦兹变换的结果，在洛伦兹变换中不变量是四维的时空间隔：

$$(x_2' - x_1')^2 + (y_2' - y_1')^2 + (z_2' - z_1')^2 - c^2(t_2' - t_1')^2 =$$
$$(x_2 - x_1)^2 + (y_2 - y_1)^2 + (z_2 - z_1)^2 - c^2(t_2 - t_1)^2 \qquad (5-6)$$

而不只是空间距离（去掉上式中的时间项）。因为速度和动量是密切相关的，古典物理学中动量的定义是质量和速度的乘积，所以和速度相关，也就和动量相关。不仅如此，质量在相对论中也是随速度变化的，具体公式很容易从教科书中找到，这里就不再赘述了。

这些观念和古典的概念是完全不同的。在古典力学中，坐标和动量是互相独立的，意思就是无论在空间任意一点，物体可以任意速度运动，不受该点位置的限制。质量在古典物理中是一个常量，对问题没有影响，可以不予关注。然而有了相对论情况就不同了，长度或距离（由坐标给出）和速度或动量是互相关联的。在极限情况下，即速度接近光速时，长度或距离可能缩减到几近于零，这必定包含某种质的飞跃，不是一个简单的数量大小的问题。出现关联和没有关联当然是两种不同的物理情况，这使得坐标和与之相应的动量分量在量子力学中成了共轭量，而在古典物理学中是没有这种共轭量概念的，所有的物理量都可以独立测量，测量值都是实数，始终可以交换。测量可以各不相扰独自进行，因而测量的均方误差也互相独立，没有像测不准关系那样的限制。至于与 x 坐标垂直的方向上的动量分量，因为不发生洛伦兹收缩，也就没有关

第五章 相对论和测不准关系

联,测不准关系的限制照样不适用于它们。

尤其值得注意的是,测不准关系中包含普朗克常数 h,而洛伦兹收缩中包含光速 c,这是当今物理学中两个最重要的宇宙常数,非常基本。它们有独立的来源,一个涉及物体的高速运动,一个属于微观的物质运动,相距遥远,所以一般认为它们互相独立,没有它们之间存在任何内在联系的迹象。然而从上述分析见到,这两个常数其实关系甚为紧密,坐标和与它同名的动量分量之间的关系有确切的表达式[也就是洛伦兹收缩的公式(5-4),其中速度 v 与动量直接相关]。虽然测不准关系不是严格的等式,不能就此得出两者之间的数值关系,但却非常引人深思。

关联物理量的均方误差

现在从统计或纯数学的角度来考察测量两个关联的物理量的均方误差的问题。假如两个物理量 A 和 B 完全独立,测量它们的均方误差 $<\Delta A>$ 和 $<\Delta B>$ 自然毫无关系。但如果两个量存在某种关联呢?20 世纪 50 年代有人专门分析过这个问题[1],结果是,它们的均方误差也不能完全独立,两者的乘积必定不

---

[1] 行文至此,笔者通常是该给出相应的文献出处,可惜得很,自 20 世纪 80 年代以来,老朽即离家(北京)赴美国,后几经周折,先前的读书笔记和文献摘录均荡然无存. 曾试图在美国翻找 20 世纪 50 年代的《物理评论》(*Physical Review*)杂志(那时尚未有 A、B、C、D 几大类的区分),但一则年代相对久远,二则图书馆的条件和设备有限,而老朽已逾 80 高龄,自身体力不支,又苦无助手帮忙(尝自嘲曰:孤悬海外、匹马单枪、资源匮乏、岁月无多、后继乏人,此为真实写照),故至今未果. 唯可信赖者乃自身之记忆力. 因此事印象极深,几十年间反复萦绕,断无记错之理. 希望有志或感兴趣的年轻读者,善用各种条件,将文章找出来(年轻人本事都比我大),或自己设置条件,重新推导亦可. 信念之另一来源则是此结论从信息通道来看,极度合理,故在此毫不犹豫推出.

能小于某个特定的数值 R（依赖于具体问题中的关联强度），即
$$<\Delta A><\Delta B>\geqslant R \tag{5-7}$$
这和测不准关系的形状何其相似！恰好，上一节从考查洛伦兹收缩看出，坐标和与其同名的动量分量确实是互相关联的。这是否可以认为就是测不准关系的物理根源呢？假如是这样，那么测不准关系其实就不过是一种**相对论效应**，是洛伦兹收缩的衍生物，也是各种共轭量（从算符化后的对易关系来定义）物理上存在关联的结果。

测不准关系并不只限于坐标和动量，时间和能量、角动量和对应的角度之间都有。但有了上面的思路，问题就变得十分简单。在狭义相对论中，除了洛伦兹收缩，同时还有时间在运动系统中增长的效应（时钟变慢），增长的幅度与系统运动的速度有关：
$$t_2'-t_1'=\frac{t_2-t_1}{\left(1-\dfrac{v^2}{c^2}\right)^{\frac{1}{2}}} \tag{5-8}$$
与速度有关自然就是与能量有关，所以能量与时间应当存在测不准关系：
$$<\Delta t><\Delta E>\geqslant \frac{h}{2\pi} \tag{5-9}$$
这里 h 为普朗克常数，(5-9)式的物理意义与坐标和动量的情况是一模一样的。至于角动量和角度的测不准关系，它可以看作是从动量和坐标之间的测不准关系推导出来的，只是一个衍生物，没有必要再一个一个地分析了。

重要的是，两个关联的物理量，它们关联的具体细节如何？以怎样的方式进行关联？就一般误差的统计分析来说，无法进行更多的讨论，至多能假设关联的**强度**或紧密程度，它不能提供更多的知识。问题在于，现在洛伦兹收缩有很具体的表达式，这能有什么进一步的启示？

第五章 相对论和测不准关系

共轭量作为关联的信息通道

现在要改换一下角度,第一章讲过,每个物理量都是一个申农的信息通道,因为我们可以测量它们的数值。一般来说,完整地描写物体的运动状态或特性需要多个物理量,或多条信息通道,例如在古典力学中一个质点就有六个信息通道:三个坐标和三个动量分量。这些通道是彼此独立的,从它们获得的信息量是六个信息通道传输的信息量之和。

在量子力学中我们有了共轭量的概念,两个共轭的物理量就是两个通道,不过彼此之间存在一定的关联。信息论的基本原理之一就是**关联减少信息**。也就是说,两个完全独立的信息源,它们的信息总量为两个信息源 I_1 和 I_2 分别的信息之和:

$$I = I_1 + I_2 \qquad (5-10)$$

但如果两个信息源之间存在关联,那么就会有

$$I \leqslant I_1 + I_2 \qquad (5-11)$$

信息究竟减少多少,取决于关联的程度或强度,这是因为,假如两个信息源之间存在关联,则从其中一个的信息便能多少获得一些关于另一个的信息,就像兄弟俩,从哥哥的长相总能多少推测弟弟的长相一样。当然,假如关联程度减弱,那么从一个推测另一个的可能性便会降低。比如,从堂兄弟中一个的长相来推测另一个的长相,成功率将会大大降低。(5—11)式的推导很直接,可设信息源 I_1 和 I_2 分别具有 m 和 n 个变异度,假如 I_1 和 I_2 完全独立,则 I 的变异度应为 m 和 n 相乘,即 mn,因为 I_1 的每种可能性都能和 I_2 的每种可能性配位。但如果两者不独立,则 I_1 和 I_2 中的变化可能性会相互限制:I_1 中的

第一种可能性和 I_2 中的前三种可能性相配的结果是一样的，不产生不同的可能性，或者 I_1 中的某些可能性被禁止和 I_2 中的某些可能性配位，结果都会减少总的变化可能性，或减少 I 的变异度，使其小于乘积 mn。因为信息量的申农定义是变异度的对数，它将乘积变为相加，于是我们便有（5-11）式。受限制的程度体现了关联的**强度**，限制越多则关联越强。在极端情况下，I_1 中的每一个可能性都和 I_2 严格对应（假定 $m \leqslant n$），那么它就等于 I_2 中前 m 个可能性的另一个编码，根本不能提供任何新的信息，可以认为 $I_1=0$。

在古典物理中，每个坐标和动量的每个分量都是独立的，而现在同名的分量之间不独立了，所以测量它们给出的信息量将会减少，减少的具体表现就是测量误差不能忽略，使测量值变得模糊，不能任意假设为零（超高精度测量，实际上不可能），必须用普朗克常数加以限制，这就是测不准关系的基本意义。

前面已经讲过，古典或量子物理都假定自己是以无限的精度成立的，没有理论误差。换句话说，无论牛顿方程或是薛定谔方程都认为自己对于无论任何小的尺度都成立（虽然谁都知道这不可能），假如有误差，只会是来自实验或测量技术手段的限制，或者我们只能有测量误差，不能有公式的误差。现在测不准关系指出**理论误差**并不能无限小，至少两者乘积的数值不能无限小，假如非要让其中一个的测量误差尽量小，那么另一个就必须变得很大，以至在实际应用中失去意义。这当然是一个**理论限制**，虽然不是来自牛顿或薛定谔方程本身，但却影响它们的所有推论。一般来说，人们总得在两者之间取得某种折中或平衡，不能一个很小另一个很大，否则将很难对事实做出合理的判断或解释，这个限制的意义是人们容易理解的。

第五章　相对论和测不准关系

测不准关系更深刻的含义

相对论确认了部分通道之间的关联，这个事实导致量子测量获得的信息量减少，具体表现为对测量精度或误差的设限，误差越大，获得信息的可靠性就越差，相当于信息量的减少。这不仅是对方程的适用范围的限制，更该认为是对空间的**信息容量**的限制，这个空间就是方程成立的空间。因为假如精度无限高，那么空间的信息容量就必须无穷大，这意味着现在假定坐标或动量空间具有连续统结构的理由并不充分。不过，因为测不准关系并非一个**精确的**限制，所以它并不适合作为某种"空间量子化"（某个最小尺度）的条件或假定。

但测不准关系的意义应当远不止于对测量精度的设限，而在于它暗示了两个最伟大的宇宙常数光速 c 和普朗克常数 h 之间某些可能的内在联系。我们承认自己生活在无穷的世界里，但这个无穷有两个截然相反的方向，即无穷大和无穷小，宇宙的浩渺无穷和粒子的深邃无穷或无限可分。迄今对这两个概念的理解都是通过趋向极限的过程：无尽、不可企及。

无穷的不可到达性体现在康托尔对无穷集合的研究中，因为无限集和有限集具有非常不同的性质，尤其整体和部分的关系。在有限集中，正整数的集合（可止于任意大的正整数）总是包含其中所有奇数和偶数的集合，集合与它们是整体与部分的关系。而到了无限集，则正整数的集合与偶数或奇数集合的"势"是相同的，或者说它们的元素个数一样多，因为给定任何正整数，总能找出与之对应的奇数或偶数，一个都会不少，先前的整体和部分的关系即不再成立，所以无穷大是一个**异数**，不能以**常数**或一般从计数或测量获得的数值看待。

至于无穷小，它的极限是0，似乎**可以到达**，但想想"一尺之垂，日去其半，虽万世不竭"的道理，也就明白了。这点还曾经被用于编造**芝诺的佯谬**，即怎样才能追赶跑在前面的人：用**推理**的方式是永远追不上的，因为当你追上时他总会又跑一小段距离。

无穷大和无穷小两个方向虽然看起来截然相反，但数学上它们又如此接近。无穷大的倒数就是无穷小，反之亦然。我们总能在两个方向上前进，尽可能走得更远，这一点不能不和两个宇宙常数有着某种现在还不太清楚的联系相关。光速无疑限制我们不能走得太远，当以接近光速的速度运动时，物体甚至我们自身就会发生重要的变化，比如质量增大的相对论效应，而普朗克常数却限制我们不能分得太细，不能到量子内部去钻牛角尖，至少在现有的理论框架下是没有物理意义的，也不可能测量"半个"量子。

具体到洛伦兹收缩，我们有长度如何随速度变化的公式，加上质量随速度增大的公式，它们应当给出坐标和动量之间关联的细节，并由此确定关联的强度。这样，我们可以求出（5—7）式中的 R，它应当是一个包含光速 c 和速度 v 的表达式。将该式同测不准关系比较，则可看出光速 c 和普朗克常数 h 的关系，但（5—7）式不是严格的等式，只是划定了一个范围，所以不能由此完全消除 c 和 h 的独立性，减少一个宇宙常数。但总可以限定它们的范围，或找出两者之间适当的关联，这就是很了不起的结果。沿着这个线索进行推演，将是一件很有趣味和富有成果的探索。现代宇宙学和基本粒子的结构是科学的两个前沿，它们之间也该有深刻的内在联系。大爆炸（big bang）的宇宙模型关注宇宙**创生**初期的物质构成，不能不涉及粒子的结构和种类，所以两者之间绝对不能脱节。

第六章

对时空观念的挑战

古典的时空观念

古典的时空观念由来很简单，就是人们的日常生活经验，它们都源于大家熟知的宏观世界。例如，空间就源自可以直接感知的事物特性。物体的形状和大小、方位和距离，它们主要与视觉有关，和物体的颜色一样，全部一目了然。从形状和大小引申出了一种略微抽象却很普遍的特性：**广延**，它触及了空间概念的本质，即空间就是物体自身的延展，**或从虚空占据的体积**。但方位和距离还有另外的意思①，它体现出**共存**（方位和距离都是相互的，单独的物体谈不上方位和距离），这进而衍生出**包容**或**容器**的内涵：共存的物体都在一个天穹（空间）之下，以它为共同的容器。容器和广延意涵并不冲突，容器的容积就是一种广延。与此同时也顺带引申出了**虚空**的概念：容器中包容物未占据的广延或剩余的容积。容器的概念逐渐扩大，不仅包容身边的事物，还有星体、星系，以至整个世界，无一不包容在空间（天穹或穹庐）之中。

时间则是由于思维具有记忆的特性，有记忆才能分辨**先后**或顺序、次第，才能感知变化。先前如何现在如何，时间是变化的前提，**变化都需要时间**，进而分辨时延、节奏和变化的快慢、花样，等等，它们都有明显的经验基础。而

---

①不要轻视距离的概念，我们的心理安定或安全感与之密切相关．有件事不见得人人都留心到了，即要保持身体平衡，人必须不断目测和周围物体的距离．正常人站在地面上，一般不会恐慌，不会东倒西歪，那是因为我们和周围物体距离大小的数据都在习惯的范围．设想将周围物体全部移开，只留下脚下支撑的两小块土地，一眼望不到底，像站在两根"柱子"上一样，那一定会引起极大的心理恐慌．平常我们多半只是用眼睛的"余光"，下意识地测量周围物体和自己的距离，哪怕身处旷野，仍然有远近的土地．现在一下全变了，通通变成了"无穷远"，人马上会感觉孤立无助，身体便很容易失去平衡．这个假想实验证明，人的视觉其实是在不断测量和周围物体的距离，它是保持身体稳定和平衡的重要条件．

第六章 对时空观念的挑战

时间的单向流逝则和过程的不可逆性相关，人可以感知各式各样的不可逆过程，包括自己的生命历程，它就是不可逆的典型，不能返老还童，不能死而复生。假如没有记忆，人还会有时间的感觉吗？恐怕不能，无论时延或次第都依赖记忆。这是否意味着记忆比时间"更基本"？不然，记忆产生的是对时间的感觉，不等于时间本身。时间的概念是从对时间的感觉引申出来的，是造成时间感觉的对应物。正如空间，其实也依赖于记忆。当观察一个庞大的物体时，目光从一端移向另一端，当然需要记忆。坐火车穿越隧道，对隧道长度的感觉也需要记忆，因为它经过一段时延，所以必然和记忆有关。

需要指出，概念的内涵或语义往往需要思维对信息进行加工，并不直接来自感觉的素材。但这并不妨碍我们说，所有的时空特性或古典的时空观念都是从经验获得的，它们无疑是"**为我**"的（因其基于感觉形象，属于表象能力的范围），但同时也是"**自在**"的，即认定宏观物体的时空特性是它**本身固有的**，大的物体，它本身就大，圆的物体，它本来就圆，即便是经人打磨才成为圆形的，那也是人把这种特性（圆形）赋予了该物体，使之成为物体的固有特性，并能为人感知。因此，"自在"和"为我"两个世界**高度一致**，以至一般感觉不到区分两者的必要。认识的客观性标准在于认识是否反映了事物的本来面目，它是**科学真理性**的实质要求。这套观念本不该有什么问题，因为**经验必有其实在性，它也应是可靠的**。理性主义者质疑经验可靠性的主要理由是个体经验难免带有偏差，但却忽略了通过交流人们可以互相校正，从而克服偏差的影响，取得一致的认识。好比蓝色的物体，绝大多数人都辨认它为蓝色，色盲症患者对此有偏差，但这并不妨碍人们取得大体相同的共识。科学的继续发展证实了这种思考的正确性，因为：第一，绝大部分人认定的蓝色，光波波长确实相近；第二，人的视觉系统的解剖构造和运作机理大体是一致的，这是彼此能够取得共识的基础。正因为如此，医学和其它相关科学才有可能，否则没有两个人在解剖和生理上严格相同，只看到这一点，那么医学就没有任何可能了。这个道理也适用于对宏观物体时空特性的认知，所以今天大家基本同意现实的物理空间是**三维欧几里得空间，具有连续统的结构**。连续统不是经验的概念，因为人不能感知无穷小，但表象能力却接纳它，可以对它进行形象思考。在头脑中将尺度缩小的过程不断重复，如中国古代提出的"一尺之垂,日去其半,虽万世不竭"一样,这种将数量上的简单重复推至无穷是人脑进行信息加工的基本能力之一。

假如能把宏观或古典的时空概念完全贯彻到底,本不该出什么问题,可惜世界构造并不如此简单。尽管宏观的时空概念取得了广泛认同,哲学家因此把它升格到"哲学高度",认定它是**存在的普遍形式**,意思是**一切存在都只能是在时空之中**,时空之外的存在是不可想象也不能接受的。可是当新物理学(指相对论和量子力学)出现,认识转向高速运动和微观世界的时候,它还是不可避免出现了状况。首当其冲就是迈克尔逊—摩雷实验,它否定了一种假想的、却几乎人人相信的充满宇宙、穿透一切物体、始终保持不动的介质——**以太**(ether)的存在,把**绝对空间**的幻觉彻底打得粉碎[①]。接着便是**波粒二象性**,它似乎更加不可思议。这个矛盾表面上是两种图景不兼容,暴露了人的**表象能力的天然限制**(因其依赖感觉器官和感觉过程),实质却依然是古典时空观念的问题,因为在这种观念之下粒子只能做轨道运动,它同时具有严格的坐标和速度(动量),因而和粒子的状态表征及测不准关系尖锐对立。当然,表象能力的限制理论上牵涉洛克的认识论原理。下面一章讨论思维的本性,我们将具体进行分析。

波粒二象性之后,进一步的研究暴露了古典的时空观念与新物理学之间更多的冲突,如在量子纠缠(entanglement)中,不论两(多)个粒子建立还是解除纠缠态,变化都是瞬时发生的,无须时延。这和宏观的变化完全不同,在宏观世界,没有时延的变化是不可想象的。因为按照物质结构的观念,总可以把宏观运动分解为微观客体的运动,好比手臂一挥,手臂上所有细胞及更小的分子、原子均会参与联动过程。假如容许瞬时变化,如位置变动,那么就意味着作用的瞬时传递,和相对论中光速为极限传递速度的假定冲突。但这种瞬时作用在多体理论中大量存在。众所周知,采用**单粒子近似**,假定每个粒子有自

[①] 因为以太不动,所以它是物体运动的"绝对"参照系,日月星辰全都相对于它而运动。这样的空间参照系称为"绝对"空间.

己的波函数①将会导致**交换**（exchange）**关联**（correlation）作用②，并引进**非定域场**（non-local field），它就包含瞬时作用的效果。例如根据泡利不相容原理，两个轨道和自旋均相同的费米子将互相规避，但这种规避是**瞬间**而不是逐渐分开的。

各种困难集中体现在朗道在其《场论》一书中指出的物理学的基本矛盾，即微观客体既不可能是零尺寸的**点**（这会导致计算结果的发散，**重整化**手续便是为此而设计的，但这种手续并没有任何理论依据，完全是为了消除无穷大而硬性规定的），也不可能具有**有限的大小**（在狭义相对论中，有限大小的粒子将无法保持稳定）。这个矛盾在古典的时空观念下完全无解，因为这套观念包含固有的局限性。这并不是说古典时空观念有错，而是说它显示出自己只有一定的适用范围，不能简单外推。不能不假思索地就把随便什么东西，如场和微观客体纳入这个似乎无所不包的**容器**中，事实是容器装不下它们。

不能把古典的时空观念直接外推给场和微观客体，这话的意思是这些客体**是否具有时空的特性**，或它们**是否处于时空之中**均应存疑。这里的"时空"都是指古典时空。它和哲学家认为的"时空是存在的普遍形式"不一致，但哲学判断并无科学之外的独立依据，可以不作数。问题在于，人的思考无法摆脱这套时空概念，依然自觉或不自觉地将其原封不动地应用到场和微观客体。这是基于洛克的认识论原理，因为表象或思考能力受到限制，宏观的时间和空间是人**唯一**可以理解或接受的观念。这使波尔和海森堡一开始就强调应用古典物理

---

①相互作用的体系中，不是每个粒子都有自己的波函数（只依赖自己的动力学量）．因为粒子体系可能处于纯态，只有整个体系的波函数；也可能处于混合态，需要密度矩阵来描写．但就是因为没有单个粒子的波函数，使整个问题变得非常复杂，因此假定每个粒子都有自己的波函数只是一种近似．

②这是专属于费米子的一类特殊相互作用（能量）．费米子遵从泡利不相容原理，一个量子态中不能同时容纳两个费米子，如电子．多粒子系统总的波函数应具有反对称性（实际为行列式波函数），这会使自旋相同的粒子互相躲避（假如两个粒子的波函数空间和自旋都相同，行列式自动为零），从而影响系统的相互作用能量，这部分作用称为交换作用（交换能）．至于关联能，则是因为即便自旋不同，电荷相同的粒子之间由于库仑排斥也要互相躲避，它同样影响系统的总能量，但和交换相互作用的机理有所不同．交换和关联能都是在多体系统中采用"单粒子近似"之后对总能量所作的修正．

学量或观察量的必要性，舍此人将无法思考。头脑所能接受和加工的结构信息都来自感觉，大体上属于申农信息，但加工速度奇慢（和计算机的运算速度相比）。波函数或态矢量是一个抽象的数学符号，它包含的结构信息和感觉一般不匹配（回忆第一章中指出的结构信息和申农信息之间转换的困难）。这个限制具有原则意义，它适合每个人，遗憾的是远非每个人都能理解或注意到这一点。通常情况下，人们沿用古典的时空变量**依然把它们当作微观客体的固有特性**，几乎忘掉了朗道指出的两难。实际上，从信息的角度来看，我们这么做只**是不得不借助这些通道去获取微观客体的运动信息**。

大家知道海森堡解释他的测不准关系时打过一个比方，流传很广，说是要把电子的**位置**测得准，就须用波长尽量短的光波去照射它，但波长越短，动量越大，对电子的干扰也越大。这被解释成一种"不可控制的相互作用"，可帮助人们**理解**测不准关系的意义。它显然表明，海森堡是认认真真把坐标当作电子**固有**的位置特性进行测量的。这很容易造成误解，即存在一个与**宏观**时空统一的**微观**时空，后者是前者的缩小版，没有本质区别，都在同一个连续统内，只不过尺度大大缩小而已。在这种观念下，电子的位置依然是**有**的，依然是电子的固有性质，至于测不测得准是另一个问题。而我们现在要强调的恰恰是**对这个"有"必须存疑**，不能因为人想要测量位置或坐标，位置或坐标便当然成为电子固有的东西。事实上，电子的位置或坐标只是我们获取它的结构信息采用的信息通道，**适合人的理解，却未必适合描述电子的运动状态**（否则隐参量解释就成立了），因此**不存在微观和宏观两个领域通吃的统一的时空观念**，或统一的时空连续统。可以认为，当时空尺度小到一定程度时，它的性质自动就改变了。但什么时候改变？如何改变？改变前后两者之间如何过渡？理论上完全不知道。姑且不说海森堡假设的测量过程能否真正实现[1]，我们至少得承

---

[1] 光波波长，就算最短的 γ 射线，大约为 0.01Å，它能产生的干涉条纹也在此范围．而氢原子的直径大约为 1.06Å，半径约为 0.53Å，它是电子和质子之间的距离，不是电子或质子（设想为粒子）的大小，这个大小应比 1 个 Å 小很多（有人打过比方，把氢原子放大成大礼堂，其中的核或质子只相当于一粒芝麻），就算电子比质子"大"许多，也顶多是 γ 射线波长的量级，那怎么能用 γ 射线去测量电子的精确位置？更不消说 γ 射线的能量和动量对电子的干扰了．何况还有粒子的全同性原理，怎么可能捕捉单个粒子？

第六章 对时空观念的挑战

认,古典力学量绝非由波函数或态矢量自动产生,而是出于人的选择。假如想要测量的东西被测对象未必拥有,那就等于对存在与否尚存疑虑的东西进行测量,理由显然不充分。只有在少数情况下,如本征态,由于测量能够给出确切的数值,或测量值是由波函数直接产生的(本征值和本征函数有确切的对应关系),方可认为它们是微观客体**固有的**,如平面波的动量、球面波的角动量均属这种情形。在这些状态下,微观客体可以**部分地**获得古典的时空特性。

因此,对于高速或微观运动中的时空观念应有两种不同的态度,一种是未经考察就稀里糊涂地将宏观的时空观念直接推广,(x, y, z, t) 随手便写,而且当真。另一种则头脑冷静,始终保持必要的谨慎,想清楚时空变量究竟是什么含义。为了提高警觉,需要仔细检查一下新物理学给宏观的时空观念带来的各种变革,看看那些**反常识**的现象究竟是怎么回事。

场为什么不能选作参照系

先看相对论对古典时空观念的挑战,这不仅指洛伦兹收缩或运动时钟的变慢,它们尽管也改变了先前时空特性脱离物质运动、颇为僵化的旧观念,却相对容易理解。在狭义相对论中,重点是否定了绝对空间和以太存在的同时,爱因斯坦提出了**场**(field)的概念,它被认为是物质的,却和普通实物不同,**不能选作参照系**,这件事颇有些古怪。爱因斯坦对场说过许多话,甚至说场就是空间,没有场就没有空间。这些话什么意思?表述是否确切?说场就是空间显然不对,因为按照亚里士多德的客体分类原则,场属于对象性概念,空间只是特性,两者不容混淆。空间概念是从物体(实物)的位置和广延特性引申出来的,场有没有这些特性?不知道,至少没有证明,怎么能随便乱说?

先掰一掰空间的概念，它被作为**容器**之后就脱离了物质的存在，哪怕没有特定的物体，也可想象一个虚空的空间，这很容易导致**绝对空间**的概念。它被认为是一个不动的参照系，囊括整个宇宙。这当中实际上暗含着**人类中心论**的思想，因为选择参照系必须以观察者为核心，否则观察者连坐标原点都找不到，还怎么使用这个参照系？所以参照系的必要条件就是它和观察者的相对位置必须明确。所谓不动的绝对空间就是用这个参照系观察所有物体的运动，赋予它优先的地位。这个参照系甚至被物质（对象）化，生生造出了**以太**这样一种假想的介质。它充满了宇宙，穿透人的身体和其它所有物品。虽然以太被认为是绝对不动的（指平动和转动），但也有人认为它可以振动，用以解释光在空间的传播（类似声波在空气中的传播），不同颜色的光对应不同的振动频率。一个假想的东西难免会有各种任意添加给它的假设。

迈克尔逊—摩雷的实验否定了以太的存在，给绝对空间以当头棒喝，这件事和场有什么关系？尤其场不能作为参照系，这是什么意思？原来，爱因斯坦回顾他发现相对论的心路历程，自称他9岁时就幻想**和光一起跑**会看见什么？现在很清楚，"和光一起跑"根本不现实，因为任何实物（静质量不等于零）都不能跑得和光一样快。理由是按照相对论，随着运动速度的增加，物体的质量也会增加。设物体的静止质量为 m_0，则其在运动状态下的质量将变为

$$m = \frac{m_0}{\sqrt{1-\frac{v^2}{c^2}}} \qquad (6-1)$$

当速度 v 接近光速时，分母趋于零，质量将变成无穷大。这就是说，人（实物）不能和光以同样的速度 c 运动，和光保持相对静止的状态。人假如能和光保持相对静止，那么就可以选择光波作为参照系，它和选择人作为参照系是一样的。光是什么？是振动的电磁场，不能以光作为参照系，就是不能以场作为参照系。很容易想象，假如能和光保持相对静止，即 $v=0$，那何尝不可以和光做某个相对运动，且相对速度 $v \neq 0$ 呢？如果那样，就会有 $c+v$ 出现，光速就不再是相互作用传递的极限速度，就违背了相对论的基本假设。这意味着，我们不能把光场或电磁波活动的区域看作普通空间，光的传播和声音的传播在物理上有着本质的区别，尽管它们都**走过**一定的空间距离，且波动方程的

数学形式也很相似。我们在光场或电磁波活动的区域常常能写出时空坐标(x, y, z, t)，但这是为了在该时空位置考查光与实物的相互作用（场强就是这么定义的），它们是实物的坐标，不是电磁场的"坐标"。好比在屏幕上观察光的干涉条纹，屏幕是实物，它有时空坐标。光在屏幕上显示的干涉条纹是光与屏幕相互作用的结果，这个结果使人可以把发生干涉的两束或多束光看成由场量组成的电磁波的传播。考察光的各种性质，包括几何（反射、折射、透射）和物理（干涉、衍射、散射）光学，甚至多普勒（Doppler）效应，特别是光和实物的相互作用，都应秉持这个态度。不能把(x, y, z, t)看作场点的**位置**，否则就可以选它们作参照系。在这个意义上，场的分布范围不能看作它的**广延**，场也不应当有广延，否则场就成了与实物介质如空气和水一样的东西。这些时空变量的使用，从根本上说是为了考察场与实物的相互作用，没有这种相互作用，我们就无以观察光的性质。正如空气中若没有尘埃，肉眼就看不见从窗口透射的阳光，眼睛能感觉光的照射，那是因为肉眼特别是视网膜本身也是实物，能与光发生光化学反应。可见光之外的其它电磁波，肉眼不能观察，就更谈不上它们的传播是由于电磁场的场量在想象的空间一点一点地依次移动，像逐渐扩散开的水波一样，只不过移动得飞快，速度高达每秒30万千米罢了。换言之，**不能把电磁场的运动想象成力学运动**，哪怕对场采用了同样的时空变量(x, y, z, t)也不行，**不能用古典方式理解电磁波，它在人的想象能力之外**，这点神秘色彩全是由于光速不变原理，它不是由直觉产生的，与经验大相径庭，直觉只能导致$c+v$。

有人可能会问，静电场或稳恒电流的磁场不也是场吗？它们也有场点(x, y, z, t)，这能选作参照系吗？实际上，这两种场是很特殊的情形，特殊是在于它们和自己的场源不能分开或脱离，与传播的电磁场或电磁波有根本区别。这些场的场源，即静电荷和稳恒电流都是实物，都有静质量，当然可以选作参照系，而这些场的场点和场源的位置关系是清楚的，所以选择它们作参照系实际上就等于选场源的位置作参照系，而场源都是实物。

现代物理学把粒子和场看作物质的两种基本形式，但这里的**场**和爱因斯坦所说的场却有一定区别。在爱因斯坦的时代，量子场论尚未充分发展，他口中的场主要是电磁场，场方程就是麦克斯韦（Maxwell）方程。现在知道，这是一种静止质量为零的玻色子的场。而量子场论中的场可以是任何粒子，包括静质量不为零的各种粒子，如玻色子和费米子。它们的波函数在二次量子化后，选择粒子数表象，都成为算符，作用到假设的**真空态**波函数上，表达真实的物理情态。只要静质量不为零，粒子都有位置特性，均可选作参照系。只有静质量为零的粒子，它们始终以光速运动，才不能被选作参照系。

静质量为零的粒子虽没有静质量，却有能量，如光子便有能量。按照爱因斯坦的质能关系：

$$E = mc^2 \tag{6-2}$$

它们也该有对应的质量，叫作**动质量**（永远以光速运动）。不能把这类粒子看作纯能量，那会违背亚里士多德的客体分类原则，引起许多概念的混淆，包括"物质消灭了"在内。这件事在20世纪50年代曾经有过详细的讨论，当时得出的基本结论不应轻易忘记。

线性叠加原理

量子力学带来的观念变革就更多了，我们来考察著名的线性叠加原理，它和**无时延变化**有密切关系。这个原理在量子力学中具有举足轻重的地位，它的意思是，假如系统（粒子）可以处于$|\psi_1\rangle$，$|\psi_2\rangle$，…，$|\psi_n\rangle$的状态，那么它也就可以处于这些态的线性叠加态：

$$|\psi\rangle = a_1|\psi_1\rangle + a_2|\psi_2\rangle + \cdots + a_n|\psi_n\rangle \tag{6-3}$$

这里系数$a_1, a_2, \cdots, a_n$满足归一化条件：

$$|a_1|^2 + |a_2|^2 + \cdots + |a_n|^2 = 1 \tag{6-4}$$

第六章 对时空观念的挑战

许多人不知道这个原理意义何在，只猜想它来自粒子的波动性。因为波具有干涉现象，需要波幅的叠加，量子力学的波函数虽然只是概率振幅，而波幅的叠加性质依然是一样的。也有人猜想它和薛定谔方程的线性性质有关：将线性微分方程的解进行线性组合，得到的仍然是它的解。但随着对量子力学的深入了解，逐渐感觉到它的意义远不止这么简单，它实际上是古典力学和量子力学的主要分水岭。在古典电磁理论中，电子也有磁矩，可以将其想象为带电小球的旋转，磁矩就是旋转电流的磁矩，它有顺时针和逆时针两个方向，对应于自旋与磁场的方向平行和反平行。但在古典电磁理论中，这两个态不能**合二为一**，不能既平行又反平行。而量子力学恰恰相反，电子可以同时既处于平行态，又处于反平行态，这个奇妙的状态就是两者的叠加态：

$$|\psi> = \frac{1}{\sqrt{2}}|\psi_+> \pm \frac{1}{\sqrt{2}}|\psi_-> \tag{6-5}$$

$|\psi_+>$和$|\psi_->$分别为电子自旋平行和反平行的态，在这个态下，电子自旋的平均值其实为零。(6-5)式所表示的物理意涵在古典物理中是完全不存在的。

为了不使问题一开始就复杂化，我们限定于**定态**的薛定谔方程：

$$H|\psi> = E|\psi> \tag{6-6}$$

定态的意思是哈密顿算符 H 不显含时间，这类方程的解只能是定态的波函数，表示物理情态不随时间变化，非定态的情形后面将会说明。各种力学量的本征函数都是这种函数，如动量的本征函数是平面波，角动量的本征函数是球面波，等等①。假如$|\psi_1>$，$|\psi_2>$，…，$|\psi_n>$都是某个力学量（表示为厄米算符）的本征函数，对应的本征值不同（可不考虑"简并"，即一个本征值对应多个本征函数的情形，它在物理上并无特别的意义，只不过会使叙述变得十分冗长），那么态叠加原理表明，系数 a_1，a_2，…，a_n 实际上张开了一

---

①这里选择了坐标表象，在这个表象中坐标算符的本征函数是狄拉克的δ函数，动量算符的本征函数是平面波，角动量算符的本征函数是球面波。反之，如果选择动量表象，则动量算符的本征函数也是狄拉克的δ函数，由$\delta(p-p_0)$选出其本征值p_0。狄拉克δ函数是一个广义函数，它在给定的某个点数值为无穷，而在其余各处均为零，但对全空间（一维δ函数是全数轴）积分却为有限。

个完备的希尔伯特空间，因为力学量的所有本征函数组成一个**完备集**的基矢，允许任何波函数或态矢量对这组基矢展开。这给求解薛定谔方程带来了极大的方便，因为它把微分方程的问题转化成线性代数方程组的问题——矩阵的对角化。更重要的是，态叠加原理还和量子测量的假设有关，按照这个假设，单个测量只能给出力学量的本征值，而得到某个特定本征值的概率将和它对应的本征态在展开式中的系数 $a_1, a_2, \cdots, a_n$ 的绝对值平方成比例，换言之，这个概率取决于该本征态在展开式中的系数大小或所占的份额。

这是一个伟大的假设，它禁不住会使人往深处思考，即系统或粒子是以**何种方式**处于叠加态中，或者说各个态的成分在叠加态中**如何共存**（coexist）。对于单个本征态（展开式只有一项），问题比较简单，从头到尾就是一个状态，因为对本征态进行测量只给出相应的本征值，测量之后本征态不会发生变化，继续停留在那里。而叠加态则不同，它会出现波包的**扁缩**（collapse），意思是把叠加态看作一个具有许多成分的**波包**（可以和广泛采用的傅里叶分析类比，那里若干调和函数——正弦和余弦函数——的组合可以构成几乎任意的波形），测量后则波包发生扁缩，只留下其中一个成分，即给出本征值的那个本征态，并一直停留在那里。换句话说，测量之前每个态都有一定的出现概率，而测量后则全部概率都集中到一个本征态上。这和一般概率事件的缩并完全一样，它使人回忆起申农的信息定义，因为信息传递都是通过概率缩并完成的。因此，这类量子测量给出的正是申农信息，事实上从测量得到的只是力学量的具体数值，而不是波函数所包含的结构信息，可以把申农的信息论直接搬用到这个过程中。

重要的是**共存方式**，它是一个饶有趣味的问题。首先必须肯定，叠加态的所有成分 $|\psi_1>, |\psi_2>, \cdots, |\psi_n>$ 一个都不能缺席，因为只要对应的展开系数不为零，它就有一定的出现概率，否则它在测量时的出现概率就不能保证。但系统既不能**偏心**，只固定处于某一个或某几个态中（这等于假设了某些**优先态**，但却没有挑选任何优先态的标准），也不能将自己分散到各个态中，因为系统的整体性必须维持（注意，线性叠加原理的**前提**是系统整体上可处于 $|\psi_1>, |\psi_2>, \cdots, |\psi_n>$ 中的任何一个）。这便只有一种可能，即系统**并行地**（不说同时，因时间没定义）处于所有各态（叠加态的各个成分）之中，

其结构须保证测量时各态的出现概率与其展开式系数的绝对值平方成比例。**并行**处于所有各态如何理解？因为系统不能分散或解体，各个态除了展开系数决定的权重因子没有别的优先度，它便只能解释为：系统**在所有各态中来回变化**，历经所有的成分。尤其是这个变化**不需要时间**（本就是定态），否则便不能保证在**任何时刻**进行测量都能给出每个成分应有的概率。这与我们的宏观经验完全不同，在宏观世界或观察所及的范围，一切变化总有一定"时延"（duration），这是导致时间概念的重要台阶，否则先后、次第等观念就会出问题（时延影响事件的先后或次第）。无时延的变化意味着系统处于某种**超时间**的阶段，或者说**时间概念尚未产生**。可以把系统处于无需时间而在各个叠加成分之间来回变化的状态叫作**共振**（resonance）**态**，它和频率接近或呈整倍数关系的振子之间互相交换能量、互相激励产生的"共振"现象意义有所不同。

为什么必须把叠加态中的这种无时间的变化看作具有**前时间**或**超时间**的性质呢？因为就微观客体而言，它们的一切性质均应来自薛定谔方程，而此刻时间概念尚未定义。我们所有关于时间的概念（包括薛定谔方程中使用的时间）都只是从宏观世界的经验中获得的，不能将它**无条件外推**给微观客体，想当然地认为微观客体也必须存在于我们的时间中，就像把时空变量（x, y, z, t）强加给电磁场一样，那等于将微观客体简单当作宏观客体的缩小版，忽略了两者之间质的差别，实际上也就等于否定了量子力学。一般来说，我们不否定或排斥将宏观经验，尤其是普遍的宏观经验外推。但是，当有明显的事实阻止这种外推，即我们试图外推的领域已经显示出具有专属自己的相关特性，且与外推的特性相冲突时，简单的外推便应当停止。叠加态中的无时间变化就是这样一种特性，它显然不包括在宏观经验中，是一种全新的东西。尤其这种无时间的变化从态叠加原理来看，是一种逻辑必然，不是偶然产生的。

需要指出，由于这种无时间的变化，可以认为叠加态的各个成分具有一种**对称性**，即它们全部处于一种**平等**的地位：我变到你不需要时间，你变到我也不需要时间，而且系统在每个成分中也**不停留**任何时间。只有这样，才能保证系统**并行不悖地**处于所有的成分中。这个平等或对称性与测量时每个成分出现的概率无关，系统不会在出现概率较大的成分中"待得更久"，或相反——某个成分出现概率较大不是因为系统在该成分中停留时间较长，因为系统根本就不在任何成分中做任何停留，随便在哪个成分中都是"一进去马上就出来"，这是一个真正的前时间或超时间状态。事实上，定态薛定谔方程（6-6）给出的所有解，它们组成叠加态的成分都是**定态波函数**，因此它们不显含时间，或无所谓时间，不属于任何时刻，可以在亿万年之前，也可以就在此时此刻；既在此刻，也可以在任何时刻，俨然宇宙间的一种**永恒**。这一点都不夸大，说自由粒子的波函数就是平面波，这个结论无论任何时刻都成立，当然可称作永恒。其它受某种相互作用的粒子也一样，它们的定态薛定谔方程（注意，方程的哈密顿量 H 不含时间）的解是什么波函数是不变的，无论任何时刻都同样成立。

至于非定态的情形，即哈密顿量中显含时间，它只能是宏观的时间，因为除此之外**没有**"微观时间"。之所以选定非定态的薛定谔方程，完全是由于观察者希望以自己的时间坐标来考察微观客体的运动。实际情况是，**势场可能随（宏观）时间变化**，这是观察者能够感知或测量的，他希望考察这种情形下微观客体的运动，于是在哈密顿量中引入了时间。这个含时间的方程应当看作是时间轴上一系列的"定态薛定谔方程"，每个时刻的势或微观客体经受的相互作用都是固定的，但却各不相同。由此所得的结果当然包含时间的影响，但它们都只是宏观的时间。定态薛定谔方程与时间无关，但它给出的解或涉及的量子态却适合叠加原理。从波函数不能直接引申出时间的概念，波函数对时间的依赖常常是通过含时间的位相因子 $\exp(\pm i\omega t)$ 表达，其中 ω 和能量有关（$E=\hbar\omega$）。但波函数并非观察量，实际上发挥影响的是它和它的共轭复数的乘积，于是两个位相因子互相抵消，没有物理效应，这件事值得仔细推敲，但本书不能展开。

叠加态中的不同成分被测得的概率不同，给出的本征值也不一样，它们当然依赖于叠加态的结构（除了基函数或本征态，主要体现为展开式的系数），但既然概率是在测量过程中表现出来的，它就是一种**后验**（post priori）效果，理应取决于系统和测量仪器的相互作用，必须与测量过程有关。可以认为，叠加态的结构决定了它和测量仪器相互作用的方式，从而使展开式系数的绝对值平方表达了该成分出现的概率。可以把这组概率当作叠加态的一种**特性**（不同的叠加态概率不同，相当于特性不同的量的规定），按照特性的形成理论，它

第六章 对时空观念的挑战

在不同的外部关系中应有不同的表现,测量仪器就是系统的外部联系。

鲍林的共振论 无时间的变化

上节提到的**共振**一词实际上来自化学家鲍林(Pauling),他在20世纪50年代就苯环的结构提出了所谓的"共振论",曾经引起过热烈的争议。那时大家对量子力学还很不熟悉,即便物理学家也被许多基本的概念问题所困扰(连爱因斯坦也不掩饰自己对量子力学感觉别扭和不习惯),化学家自然更为艰难。由波函数引起的"电子云"的概念就使他们十分头疼,电子明明是一个一个的小颗粒,怎么会是**云**(cloud),即呈现为某种电荷的分布?原先的化学键只是用一些像火柴棍一样的短横标记,现在不仅要变成"云",而且"云"的花样还颇有讲究,例如有机化学中常见的σ键和π键,它们就具有不同的对称性,前者有轴向对称,后者则与轴呈垂直取向,这确实带来了观念的重大变化。

问题是当时人们都不大接受量子力学的思维方式,而古典的思想习惯却始终挥之不去,许多人都认为鲍林的想法很疯狂,完全不可理解。这一点也不奇怪,想想爱因斯坦,他老人家都主张如果真有某种物理现实存在,就必须给出它的确切数值,这实际上是量子力学坚决排斥的隐参量思想。就苯环而言,大家理所当然地认为它必须有一个稳定的古典结构式,具有确定的空间结构,否则就谈不上它的"真实存在"。所谓"确定的"空间结构就是两种定态解,其中每个原子都以固定的方式同周围原子键合。然而量子力学的要害恰恰在于它不仅承认两种解分别存在,而且承认两者同时存在,且并行不悖。这和电子的自旋磁矩一样,古典物理可以接受电子分别以顺时针或逆时针两个方向进行转动,却不承认或不能理解它同时以两个方向并行不悖地进行转动。当然,实验结果支持了量子力学的判断，也就是支持了线性叠加原理。学习这个例子可以使人具体而深刻地了解量子和古典物理的基本差别，线性叠加原理确实应当作为新旧物理学之间的分水岭，因为它清楚地展示了两种理论的实际差别。

在鲍林的时代，大家对量子力学都还不够熟悉，不了解更多的事实。现在很清楚，无时间的变化恰恰是量子力学的一个显著特色。例如在量子纠缠中，引入和消除纠缠都是不需要时间的，正因为如此才有超光速的量子通信技术。还有许多与非定域场相关的现象，它们都需要或支持现实物理空间的"超距作用""瞬时作用"的概念，这些都意味着零时延的变化。事实上，微观客体为了维持自己的**整体性**，它在"为我"的物理空间某处一受到外部作用，就会**立即**将这种作用传递到所有的部分，而微观客体的波函数永远是延伸到无限的。因此在客体内部，必须有一种**瞬时作用**以维持其整体性，以对外部作用即时做出**整体的反应**。所以无时间的变化绝非任何孤立的假设或异端，它和其它量子现象是内在相通的，只不过与通常宏观经验相悖，叫人难以理解罢了。尤其必须指出，所谓瞬时作用、超距作用等，都是"为我"世界的语言，是从"为我"世界进行观察的结果。好比纠缠和去纠缠，那是粒子自己的行为，本不在宏观世界或"为我"世界获得宏观的时空坐标，哪里会有什么"瞬时作用"或"超距作用"呢？没有"时"和"距"，何言"瞬时"和"超距"？

最荒唐的是苏联的哲学家们还曾经就此掀起了一阵批判鲍林"唯心主义共振论"的浪潮，把一个具体的科学概念或新的科学思想人为地上升到哲学的高度，背后还有政治的影响。这是一种粗暴和武断的做法，但凡自己不理解、不喜欢的东西，就通通斥之为异端邪说。然而科学的发展总是要不断突破原有的思想框架，以新观念和新思想奠定新的概念框架。就量子力学而言，我们恰恰面临着从"为我"到"自在"的过渡，绝不能以僵化的态度对待古典物理和哲学唯物主义，仿佛背离了古典物理就是背离了唯物主义，这是完全不可取的。

第六章 对时空观念的挑战

时间的不可逆性

牛顿的运动方程、麦克斯韦和薛定谔方程对时间反演都是对称的,即是说把时间变量 t 反符号,代为 $-t$,方程均不会有实质变化。这被理解为**微观可逆性**的根源,即**基元**过程反方向进行是完全可能的。好比容器中的气体或液体,假定让分子运动全部反向,将不会引起实质的变化。这在相互作用和能量的层次上说,完全可以接受。然而在信息的层次上则不然,因为信息传递始终是不可逆的:接受了信息便不能再**还原**到没有接受信息之前的状态。在最低的层次上,假定两个粒子相互作用,它们交换了能量和动量,同时也交换了信息,这个信息就记录在粒子接续的状态中。能量、动量可以设法还回去,交换的信息却不能返还(已经生成的状态不能随意改变,如要改变则需要另外的相互作用,破坏了问题的条件)。在较高的层次上,情况更是如此,计算机中对一个存储单元输入一个数据,然后将其抹去,这可否看作过程"可逆"呢?不能,因为写进和抹掉都会耗散能量,这些能量将会在环境中留下难以消弭的痕迹。

但这种微观**不可逆性**并非宏观不可逆性的根源,即便两个粒子交换了信息,它们其实并没有宏观后果。事实上,信息的作用在于控制,粒子之间交换的信息并没有其中哪一个表现出更高的"选择价值",控制系统的后续发展。系统的后续发展有另外的**价值评判**体系。什么评判体系呢?它依赖于所需要实现的**目的**。没有目的,什么都无可无不可,那就没有任何选择价值。地震和其它自然灾害对人是负面行为,因它们危及人的生存,但自然界本身却**无所谓**,天崩地裂就天崩地裂,不过山石的重新堆积,无所谓好坏。目的范畴当然很大一部分是和人或其它智慧生物的有意识活动分不开的,而这些有意识活动的目的归根结底在于**求生**（因智慧附着在生命体上）。但在**前意识阶段**，没有明确的意志控制，自然界本身也有可能表现出发展的倾向性。观察人类社会，这虽然有人的求生欲望所产生的强大控制力量，但因人数众多，认识总需要一个过程，加之社会形态本身的变化，并不是每个时刻都有代表整体利益最佳化的统一意志在实际主导。相反，这个过程其实有很强烈的自发趋势。然而我们注意到，社会的进程始终沿着使复杂性更高的方向发展。从原始社会到现代社会，社会的组织和复杂程度不知提高了多少倍。生物进化也一样，从单细胞到多细胞，然后是腔肠、两栖……，直到哺乳动物，同样有复杂性的不断增高。就广义的自然界而言，它的复杂性如何变化，普里高津有过很详细的分析和讨论[①]，有兴趣的读者可以参考他的原著。仅就时间的不可逆而言，自然界发展的大链条代表了时间的单一方向，这是凭借人的感觉就能认知的。因此，按照经验的实在性，可以确定时间的单向流逝。这个发展是不是要从宇宙**大爆炸**开始，恐怕不行，因为这方面的研究尚缺少最终的实验判据。

作为目标结构的状态，热力学上有三种可能：平衡态、一般的非平衡态和非平衡定态。一般情况下，平衡态缺少发展的活力，甚至可称**死态**，它是系统自发趋向的目标，有控制的活动多半不会选择它作为目标结构。至于一般的非平衡态，由于其瞬息万变，难以把握和控制，通常也不选择它。前面举过的**吐烟圈**的例子表明，只有非平衡定态适合选择作为目标状态。就生命现象而言，每个个体都要努力维持其身体的耗散结构（非平衡定态）不变，所以趋向这种结构比使这种结构解体具有更高的选择价值，它是引致（宏观）过程不可逆性的根源。没有必要从微观或动力学的角度去探索微观的不可逆性，因为动力学方程中的时间与微观客体的关系并不像宏观的时间与宏观客体的关系，（严格来说）微观客体是否像宏观客体那样具有时间的特性尚需存疑，因为这些客体有那么多的**反时间**特性，我们不能轻易断言它们存在于我们感知的时间之中，把我们的时间强加给它们作为其固有的特性。

---

①G Nicolis, I Prigogine. Exploring Complexity. New York：Freeman Ltd Co., 1986.
G. 尼科里斯, I. 普利高津. 探索复杂性. 罗久里, 陈奎宁译. 成都：四川教育出版社, 1992年版.

第六章 对时空观念的挑战

波函数无边界

现在来看与空间相关的问题。由于离开了宏观的时空观念我们就无法思考，所以总要把微观客体尽行纳入其中，通过宏观的时空去理解它们的行为。一个表面上合乎逻辑的推断是，微观是宏观的组成部分，假如宏观物体已在空间，组成它的粒子如电子、光子等，岂能"逃出"空间？但是，人们不会注意到，当尺寸不断缩小时，时空的性质早已悄悄变化了。从场不能作为参照系的结果也知道，光子或电磁场**并不在**空间中，或者至少不像通常的连续介质那样包含在空间中，这就算是"逃逸"了。电子虽不像光子一样逃逸，但只要它不和实物发生相互作用，我们就不知它在何处。另外，即便给出了电子的"坐标"，也不能认为它就是电子的特性，像宏观物体的坐标一样。因为采用古典力学量来描写电子只是一种权宜之计，假如当真，那就等于接受隐参量的思想，那是万万不可取的。然而离开了宏观的时空观念我们却无法思考，所以波恩无论如何必须对波函数做出统计解释，即它在某个空间点的绝对值平方就是发现粒子在该处的概率：

$$p(x, y, z) = |\psi(x, y, z)|^2 \qquad (6-7)$$

不过，即便如此，我们仍不能断定粒子无论如何也跑不出(x, y, z)或实三维空间的范围，因为在量子力学中坐标表象只是一种**选择**，而非**必须**，我们完全可以选择动量表象，于是波函数就该写成$\psi(p_x, p_y, p_z)$，其绝对值平方是发现粒子动量为p_x, p_y, p_z的概率。如此一来，粒子还在现实的物理空间吗？其实，我们可以施行任意的坐标变换，或选择曲线坐标，哪怕它很可能将问题复杂化，但原则上却是允许的。我们有：

$$\begin{cases} u = u\ (x,\ y,\ z) \\ v = v\ (x,\ y,\ z) \\ w = w\ (x,\ y,\ z) \end{cases} \quad (6-8)$$

将 u, v, w 代入波函数，而此时 u, v, w 不论有多少解释，都不再是现实物理空间的坐标。因为 u, v, w 是从 x, y, z 经变换得到的，取代了 x, y, z 的地位，它们应当看作是新的信息通道。所以在坐标空间写出波函数**不能证明**粒子的空间特性或它**属于**现实的物理空间，而只能看作微观客体运动状态的信息转换到了人能接受或理解的古典空间坐标，以这些坐标为信息传送的通道。一般来说，外部客体的运动状态的信息，由于其物理本性，不是任何通道都适合传输，因为通道本身也有物理本性，适合与否取决于双方物理本性的匹配程度，有没有恰当的物理相互作用能将客体运动状态的信息转移到通道上，显示为通道的物理状态。好比测量电流，系统的电流强度通过磁效应可以转换为指针的不同偏转，这才使电流测量或信息传输成为可能。不能假定我们熟悉的时空坐标是万能的，可以**触摸**任何系统的运动状态，只能假定通道的物理本性允许改变或调整，使其可以探测更多感兴趣的过程。这在数学上就体现为（6—8）式表达的坐标变换，所以，这个公式表现了人类潜在的认识能力，可能接受更多的信息。但是，u, v, w 不能解释为"不同的时空"，因为人脑不能想象任意的曲线坐标变换，u, v, w 就是新的信息通道，不是客体的空间特性。因为对于时空，除了由宏观经验产生的，我们根本想象不出其它任何形式。

需要强调一个重要事实，即描写微观客体状态的波函数在现实的物理空间中都**没有边界**。有各种各样的波函数，最简单的是不受任何外部作用，只做匀速直线运动的自由粒子，它的波函数是简单的平面波，或波前（wave front）为平面的一种波动：

$$\psi_k(\boldsymbol{r}) = A\exp(\mathrm{i}\boldsymbol{k}\cdot\boldsymbol{r}) \quad (6-9)$$

这里 A 是归一化系数，$\boldsymbol{k}$ 是平面波的**波矢**，它指向波传播或粒子动量的方向，数值则和平面波的波长 λ 成反比：$k = 2\pi/\lambda$。从德布罗意关系 $\lambda = h/p$ 可得粒子的动量为 $\boldsymbol{p} = \hbar\boldsymbol{k}$。自由的平面波可以扩展到整个无穷的物理空间，而且空间

第六章 对时空观念的挑战

的每一点粒子出现的概率都相同，即是一个常数。这样的波函数的概率振幅当然不会衰减。其它波函数虽然会使在空间发现粒子的概率不尽相同，却仍然保留它在现实的物理空间中没有边界的特点。通常认为，波函数具有统计解释，即它的绝对值平方对应于发现粒子的概率，于是在波函数数值很小的地方便可以"忽略不计"。其实这个观念并不正确，发现粒子的概率和粒子本身的"时空特性"（实际是它们在"为我"的时空中的表现）是两个不同的概念，不能以波函数的概率分布作为粒子**形状**的依据，分布得广，粒子就大，否则就小。这个概念没有任何依据，也不属于统计解释的内容，但它确实影响很广泛。事实上，统计解释暗含的内容是依然把粒子看作**点粒子**，依然保留了空间的连续统结构。然而大家知道，点粒子的概念会带来严重的问题，以至理论物理学家不得不采取从未得到严格论证的所谓**重整化**手续①去消除其后果。但是，正如朗道指出的，有限尺度的粒子与（狭义）相对论又会有冲突。这个**两难**所反映的不是别的，正是把古典的时空概念简单外推或强加给微观客体造成的矛盾，我们应当寻求别的办法来使自己摆脱困境。首先要知道，波函数赋予粒子以非常不同的特性。

拿晶体中的电子来说，它有两种典型的状态：扩展态和定域态，扩展态的电子波函数，因为是按**周期性边界条件**②求解的，它和晶体的尺寸**一样大**，意思是在晶体的宏观体积内都能找到电子，因其波函数是一种被周期函数调制的平面波，叫作布洛赫（Bloch）函数：

$$u(\boldsymbol{r})\exp(\mathrm{i}\boldsymbol{k}\cdot\boldsymbol{r}) \tag{6-10}$$

式中 $u(\boldsymbol{r})=u(\boldsymbol{r}+\boldsymbol{R})$ 是周期函数，$\boldsymbol{R}$ 是晶格格矢，$\boldsymbol{k}$ 是平面波波矢。平面波的波前为平面，扩展到整个空间，晶体中的布洛赫函数和平面波很相似，也扩

---

①点粒子或把粒子当成"点"导致的主要困难是使计算结果出现无穷大，这对有限的相互作用显然是不合理的. 现在并没有合理的计算模型能够避免这种情形发生，只能"硬性地"把无穷大的部分抹掉，只留下有限的结果，这个手续叫作"重整化".

②因为晶格具有重复性，晶胞就是最小的重复单元，所以求解晶体的薛定谔方程时可以合理采用一个"周期性边界条件"，即假定（方形的）晶体可在三个坐标轴的方向无限重复，此谓之周期性边界条件，如此获得的解具有布洛赫函数的性质，即正文中（6-10）式中被周期函数 $u(\boldsymbol{r})$ "调制"的平面波.

展到整个晶体,区别只在受周期函数调制,粒子在空间出现的概率不再是常数,但也不会衰减。晶体中的价电子基本上处于这个状态,因波函数扩展到整个晶体,可在整个晶体中游弋,不限制在任何特定区域,所以称为**扩展态**。不同扩展态的能量只略有差别,差不多是**准连续**的,组成晶体的**能带**。能带不同,晶体就不同,因此有金属、半导体、绝缘体的区别,这是当今集成电路的基础,支撑着我们的信息时代。

晶体中还有另一类电子,它局限在个别的原子周围,一般不会跑远,像被原子束缚了一样,因此叫作束缚态。例如半导体中的杂质原子,周围就有这样的束缚态。处于这种状态的电子不能在整个晶体中游弋,它们的波函数离开杂质原子后衰减得很厉害,在远处出现的概率几乎可以忽略不计。然而,这种"忽略不计"只是说发现电子的概率,而不是电子本身的存在,两者的意义完全不同。电子的波函数作为电子的唯一表征(没有其它表征),**必须百分之百保持完整**,须臾不可毁损,一丁点儿都不行。不能给定一个"误差范围",小于它就可以忽略不计,因此定域态波函数同样是扩展至无穷的,没有边界。定域态之所以定域,一般是有一个强大的指数衰减因子,在某个范围之外,数值就变得很小,但它绝不在有限的距离上衰减到零。然而,就维持粒子的完整性而言,无论多小都不能忽略,这是一个原则性问题。

是否存在一个清晰的边界,跨越它之后,波函数就变成绝对的零?这个问题在一开始学习量子力学的时候就回答过了,答案是:没有边界,除非有一个**无穷大的势垒**,而这种势垒在现实中是不存在的。为什么?因为有一个著名的**隧道效应**,即粒子对势垒都有一定的**穿透能力**。假如在波函数的传播路径上安排一个势垒,希望阻止它前进,在古典物理中这很容易,只要势垒的高度高于粒子的总能量就行。然而量子力学中情况不同,这个势垒必须是无穷大,否则波函数总会在势垒中留个指数尾巴,证明它有一定的**穿透能力**。这个结果不难理解,假如势垒的高度大于粒子的总能量,那么粒子的动能只能是**负数**。负动能在古典力学中是不能想象的,因为动能与速度的平方成比例。可是在量子力学中,动能为负意味着粒子的波矢 k 是**虚数**:

$$E_k = \frac{\boldsymbol{p}^2}{2m} = \frac{(\hbar \boldsymbol{k})^2}{2m} = \frac{\hbar^2 \boldsymbol{k}^2}{2m} \qquad (6-11)$$

第六章 对时空观念的挑战

注意，用指数函数表达的平面波，当波矢 k 为虚数时，和前面的虚单位相乘则变成负数，于是平面波就成为一个实数的衰减因子，表明波函数将以指数函数的形式深入势垒内部，在其中留下一个长长的指数尾巴。这个尾巴不管粗细（衰减得快或慢），永远不会是绝对的零，除非矢径 r 到达无穷大。这就证明任何波函数，包括束缚态或定域态波函数都没有边界，不可能用有限的势垒来框住波函数。对任何有限的势垒，波函数都有自己一定的穿透能力，而且尾巴一直伸向无穷。既然如此，把波函数或微观客体"塞进"我们的现实空间就有问题，这彻底动摇了空间作为无所不包的**容器**的古典概念。依照常识，容器总该比它盛装的物体尺寸大一些，必须能容纳物体最大的线度或直径。宏观物体都有明确的边界，大小和形状均已界定，无限的空间作为**容器**没问题。可是对于微观客体，它没有边界或尺寸、形状，线度永远和想要装它的容器或无限空间**一样大**，怎么装得下？何况微观客体的数量不可胜计，个个都通向无穷。这证明把宏观的空间概念直接应用到微观世界反而会出毛病，它不能随便强加或外推给微观客体。

微观世界的"时空"特性

有了这么多重要的矛盾现象，我们还能对微观客体放心地使用时间和空间的概念吗？恐怕很难。基本逻辑在于，不能把坐标、动量等与古典时空观念相匹配的力学量看作微观客体固有的，就像宏观物体拥有这些力学量一样。当初波尔和海森堡提出采用古典物理学量的**原则必要性**时并不认为这些量或特性是微观客体固有的，而只是作为一种权宜之计，不得已而为之，因为我们的头脑无法理解或想象别的东西。微观客体所固有的是波函数或态矢量，只有从它们直接推演出来的才是微观客体固有的,否则就不是。本征态有些例外,力学量**凑巧**有确切的测量值,但一般态却不行。这里用得着爱因斯坦的标准,如果是现实的要素就该有确切的数值,而不是平均值,否则量子力学将坠入隐参量的泥潭。假如能用参量形式来表达量子态的所有特性,那么量子态的信息便能从申农信息通道**全部**读出,波函数的结构信息就能和申农信息严格匹配。但结构是不连续的概念,无法编序,申农信息恰恰是容许编序的特殊情形,不可能把特殊推向一般。

但古典力学量这个**权宜之计**也是不可避免的,因为除了它们,我们无法思考,这是洛克的认识论原理施加的限制。为什么会这样?人们可以进行形象和逻辑(语义)思维,对信息进行加工。形象思维加工的是结构信息,但须以形象的记忆为前提,而形象记忆依赖感觉过程,有相应的**记忆痕迹**,这些痕迹是十分有限的。逻辑思维,尤其是数学运算能摆脱形象的限制,进入分析的领域,但人脑的运算速度很低,加工能力非常局限。这些在下一章结合思维本性还将进一步说明。

从上面列举的事实来看,我们很难赋予微观客体本身以"时空"的特性,当对它们写出时空的"点"(x,y,z,t)时,不能认为它代表微观客体的时空坐标,只表示将要在这一"点"(观察者选定的)考察它们与宏观客体的相互作用,从而了解其运动特性。静质量为零的场不能作为参照系,因此(x,y,z,t)不属于它,这不消说了。即便静质量不为零,(x,y,z,t)也不是它的固有特性(不属于描写它的显参量和隐参量的系列)。取定这个宏观的时空点只是人选择的信息通道,用来获取微观客体的信息。

从这个角度来看,有些关于时空特性的证明就值得商榷,例如空间的三维性。空间的维度很早就有人关注了,最早的证明包括**神经网络的论据**,即如果空间只有二维,那么神经元之间就不能立体连接,只能像地面交通那样纵横交错,它将会造成许多混乱。这个理由诚然是对的,但它只属于**必要**而非**充分**条件。此外是从万有引力定律、库仑定律等具有**平方反比律**的形式出发的更为细致的证明,但其中一些细节和引入的假设并不一定能接受检查,使人满意。近年来的发展则似乎显得更为"深入",主要是动力学的能量原则。但是这类证

第六章 对时空观念的挑战

明的前提是要有清晰的时空定义，而这恐怕是很成问题的。我们一再强调，没有统一的、宏观和微观通吃的时空连续统，微观的"时空"不是古典时空的缩小版。不仅如此，这类"证明"还常常引入一些涉及无穷大的假定，其合理性更值得怀疑。例如假定宇宙的能量为一个"常数"，这就令人吃惊。须知，涉及无穷大就谈不上任何"常数"。

事实上，能够清晰定义的只有宏观或古典的时空，而这个时空具有经验的起源，那就只需经验的证明就够了。这个证明就在我们的头脑里，即我们感觉距离的方式。中耳有三个互相垂直的耳蜗，它们应和我们接受外界物体距离信息的方式有关，因为它们控制身体的平衡。三个耳蜗就是三个通道，没有第四或更多的通道，这必须反映到**记忆痕迹**中，而我们对空间的**理解**或**认知**必须通过记忆痕迹，和这些痕迹进行比对。没有与第四个维度相对应的直观形象，所以我们只能理解三维。由于这个道理，安放在物体上面的便只有长、宽、高，第四个维度是无论如何安排不上去的。这中间脑神经活动的细节还有待将来的说明，但大体的框架人们很早就注意到了，并且将它作为空间维度是三的主要证据。

因为微观客体的"时空"特性有如此多的反常，能否猜想它们是在"另外的时空"里？特别是当联想到"外星人"的时候经常会听到类似的说法。那么请问："另外的时空"是什么"时空"？这个问题很难回答，因为表象能力的限制，"另外的时空"根本无法描述，实际上也完全无法定义（想想定义的逻辑条件）。古典的时空很容易以经验的方式描述，"另外的时空"却不行。可以描述时空的性质或特性，包括弯曲的时空，但"另外的时空"却不同，它可能连"容器"的特性也没有，怎么证明它同样也属于"时空"？"另外的时空"表示有很多的"时空"，那么"时空"的共性是什么？不同的"时空"之间的区别何在？这类说法，多半是因为我们的思维**摆脱不了**时空，而哲学家又喜欢把"时空观念"上升到哲学高度，"脱离时空的存在"是无法想象的。可是物理学从"为我"走向"自在"恰恰就需要想象脱离古典的时空观念该是什么情形。

要点归纳

由宏观经验而来的古典的时空概念在微观世界完全不适用，采用它将导致朗道指出的微观客体既不能是"点"（它导致计算结果的无穷大，必须以理论根据不足的重整化手续人为消除），也不能具有有限尺寸（在相对论中，它不能保持稳定）的两难，这个两难只能以抛弃古典时空概念本身来解决，没有折中的方案。不对微观客体使用古典时空概念，这些客体就变成了没有位置，也没有几何形状的抽象物，它们是实物，可以描写为量子态（如果写为波函数，则只有波函数的数学结构），却不具有古典的时空特性（位置和形状），因此它们超越了古典的时空表象。

由于表象或形象思考的能力只能限制在直观的古典时空的范围内，微观客体的时空变量只是我们获取它们运动信息的通道，仅有工具性质，不属于客体的特性，和古典物体不同。当我们说粒子在某处时只表示在思想中进行了古典测量（或理想实验）。一般情形下，不可能获得量子态的全部信息（测不准关系），这是由于量子态的结构信息不能严格（不多不少）地转化为与通道相匹配的申农信息，所以在古典描述中，微观客体的状态具有随机性（波函数的统计解释）。

非要在古典时空中想象量子态，就必须承认每个波函数都是无界的，都趋向无穷，尽管在远处发现粒子的概率极其微小，但从保持离子的整体性来说却不容忽略。此外，需要容许量子态的无时间的变化（线性叠加原理蕴含的共振态概念），否则将和波函数趋向无穷的事实不自洽（如果没有无时间的变化，量子态就不能维持其整体性）。

如何理解"超距作用"？以解除多粒子态的纠缠时产生的信息传递为例。

第六章 对时空观念的挑战

首先,"距"或距离是古典时空的概念,是对微观客体采用本不属于它们的古典特性,这时波函数(量子态)本就是无界的,延伸到无穷远。因此波函数的任何变化都影响到"全空间",这是由波函数的**整体性**——无穷大的整体决定的。波函数的整体变化只在**粒子内部**进行,不需要时间,不属于相互作用的传递,自然不受相对论的"光速是任何相互作用传递的极限速度"的限制。微观客体的波函数,作为一个整体,它可以发生任何变化。而这种变化,表现在古典时空中(因为人或观察者永远在这个时空中)都是超距的、瞬时的。好比波函数在某处受到扰动,其后果(引起的变化)都会瞬时地到达全空间。

洛克的认识论原理指出了人的表象能力的限制,这道理其实不复杂。下一章将会说明,表象是由感觉过程形成的,是外部信号在头脑中留下的记忆痕迹,这些痕迹包含在神经元的突触、树突等次生结构中,带有硬件性质,不可能在思考过程中灵活变动。因此,人能想象的东西总共就那么多,不能超越(记忆痕迹只能拼出那么多图像)。波粒二象性就是不能把粒子和波动的形象糅合在一起,所以,物理概念和人这个认识主体密切相关,没有"纯客观"的物理学,因为认识结果总和认识主体相关,这是广义的**人择原理**,或对**认识主体**的相对性。正因为有这个相对性,物理学才需要从"为我"走向"自在",即考察事物的本来面目。

第七章

物理学对高端现象领域的应用（一）
——思维的本性

物理学的特殊使命

由于物理学的基础地位和广大的适用范围，物理学家要学会居高临下，采取开阔的视野，想象自己作为独立的认识主体来面对整个外部世界。一说到世界整体，哲学家向来以为是他们的领地，其它学科都只是分门别类进行研究，是"局部"而非"整体"。这其实包含一个严重错误，因为世界并非"李尔王的领地"①，只是个平面；相反，它是个**发展的大链条**，其多样性或五光十色是以各种最简单的物理过程为基础合乎规律地产生的，从化学（无生命），生命，思维（意识现象）直到最高端的社会现象都历经过自然的历史进程。当进到高端现象的领域时，低层次的现象**并不消失**，而是**作为基础继续包含其中**。因为一旦基础丧失，那就什么都没有了，所以物理学决不限于任何特别的领域，它**无处不在，任何系统归根结底都是物理系统**。思考过程中有大量的神经脉冲（基于电化学过程的电磁脉冲）在活动，即便高级的人类社会，基本的物理规律依然起着应有的作用，起码万有引力就决定着人的饮食起居（日出而作，日落而息），决定人体需要肌肉的力量移动重物，进而产生交通运输、航空航天等工业部门。这就给物理学提出了一个问题：**当运动进到高级现象领域**

---

①《**李尔王**》是英国著名剧作家莎士比亚的一出名剧，剧中李尔王把自己的领地分割给三个女儿后自己便一无所有了．这个故事被用来形容科学的发展，一开始大家只是面对生活中遇到的各种迷思，有五花八门的问题，但却混在一起，毫无根据地瞎猜，分不出什么子丑寅卯，属于**一般科学**的阶段．然后人们才逐渐把类似或相关的现象归并在一起，开始分门别类地研究，成为后来的物理学、化学、生物学等专门学科．专门学科涉猎的问题越多，一般科学的领地就越小．只有醉心于**普遍现象**的哲学家才自认担当了考察囊括各个基本现象领域的普遍规律的任务，成为一般科学领地的**留守者**．

第七章 物理学对高端现象领域的应用（一）

时，物理规律该怎样发挥作用呢？一般来说，高级运动形式既然是在一定条件下合乎规律地产生的，它就该是低级运动形式的特殊表现，如血液循环是一般流体运动的特殊表现。由此看来，各种物理规律在高端现象领域都该有自己的特殊表现，这不是一个小问题，而是关乎该现象领域各种规律的非常实质的问题。例如，当进入生命现象的领域时，死和活的界限该如何划分？活物的**自我治愈**能力是怎么回事？它们都该有自己的**物理解释**。这件事曾经折磨过许多物理学家，因为热力学第二定律曾经断言孤立系的熵增，表面上和生命现象的秩序井然有些抵触，薛定谔还为此专门写了一本书叫《生命是什么？》（*What is Life?*）。只可惜那时条件尚不成熟，他的书并未真正解答生命起源的问题。对思维和社会现象都可以这样提问，包括人的自我意识、意志自由、社会的层次结构等也都该有而且**必须**有自己的物理解释。

这意味着，作为最基础的实体学科，物理学不能独善其身，自己管自己，而是**有义务**替各个现象领域打地基、盖房子、锻造核心，实质是在关键问题上替它们纾困，这是物理科学的一项特殊使命。也就是说，它不仅要为高端现象的学科一般性地提供可靠和必要的基础知识，而且要参与和协助解决它们最核心的理论问题，建立主要的概念框架，让**高端领域学科的基本概念同物理接轨**，从物理派生或演绎出这些基本概念来。简言之，打造基础科学的殿堂，物理学要承担主要责任，除了要管好自己，还要管化学、生命科学，直到思维（心理）和社会科学，门门都管，而且责无旁贷。因此，物理学家必须**好为人师**，把各种基础知识推广、介绍到各个现象领域。假如做不到这一点，那么科学知识就绝对会有遗漏，无法建造完整和健康的文明。

千万别以为物理学只消满足于将自己的成果推广、应用出去，为其它学科提供技术支持，例如为医学提供 X 射线、超声波、激光和核磁共振等技术，它们既是检查手段，也是治疗方法（如激光手术刀之类）就够了。这方面的情况人们已经熟知，但绝大多数人却不知道，物理学还要回答生命科学最核心的理论问题：**生命是什么？生和死的界限在哪里？**一个优秀的医生，他挽救了许多病人的生命，但他未必能从理论上明白和准确地划分生和死的界限。为此他得知道非平衡过程的热力学，懂得耗散结构的基本原理。假如不能用物理去解释生命的起源，那么就会导致神秘主义，从上帝造人到莫名其妙的"活力"，它们都是在物理学来不及问津这个现象领域时乘虚而入的。其影响至今仍未彻底消弭，尤其在宗教势力依然庞大的地方继续大行其道，控制着人们的思想。物理学的技术应用当然是它服务社会的主流，它本就该是技术革命的科学先导，这点谁也不能否认。然而在另外的方面，由于物理规律的基础性，它还同时牵涉各门基础学科的理论思想，甚至融入我们的世界观。正如黑格尔所说，每门科学都是实用的逻辑学，因为它在自己的范围教导人们如何思考。因此，物理学需要把人们对各种现象的认识带领到科学的方向，不能让糊涂、神秘和错误的观念占了上风。许多人至今仍然习惯性地、动辄便以某种臆想的超自然的力量作为解释自然现象的根据，这在科学昌明的今天显得越来越荒诞，完全不合时代的节拍。

别以为只有科学素养不高的社会大众或媒体人士才会犯糊涂，即便专业人士、精英依然可能含混不清，每个人都有自己的知识边界，何况还有新的问题不断涌现。比如人工智能的发展促使**机器人**越来越能干，越来越聪明，于是有人担心它们某天会产生自我意识，形成个体意志，反过来"控制"和"征服"人类，使人类成为它们的奴隶，进而归于毁灭。这种媒体的担忧并非空穴来风，追本溯源，它恰恰是从专业人士中散播出来的。虽然多数人并不赞成，却也只能弱弱地自我安慰说"几十年"之内不会。但几十年之后呢？这不仅乱人心绪，而且影响决策。物理学家是袖手旁观还是责无旁贷？须知，回答这类问题须得先弄清思维的本性，它单靠心理学家很难胜任，非得物理学家亲自出手不可。因为说明什么是**自我意识**、什么是**个体意志**，其实是为心理学奠定最重要的理论基础，必须让心理学和物理学互相接轨。只有**双向合龙**方可奏效。笔者近年来有幸系统探讨了思维的本性这个当代科学的前沿①，找到一些线索，因此避免了瞎猜，而是凭借科学的分析来回答**机器人是否会征服人类**的问题（见附录），这种回答比懵懵懂懂去猜、去估摸，应当更有说服力。面对任何问题，大家都把理由摆出来，对与不对岂不一目了然？

类似的问题各个领域都有。原子如何化合和分解？生和死的界限在哪里？

---

①钟学富. 论思维过程的物理机制. 北京：中国社会科学出版社，2017年版.

思维的本性是什么？社会的层次结构是怎么产生的？等等。既然高端现象是作为低端现象的特殊形态表现出来的，那么之所以出现某种特殊形态乃是因为出现了特殊的条件，从而使低端运动不得不进行相应的调整、组合。可以指出，每出现一种高端现象，在低端现象均有相应的异动，否则高端现象不会**合乎规律地产生**。只有把各种物理层次上的特殊条件和相应的调整、组合搞清楚了，高端现象的本质特征才会得到说明，因此，**物理学始终在理论上掌握着高端现象的核心命脉**。

在这样的**大义**面前，物理学家应当主动把相关的知识告诉各个领域的专门科学家，把这些基础学科的**概念理顺**，使所有基本概念都同物理接轨，促使基础学科一起向**演绎**的形式转变，因为演绎才是科学发展的高级阶段。尤其应当知道，基本概念的错误往往是根本性的，具有全局的影响，失之毫厘，谬以千里，错在一点，满盘皆输，因此万不可掉以轻心。

化学是最接近物理的学科，化学家很早就意识到化学的基本问题，即原子的化合和分解属于物理过程，它的核心部分，即外层电子在原子间的转移是形成各种类型化学键的关键，必须用物理的方法处理。精密的量子化学可以通过定量的计算来解释各种键合的过程，是自觉应用物理原理于本门学科的典范。化学家接受物理科学的帮助决不仅止于它精密的技术手段，如光谱分析，而是明白认识到物理学的原理对于本门学科的基础地位。化学中也有过神秘论，如早期的"燃素"说，但它消失得很早，也很彻底，今天有谁还相信可燃物质是因为其中包含了莫名其妙的"燃素"？比较而言，对生命现象的理解就要差一些，克劳修斯（Clausius）的热力学第二定律曾经被误认为是和生命现象相矛盾，更是由于宗教的影响，致使神秘的"活力"论一直盛行。直到20世纪中叶，普里高津等人提出了非平衡过程的热力学，才对此给出了原则的回答，即生命体都是开放系统，和外界有着重要的能量和物质交换，引进了信息流，或者不断吃进负熵，才能维持自身的耗散结构不变（存活），而使其显示"活力"的**自我治愈能力**则是基于非平衡定态的稳定性，在小的扰动之下，它会自动恢复原状。每种生命体的耗散结构都是一个特定的非平衡定态，这比当年的薛定谔前进了一大步。

就几个基本的现象领域而言，化学和生命科学与物理学的接轨已大体完成，只有思维和社会现象两个领域物理学还似乎难以置喙，这两个领域的研究者都满足于在自己狭小的范围内"自圆其说"，丝毫不明白自身在科学体系中的**游离**状态，完全想不到还有和物理学接轨的原则必要性。这不仅和科学面对的世界发展的大链条格格不入，而且等于纵容神秘主义在自己的领域继续横行。且不说今天社会大众中相信神灵鬼怪、灵魂不死，以及因果报应、生死轮回、前世今生等说法的人不知凡几，就连已经颇有成就的物理学家，也偶尔流露出背离科学精神的奇谈怪论，包括"物理和佛学相通"之类。有文章报道，爱因斯坦也曾谈论过人的灵魂，还提过"灵魂出窍"的问题。笔者无从考证其真伪，或仅系调侃。但**灵魂**确实是人们绕不开的一个心结，就连 DNA 双螺旋结构的发现者克里克（Francis Crick）也把他的名著《惊人的假说》加了个副标题"灵魂的科学探索"。"灵魂"是什么？谁给下个定义？如果连思考对象是什么都没搞清楚，讨论它存在与否或有关它的五花八门，有什么意义？

可以斗胆断言，这个定义是找不出来的，如果有，也必定和鬼魂之类差不多，因为它没有实证基础。对付神秘主义的最好办法就是不断向它发出**为什么**的提问，这样一定可以把它逼到逻辑的尽头或墙角，然后就会发现，无论它多么雄辩，却毫无实证的基础。假如它拒绝回答**为什么**的问题，那就等于自己把自己**开除**出庄严的科学大殿，以后就再别混迹于科学的领地了。这是彻底的科学主义的态度，而世界发展的大链条或彻底的科学主义都要求，所有基础科学部门必须使自己的概念和理论与物理及形式科学部门沟通、接轨，力求将概念的定义**技术化**，用**演绎**的方式证明自己，以此来提高自己的科学品格，使内容更加精准和可靠。演绎之所以是科学发展的高级阶段，是因为每个现象领域都要从之前的发展中寻找自己存在的依据。

这里包含着**还原论**的思想，尽管某些高端现象的研究者依然拒绝接受它，不承认高端现象须有低端（最低是物理）的解释，不知游离于发展大链条之外就使自己成为无本之木、无源之水，最后只能坠入神秘主义的深渊。拒绝用低端概念解释高端概念，他们更习惯于含糊、笼统、不合逻辑规范的语言。早期还原论者把高端现象简单归结为低端现象，忽略了高端现象的特殊本质，这是

第七章 物理学对高端现象领域的应用（一）

不正确的。但在**系统论**之后，系统的层次过渡法则以及伴随而来的新质产生的机制已经得到说明，等于改造了旧的还原论，再拒绝承认这个思想就显得毫无道理，因为发展的大链条正是要从低端去解释高端，弄清在什么条件下高端现象才会合乎规律地产生。不过要能真正进入高端，我们还得有相对成形的具体方案才行。这方面物理学家应该当仁不让地走在各个现象领域的前面，因为毕竟只有物理学家才更深刻了解从低端进到高端的机制，它是各个领域基础理论的核心。

本章专门讨论心理或思维现象，目标是思维的本性，它和基本粒子的结构、宇宙模型、生命起源等并列，都是当代基础科学的前沿。我们需要了解各类现象的物理本质，不只是感觉过程、记忆机构之类的外围问题，尽管它们十分重要，而且要直捣黄龙，直奔主题，紧扣核心，抓住自我意识、个体意志这些真正的硬骨头。只有这样才能将世人百般敬畏、挥之不去的所谓灵魂放到物理的概念框架之下，使之**物化**，变成现实的物理或物质过程的一部分，彻底破除神秘主义最后也最顽固的堡垒。至于人类社会的问题，它属于另一个高端现象领域，则留待下一章讨论。

智能系统

进入高端现象领域的头号难题就是现有的种种概念其定义非常不确切，基本没有可操作性，大多只有定性的描述，缺少定量的测度，尤其薄弱的是实证基础，很多只是科学家的个人见解，反映的是各自观察的角度，杜撰的痕迹十分显著。由于定义本身含混，所以理解常常出现分歧，造成许多不必要的**名词之争**，这使数学、物理等精密科学部门的科学家非常不习惯。例如一个首当其冲的难题就是,既要研究人的思想、智慧,那么智慧或智能是什么意思?作为日常生活的语言,它似乎人人都懂,但作为科学概念,那就难说得很。智慧或智能不光活人有,非活物的**机器**也有(人们常说这台机器灵巧得很,很聪明),可见需要有同时适合机器和人的智能概念,这不是轻而易举,三句两句就能说清楚的。

现在计算机科学中流行的智能定义是图灵(Turning)给出的,老实说,他并没什么高招,只能让机器和人一起来答题。假如机器能够把人可以回答的各种问题答对到某个比例,如 70%,那么就认为机器和人的智能大致相同。物理学家一看这个"定义",马上就能找出一大堆毛病,不光答对的比例 70% 是**人为确定的**(为什么不是 80%,95%,…),更主要的是答**什么问题**。假如问题都是 3+2=? 之类,机器定能百分之百答对,这种智能有多大意义?相反,假如都是人类现在感到棘手、科学尚未解答的问题,机器多半一个都答不上来,其智能即等于零。可是要对问题加以界说或选择,限定内容或题型,谈何容易!再说,智能就仅限于答题?人群中,某人被认为更聪明,多半是他有随机应变、创造性解决问题的能力,这可怎么纳入智能定义?创造性又是什么意思?

既然三言两语说不清楚,那就只能从分析机器的活动入手,但要紧紧抓住**信息控制**的核心。最简单的是一台电力拖动的机器,如将麦子磨成面粉的磨面机,它只有一个控制开关,开或停,两种状态,一个比特的信息。稍微复杂点的是开关分挡,对应几种转速。这类机器动作简单,变不出什么花样,不够聪明,也承担不了多少责任。假如动作花样多一点,它就不行,得靠人自己操作。比较聪明一点的是**自动**(automatic)**机**,它把所有动作花样编排成程序,事先存储在机器的控制部分(地位相当于"开关"),然后由程序自动控制机器的工作部分如何动作。例如一台金属切削机床的工作部分是刀具和夹具。刀具管走刀:前进、后退、上下左右等;夹具则带动加工工件与之密切配合,最后将工件加工成需要的尺寸和规格。自动机虽然迈出了一大步,将机器的运作程序化,显得比较聪明,但依然聪明有限。因为每个待加工的工件并非严格相同,多少有些差异。例如毛坯是从浇铸、翻砂获得的,不可能每个上面的毛刺都一模一样，毛刺大的在切削加工时就需要多走几刀，否则就不能和毛刺小的达到同样的尺寸。可是简单的自动机只能按统一的步骤进行，无论哪个工件都一样左三圈、右三圈，结果肯定不够理想。

要解决这个问题，接下来的发展便是引入**反馈**（feedback），这是个极其重要的概念，它将控制行为变成双向的，不光是控制中心发出指令控制机器的工作部分；反过来，工作部分也要将工作条件、工作情况和工作效果（测量加工工件的尺寸，与目标尺寸进行对比），甚至环境状况，如温度、湿度之类经实时测量后报告或反馈给控制中心，由控制中心对反馈信息进行加工，然后发出相应的工作指令。反馈信号报告了工作部分的实际状况，控制中心依照实际情况办事，发出的指令就不再是千篇一律，只按既定的程序步骤进行，而有更多的针对性、灵活、变通（如毛刺大的坯件多走几刀）。这种包含反馈过程的系统无疑更为聪明，它能根据实际情况**自主**做出决定，控制机器的运作，因此叫作**自主系统**（autonomic system）。笔者在《论思维过程的物理机制》一书中对此有更细致的描述，想深入了解的读者不妨去翻翻这本书。

增加了反馈功能，自主系统的控制中心实际上对其工作部分实行了**监督**，即考察发出的工作指令的执行情况。什么是反馈信号的具体内容呢？它首先应当包含加工工件的尺寸、光洁度等指标，看看它们是否已经符合目标结构的要求，如果不符则继续工作，如果符合则停止走刀。其次是工作部分的工作状态，如夹具是否行走平稳，有无松动之类。第三则是环境条件，包括温度、湿度及其它相关的情况（视机器的不同要求或职能而定）。为了获得这些信号当然必须进行测量，如工件的尺寸、刀具和夹具的温度、供电是否平稳等。控制中心必须能**读懂**测量的信号，而且要对这些信号进行加工并得出新的工作指令，传送到工作部分去。对反馈信号进行加工无疑需要另外一套程序，它规定了对各种情况如何应对和处理，包括夹具歪了、松了，机器该如何反应等。如果不能自行纠错，起码得会停机，然后交由机器的操作者处理。显然，任何具体的机器，应对能力都是有限的（只有有限的应对程序，每个程序的能力也有限），一般要看反常数据的范围，某些可以应对（改变运作方式），超出范围的则无法应对，只能停机。有些特别反常的情况，连停机都来不及，便直接酿成事故。读者可自行设想任何类型的机器，包括巡航导弹，干扰项可包括风力等，机器将如何控制小发动机，调整导弹的姿态和运行轨道，避免迷失目标。

注意这里讨论的机器，虽然类型千差万别，但**机器原理**是一样的，都有控制中心、动力来源（能量供给）、工作部分（体现机器的职能），还有必要的辅助设备（支架、防护设备之类），等等。其中最重要的是控制中心和工作部分，尤其前者，它包含目标结构、执行的工作程序、相关的参数（指工作程序中包含的参数设定），还要接受和分析反馈信号，并对信号进行加工得出新的工作指令，这又得需要一类相关的程序。对信号进行加工并不神秘，它很大程度上就是根据反馈信号给出的描写工作状态、工作环境的数据进行选择，预设了若干选择的范围，在什么范围内如何应对，另一个范围又如何应对。这些选择范围应当包括实际上可能遇到的绝大多数情况，否则机器的实用性就会大打折扣。由于控制中心存储了如此巨大的信息量（工作程序和处理反馈信号的程序或子程序，加上目标结构的数据、工作步骤和各种规范的相关参数，等等），所以它是**高度有序**的（信息量大，自然就有序）。而且它还必须**高度稳定**，不能轻易变更，否则，控制中心一乱，所有的后续步骤就都乱了，很可能发出错误的指令，或者根本发不出任何指令，等于控制中心全部或部分瘫痪、失灵，那就一切都完了。

这些分析表明，**智能**问题的核心其实是**信息和控制**，越是能够高效处理较大的信息量，实现灵活精巧的控制，就越显得聪明，或有较高的智能。但仅仅这样说还远远不够，因为各种活动千变万化，**本事**的类型多得很，**难度**也各不相同。这方面能耐，不等于那方面也能耐。尤其在创新活动中，因为遭遇到随机性，不是什么问题都有现成的解决方案，它需要更多的智慧，因为此时必须实行**决策**，下面将进一步说明。

第七章 物理学对高端现象领域的应用（一）

学习和创新

　　自主系统虽然比自动机大大前进了一步，但依然有很大的局限性，具体体现在控制中心的那套控制机器运作、执行机器功能的工作程序上。这个程序是事先设计好，安装在机器中的。不同的程序执行不同的功能，只有单一的程序本事肯定不大。要想增强本事，变得更加聪明、能干，就需要增加程序，多来几套，才能做更多的事情。当然，程序多了，动作花样也会更多，这便要求机器的工作和其它部分适当配合，增加相应的配件，重新调整工作部分的结构。好像收割机不仅会收割，而且还会脱粒，那就不仅要增加脱粒的程序，还得增加脱粒的机具，甚至其它的辅助设备，如脱粒后秸秆如何处理等。

　　原则上有两种途径可以增加控制中心的控制程序，一是**学习**，二是**创新**。简而言之，学习是植入已有的程序，创新则是编制尚未有过的全新的程序。两者的相同之处在于都是增加新的控制程序，可是增加的办法却大相径庭。需要明了两者的实质区别。

　　先说学习。顾名思义，学习是学习已有的、现成的东西（程序），把它们植入机器的控制中心。这有不同的情形，最简单的一种是输入，如下载和安装，增加一类 App 就增加一种特定的功能。另一种稍微复杂点，它是通过执行一段程序，在机器内部自动产生另外的可执行程序，它具有特定的功能。例如在数值计算中，有可能需要某些表达式或公式，而公式形状十分复杂，人工输入既麻烦又容易出错。但机器可以**推导**这些公式（执行推导公式的程序），将得到的结果（获得的公式）安装到机器中作为执行的工作程序。这也是一种学习：增加了数值计算所需要的公式或程序，可以计算更多的东西。看得出来，学习过程最大的特点就是**没有不确定的因素**，即便程序不是现成的（如数值计算的公式），但推导它的过程是执行一段确定的程序，只要按部就班进行即可，没有必要进行**新**的**决策**。这个特点是学习过程的本质，与**创新**活动有根本区别。人类的情况正是这样，学校教育大体上只是传授成熟的理论和基础知识，每道练习题都已有了答案，尤其理工科专业更是如此。

创新则是完全不同的情形。首先是创新的必要性，为什么要创新？假如已有的程序足以应对所有遇到的实际情况，且结果令人满意，那就没必要创新，沿用已有的老办法，照章办事即可。创新之所以必要是因为遇到了**现成程序意料不及的情况**，先前的旧设计不能满足新的实际需求，不能再照老办法行事了，这才需要创新，寻找新的解决方案。最简单的情况就是某些控制参量超出了先前的范围，例如原先的电压是 125 V，现在要提高到 220 V，还有交流变直流之类。当然更多的时候是引入了全新的技术，例如将手术刀从锋利的不锈钢变成了激光；某些生产工序变成了自动化控制，整条生产线需要重新安装；最后就是发现了新的现象，设计了新的工艺流程。这些过程中都有未知的东西或不确定的因素。

所有的创新活动都必然包含未知的不确定因素，它们带有**随机性**，不在预料之中，因此需要新的决策。随机性和创新活动之间有着本质的牵连，这点和学习活动完全不同。虽然如此，实际上也还有不同的情况，即完全被动的与尚有某种程度的主动性。前者如环境的变迁，甚至突变，需一切推倒重来，从头做起；后者即如出现某项新技术，已在某个领域实现，其优点可能移植到本部门，推动新的发展。即便是后者，同样包含随机性，因为出现**哪种**新技术，它和原有的技术区别在哪里，可能有某些相似之处，也可能毫不相似，这些都不能事先预期。而把该技术引进来，尚不知有多少难点或遭遇什么新情况，能否顺利解决。一切必须经过研究、探索，实行新的决策，才能解决出现的问题。

实行新的**决策**，但决策方案不可能一蹴而就，多半需要尝试，一步一步来，目的是得到**最佳**的处理方案，这个最佳化是创新或决策过程的核心和关键。达不到最佳，创新的尝试一般不会终止。当然，最佳也是相对的，依赖于环境条件，以及与其它方面的连接和配套。回忆前面讲过的道理，实际问题都

第七章 物理学对高端现象领域的应用（一）

是**条件变分问题**，和一般物理学中遇到的问题完全相同。学习过程中是不需要决策的，一切都已有了现成的答案。而创新则不同，它不但需要决策，而且需要最佳的决策，这才是智能的最高境界。当然，依赖于问题的难度，智慧还有高低之分。

在实际生活中，学习和创新常常**交错进行**。在大的创新活动中，可以嵌入若干学习活动，把某些现成的工艺和手段组织到创新的目标中来。在学习过程中，由于个人的情况不同，也常常有小小的创新，或称创造性学习。不排除在学习过程中对已有的理论有新的认识和体会。

自我意识

我们要从普遍的机器原理的角度来讨论自我意识，而不管这个机器是由金属、塑料构成的，还是生命体的血肉之躯。对于两种机器，人造的（金属、塑料）和自己生长的（血肉之躯），表面上差别很大，但对智能的讨论却并非实质性的。为什么？因为这种差别主要影响能量的来源，与信息和控制没有直接关系，能源和信息控制是相对独立的论题。金属和塑料的机器必须从外部获得能量（电池、发电厂等），而血肉之躯则可自己从环境获取能量（同环境发生物质交换、呼吸、吃进食物等）。比较而言，由活机体自行摄取能量的供应时间较长，实际上等于生命体的寿命，对于高级生物，如人类，寿命已达七八十年，还可进一步延长，其间能量供应决不中断。但外部电源，哪怕同电池相比寿命更长的发电厂，也根本做不到这点，哪个电厂是几十年不检修的？一检修供电就会中断。它所支持的非平衡定态（耗散结构）就会立即坍塌。这就是为什么自然界的发展一定要产生生命体：活机器优于死机器，它能更长期地维持机体的耗散结构,奏出更丰富多彩的生命乐章,为自然界的持续发展提供必要的条件。看看地球上生命的多样性,再回顾个人的生命旅程,假定人的平均寿命每个时期都削减一半,社会演进的速度一定锐减,因为那些需要长期累积才能获得的个人成就通通化为乌有,而它们多半是各种进步的关键。

可以认为,活机器和死机器之间并没有什么不可逾越的鸿沟,虽然两者能量供应差别很大,但从信息和控制或普遍的机器原理来看却是一模一样的,只要满足相关的条件,它就会有高度发展的智能出现,包括**自我意识**、**个体意志**在内。在这个意义上,自我意识和个体意志并不神秘。现在最好的机器人都没有自我意识,为什么?许多人看见机器人越来越聪明,便忍不住猜想它们将来会不会产生自我意识和个体意志,甚至"征服人类",这种担心将会被证明为是杞人忧天。因为自我意识和个体意志既然是合乎规律产生的,人就可以控制产生它的条件。本书附录中专门分析了机器人是否会控制和征服人类的问题,它不是简单的猜想,而是有分析、有根据的普遍科学原理的逻辑论证。

在什么条件下机器会产生自我意识和个体意志呢?先得把什么是自我意识和个体意志搞清楚。这是两个既独立又相关的问题,实际上是导致所谓**灵魂**概念的核心。但凡鼓吹某种**非人**的古灵精怪,或者"出窍的灵魂"(游离于肉体之外的灵魂),一定主张它们和人一样具有自我意识和个体意志。把这两个概念从物理上弄清了,最神秘的灵魂也就解套了。

先说**自我意识**,它究竟是什么东西呢?早期的存在主义哲学提出了一个颇带神秘色彩的问题,叫"**我之为我**",意思是"我为什么是我自己"?乍一看来,这个问题还真不好回答,说得最多的一个"我"字居然没有定义。笛卡尔还有句名言,叫"我思故我在",用思考的行为来证明"我的存在",可是"我"究竟是什么依然没有明确的答案。

物理学家根本用不着跟着哲学家屁股后面去玩概念游戏,自己把自己搞得糊里糊涂。这个问题其实很简单,自我意识无非是说**我对自己的感觉和感知**,我知道自己在干吗,想什么、做什么,都一清二楚。有句俗语:骗得过别人还能骗得过自己!自己对自己的所作所为、所思所想总是最了解的,内心活动的每一个细枝末节都可以回忆。看机器上的电源开关,它起着至关重要的控制作用，机器动与不动全看它处于何种位置。但是，开关**并不知道**自己处于什么位置（也没有任何机件能够使它**知道**自己处于什么位置），开也好，关也好，一切都是人在摆弄，所以开关没有自我意识，它既不知道自己处于何种位置，也不知道不同位置对机器的不同作用和影响，它甚至没有一个知道自己的机构，它对自己真的是一无所知。

问题是**知道自己在干吗**的"知道"是什么意思？谁要知道？要知道什么？在自主系统中，反馈控制中心接收反馈信号，所以它是知道的主体。而知道的内容则是**机器的工作部分在干吗**，工作进展到什么程度，距离目标结构还有多远，工作和环境条件如何，等等。总之是知道别人（别的部分），不包括自己，没有"自知之明"。更重要的是，但凡金属、塑料等无机材料组成的机器，它们发送和接收的都是**物理信号**，这些信号物理来物理去，一点问题都没有。问题是生命系统，如人或已有初步智能的动物（它们的头脑或中枢神经也是自主系统）将如何感觉和认知自己？要知道，此时认知的不仅是物理信号，而且是**心理意涵**①。所以这里横亘着一个**从物理到心理的过渡**问题。《论思维过程的物理机制》一书原则上解释了这个过渡。简言之，各种心理意涵（概念、判断等）归根结底需要联系到头脑中的几何、拓扑和物理结构，实即**记忆痕迹**，包括神经元的树突和突触，以及神经网络的连接。人的记忆与计算机的**定域分区模式**（不同意涵存储在不同的地址）不同，多半是**跨点的协同模式**，即复杂意涵会与若干由感觉直接产生的原始记忆（地址不同）通过神经脉冲连接，形成**特定的组合**（从概念的定义方式判断）。几何、拓扑和物理结构属于低层次，简单意涵（直观概念）与其直接对应，复杂的意涵则需使它们发生关联，形成相应的结构才能产生。简单和复杂的意涵均属于**高层次信息**，概括着几何、拓扑和物理的结构。不同的意涵结构也不同（这称为**心理物理平行主义**）。概念

---

① 如**花**的概念，它属于心理意涵，还可以有红花、白花……，或**拿在玛丽手中的花**，等等. 它们均须对应头脑中特定的记忆痕迹. 显然，心理意涵同记忆痕迹的几何、拓扑和物理结构有着严格的对应关系，一点不能乱来. 但花的意涵还有外部的承载方式. 首先是最普通的是花的实物，它属于"第一信号系统"；其次是语言和文字，它们属于"第二信号系统". 在实物中，花瓣的形状、颜色、质地都是几何和物理信息，在语言和文字中，文字的图形、语音的频谱结构也是几何和物理信息.

上能分辨的（哪怕些小差别），物理上也一定能分辨（以相应的物理差别为基础）。头脑中从神经元的解剖和生理构造开始，有多种非平衡定态，其结构均可承载信息，个中细节属于未来分子水平的神经生理学，但层次过渡的原则格局却十分明确，它甚至包括各种抽象概念的形成。

表达心理意涵的概念在人脑中形成一个连贯的**关系网，没有哪个概念游离于它之外**（否则将没有信息传递的通道，也就不能被理解）。从与感觉过程联系紧密，可从中直接获取信息的直观和具体概念开始，逐渐形成有不同概括能力的抽象概念。对概念的**理解**、**懂**或**不懂**都有精确的定义，最终以**是否实行了有效的信息传递作为衡量的标准**（游离在概念的关系网之外，等于信息通道断裂，所以不能传递信息，也就不能被理解），而绝非笼统、含糊地凭主观认定"我懂了"就作数，也不像某些心理学家那样把理解定义为神经或心理的某种"和谐"状态（什么叫和谐状态？怎么检测？）。即便抽象的概念，它也必须包含有效的信息传递，比如"勇敢"应是各种具体的勇敢行为的概括，它和怯懦形成对比（产生变异度），因而有不确定性的消除。

以有效的信息传递作为标准（相当于"言之有物"），反馈控制中心对自身的**知**和**懂**就有了确切的含义，经得起语义学的严格推敲和检验，这样，我们便可以**把自我意识准确定义为反馈控制中心的自我认知**，自己知道自己。在反馈控制中心对机器工作部分的监控中，它只消知道工作部分的状况，并不包括自己，现在它要知道自己的状况，便需要不断测试自己，并将自己如何工作或工作状态的信号传送到中心接收和分析**内部**信号的职能部分，也就是**把自己也当成工作部分**。这是一个真正的**自反馈**（self-feedback），也是**拥有自我意识的必要和充分条件**。反馈控制中心不是混沌一团，它包含若干组成部分，最主要的是信号的接收和识别，称为**信号分析器**。有从外部感官和内部器官而来的两种信号渠道，内容则包括生存环境的信号，看看有无危险或机遇，还有指挥的工作部分发出的工作状况的信号，区分优先度后进行处理。然后是对信号进行加工，根据信号内容调动相关的程序，加工后做出相应的决策，并发出执行决策的控制指令。任何监控的目的都是防止工作出错，而在自反馈中，因把自己也当作工作单元，对自己实行监控，称为**自我监督**（中国古代称**内省**）。由于反馈控制中心的职能主要是决策,所以对中心的监督就是对决策进行监督,决策的主要依据是中心已有的对信号加工的程序(属于个人的"知识存储"),监督就包含对加工过程的监控,如程序执行中计算有误、逻辑混乱之类。同时,不断同目标结构进行比对,预期决策后果,对不同方案进行选择。

为什么不把监督的责任交给**更高级的**反馈控制中心?这是一个很有趣的问题,但答案却很简单。假如有这么一个更高级的监督中心,它自然就必须进行决策,判断"下级"是否有错,但它的判断也可能出错,于是也应当接受监督,这样就会需要"更加高级"的监督中心。以此类推,我们就需要无穷多、一个比一个更高级、没完没了的监督中心,它是完全不现实的。自反馈是自然界常见的一种反馈机制,把输出信号引回输入端,重新认知、分析、检验,以影响后续的决策。自我监督并不神秘,知道自己在想什么和做什么(做出何种决定以及决定的理由),现在常称**反思**。反思是一个很好的词,它可以在决策当时进行,也可以在决策实施过程中同时进行,边试行边修改;甚至允许有时延,实施之后再总结经验。反思不仅是头脑的思考,而且要观察决策在外部施行的效果,根据成功和失败的经验,不断总结重新校正决策的内容。

个体意志

自我意识不是为了自我欣赏、顾影自怜,而是要用它来监督决策,以最佳的方式达成目标。意志自由的抉择,无论思想抉择(只作判断,而不立即付诸外部行动)还是行为抉择(需要付诸实施,通过肢体——包括口舌等——作用到外部世界),都一定只选最佳。这完全符合我们日常的生活经验或常识:购物总要价廉物美;烹调总要讲求美味;盖房子总要坚固、舒适、美观;文章一定要写得漂亮（逻辑清晰，有说服力，可读性强等）；构建一个理论则必须系统、完整，足以解释相关领域中所有基本事实，需要头头是道，不能牵强附会，尤其不能有所遗漏，一个遗漏都不行。总而言之，无论做任何事情，总要力求得到**最佳效果**，付出**最低的成本或代价**，这可以称为**广义的变分原理**。**效果**、**成本**、**代价**等都具有类似于**泛函**的意义，因为它们可以**编序**却未必**可测**，故称广义（注意，定义**最佳**的条件只消编序集合即可满足，不必可测集合，因为有顺序就能选出最大或最小）。这个原理体现了**思维活动中的因果律**，完全可以和物理学中的**变分原理**相比拟，而且后面将会说明，事实上两者之间有很深刻的内在联系。

物理的变分原理中**变分路径**起着重要的作用，路径不同，泛函的取值就不同。这里也一样，做事总有一定的做法（办法、道路、方案、步骤），做法不同，效果也不相同，所以**做法**就相当于**变分路径**，求解变分原理就是寻求使泛函取极值的路径，而这里则是寻找最佳的做法，从总体设计到每个步骤都要仔细斟酌，力求得到最佳效果。人们绞尽脑汁，研究实施方案就和规划系统的运动轨迹一样，都是在求泛函极值。当然所谓**最佳**一般不是绝对意义上的最佳，而是在给定的环境条件下的最佳，寻求有限制条件的泛函极值。这并不奇怪，物理学中的运动问题也是在给定的约束条件和初始或边界条件下求解的，属于**条件变分问题**。每个具体问题总是一个条件变分问题，因为谁也不能脱离具体的环境条件存在。

上面提到，自主系统的反馈控制中心虽可根据实际情况（即从工作部分反馈回来的信号）不断向工作部分发出指令，但这些指令是由现成的程序对信号进行加工后得出的，谈不上真正的决策。好比反馈信号表明工作部分的温升已经到达某个范围（由具体参量表达），中心的程序判断可以继续工作或采取某种应对措施，它们都属于设计的范围。真正的决策是反馈信号超出了原先设计的范围，甚至是全新的状况，没有现成的程序可以借鉴，反馈控制中心需要**自行**给出执行的指令，这才叫**决策**。决策有对有错，有好有坏，需要评估（看看泛函是否取得极值）。通常在付诸实施前便先要自我评估，因此必须要有自反馈（自我意识），自己知道要做出什么决定（尝试性决定），然后以**假想实验**的

第七章 物理学对高端现象领域的应用（一）

方式预期其后果，与目标结构比较，取效果相对较好的。这种手续或思考过程要经过多次，对方案反复进行检验。有时头脑的评估难以得出判断，还可能需要将方案在小范围付诸实施，观察其效果，但假想实验必须先于真实的过程，否则将是莽撞或盲目的实践。

在评估各种方案（相当于挑选变分路径）的时候，需要**尽量调用自身的经验和知识储备**，绞尽脑汁，特别是针对复杂问题。而这些经验和知识储备将参与信息加工，或思想的自组织过程，它们对评估的准确性、可靠性和评估的效率有重大关系，因而对能否获得最佳方案具有决定性影响。这是每个人都必须努力学习，掌握尽可能多的知识和信息的主要理由。

数学上有许多实行最佳化的手续，最简单的方法就是不断改变某个参量的数值进行搜索，直到某个数值效果最好（泛函取极值）就将参数设定为它。参数设定之后，就相当于获得了一种解决问题的办法，这就是决策，因为此时即可根据这个办法对工作部分发出相关的执行指令。假如问题比较复杂，涉及的因素很多，搜索一个参量还不够，还要搜索其它若干参量，这等于把一个变分问题（泛函极值）转化为**多元函数的极值问题**。这是一个在实际生活中经常采用的最佳化手续，但它并没有严格的理论证明，只是作为一种近似方法而已。这个问题与量子力学的隐参量解释有没有关系？它是很值得思考的一个问题。

整个寻找极值的过程都在自我意识的监督之下，这是一种真正的自我监督。好比进行推理，其中的每个逻辑步骤，如何环环相扣，相关的根据和数据，哪些可靠，哪些还不太可靠，每个细节都要"心中有数"。假如做不到这一点，那么就会陷入不同程度的盲目性，最后导致决策失败。

因果律要求"一定的原因产生一定的结果"，这个"一定的结果"必须具有**唯一性**，否则因果律就失去了意义。而保证这个唯一性的只有**最佳**。既是最佳，必定唯一，只有最佳才会唯一。物理学规律可以表述为变分原理或运动方程两种形式，而运动方程可从变分原理推导出来，所以两者是等价的。虽然计算上运动方程具有优势（微分方程有许多标准解法），但概念上变分原理却更有优势，因为它实际上直接表达了因果律。变分问题是求泛函极值，求极值实质上就是最佳化，因此物理规律和因果律之间有内在关联。每个运动方程或变分原理均可作因果解释，即在给定的环境条件下（原因），系统只能做特定的运动（结果），改变了原因，才会改变运动形式。

但还有一个最核心的问题：为什么意志的选择**必定**是最佳（复杂问题按综合指标衡量）？假如有人抬杠，"我就傻，偏不选择最佳"，该如何回答？可以指出，这个选择其实有不得已的理由，从物理来的，所以思维现象的因果律绝非牵强附会，不容许人的任性。

我们平常以为，选择最佳不是常识吗？购物总得价廉物美啊，做事总要尽量做得最好啊。不错，但这是结果，是外部表现，还不是内在动因，内在动因还需要物理的力量。事实上，最佳与否必须要以某个目标结构为前提，假如没有目标结构，什么都无可无不可，那就连好坏都谈不上，更无所谓最佳。地震对人而言是灾难，因它夺去了人的生命，毁坏了房屋等生活资料。但对自然界却无所谓，山崩地裂后地貌大大改变了，但之前和之后的景观，没有人判断，根本谈不上哪个更优越。所以**不能脱离目标结构谈最佳**。就人而言，其主要目标就是自己的生命或身体的耗散结构，有利于维持和发展这个结构便是好，便有最佳，否则便是坏，一切免谈。前面指出，只有非平衡定态适合作为目标结构，然而非平衡定态必有某个稳定性条件，当发生偏离时，它会自发地趋向于恢复原状，这个趋势来自物理规律，可从相关的非线性方程去找答案。稳定性条件是非平衡定态能实行自我治愈的基本理由，它最终会以直接或间接的方式影响人的意志抉择，使最佳的方向瞄准维持人体健康的耗散结构，有助于它的正常发展。好比饥饿、疼痛、疲倦、对危险的认知，或者兴奋、愉悦、各种快感，这些生理和情绪的信号都联系着身体的耗散结构，选择死亡一定会承受痛苦，所以，人的思想和行为抉择并不容许任性，而同样受制于客观规律。

毋庸置疑，各种身体的感受绝对是物理的，没有任何神秘的力量，这是我们认定必须彻底抛弃神秘的灵魂的基本理由，因此意志抉择之所以会采取最佳化方案不会是人为的杜撰。假如不是这样，那么抉择的内容一定会受到身体本身的抵抗（即本能）。从身体的耗散结构的稳定性而来的干扰或决定作用，有些是比较直接的生理信号，例如疼痛，有些则比较间接，须通过人的认识或觉悟，认识到各种利害的关联，并不非要接收疼痛的物理信号不可，而是知道什么原因可以引起疼痛。这就牵涉人的**知识状态**，所以知识的广度和深度决定着个体实行决策的正确率和效率，有时多知道一份情报就会使抉择翻盘。它所显示的个体差异其实就是每个人的**自我**，在这个意义上，自我源于**非我**——从外域得到的经验和知识是个人知识结构的主要部分。

更重要的是，下面将要指出，知识在头脑中是一种**信息存储**，它是通过信息的承载物或信息的载体表现出来的。因此，决策依赖于知识存储，其实是依赖于脑神经系统的物理状态，这是前面提到的**心理物理平行主义**的要旨，即心理意涵上的差别，一定对应于物理状态上的差别。在这个意义上。意志的抉择最终是由物理因素决定的，没有任何神秘的力量混杂其中。

这也同时显示出生理和心理两大现象领域的密切关系，由此也可懂得为什么智能机构必须附属于生命体：生命滋养智能机构，智能机构帮助生命的存活和发展，生命的耗散结构正是智能抉择的基础动因，否则就失去抉择的目标结构，两者确实相得益彰。

人脑中承载信息的可能结构

以上叙述的机器原理如何**落实**到人的智能系统或头脑中来？我们不可能描述每个细节，那是将来分子水平的神经生理学的任务，但一定要让拟定的主要概念框架能为现代的生物心理学所接受。这当中最核心的问题是信息的存储和加工，不过先得弄清头脑中的各种信息载体，它必须是某种结构，但人脑中的结构很多，而且不是一成不变的，相反，它在不断通过学习和创新发展（发育）自己。和其它器官不一样的是，脑细胞有好几百亿个，却基本不实行更新[1]，其它的身体细胞最多可存活 7 年左右，而脑细胞，或决策中心的成员，却是实行任期的**终身制**。

人脑的结构可以分为两个层次：大脑、小脑、间脑、中脑、脑桥、延髓、海马、前扣带回……，每个部分还可细分；除了这些叫得出名字的部分，还包括神经元的排列，都属于这个范畴。神经元虽然为数众多，排列却毫不凌乱，整整齐齐，而且人与人之间很少有个体差异。原因无它，因为这一切都是**由遗传或先天因素决定的**，人和人的基因——虽然有上万种基因型，但都是小的差别，主要方面依然一致。这个事实没法改变，除非有基因进化。

另一个层次的结构却不同，它**依赖于人的生活轨迹**，也就是后天的因素形成的，哪怕双胞胎，也不可能完全相同。这些结构也有很多，它们可能是更主要的信息承载者。这是些什么结构呢？首先，神经元的形状像一个变形虫，在细胞体上生长着**树突**（dendrite）和**轴突**（axon）结构，前者因为分叉，数目较多，负责接收外部信息，后者则比较单一，只在末端有分支出现，负责向外传递信息。树突和（邻近的）神经元轴突分叉的连接部分叫**突触**（synapse），由于信号的传递，是神经递质的主要活动区域，它们不断生长，并改变和周围细胞的连接方式，形成各种各样的**神经网络**（network）。这部分结构看似非常杂乱无章，千变万化，其实内在却井井有条，使神经元和它们之间的连接非常合乎规律，记录着身体内外传递的各种信息，否则人们之间将难以达成任何共识。可以认为，神经元的解剖和生理结构是信息承载的主体，它们淀积着人的后天活动的种种痕迹，同时记录着人的思考过程（主控中心可以刻意记住任何想要记住的思想内涵）。这部分依赖于个体生活轨迹的结构，同遗传因素决定的**初级结构**相比，可以称为**次级结构**，它包括轴突、树突和突触的连接。在它们的基础上形成神经网络，不仅有几何和拓扑结构，而且有物理结构，例如神经脉冲传递于神经元之间的阈值电压。实验表明，越是经常启动的神经网络，

---

[1] 很容易看出神经元不能实行更新的理由：结构太复杂，有众多突触、树突的连接，很难严格复制．而这些结构承载着信息，如不能严格复制，记忆痕迹将会受损，引起记忆丢失．

阈值电压就越低，所以，越是经常使用的概念，越容易被想起。

注意，次级结构是不断生长和发育的，随着信号的传递，神经递质（已经发现有100多种）活跃于信号交接的突触区域，有不同蛋白质的释放，造成突触、树突和轴突的生长，不断改变神经元之间的连接，造成新的网络，改变人的知识结构。神经网络有自反馈效应，阈值电压随使用频率的增高而降低显然就是自反馈造成的。

由于是活结构，人的知识存储不大可能采取像通常计算机那样的**定域分区模式**，即每个不同的意涵固定存储在某个地方，而且随写（入）随抹（去）。人的记忆显然不可能随便抹去，至少**不受主控意识支配**，想忘就忘。相反，意涵的形成多经**组合**的方式，复杂意涵是由简单意涵组合而成的。最简单的意涵是直接由感觉过程形成的，如颜色、声音之类，它们可能储存在不同区域（大脑的分区活动原理）。还有些意涵是**语义**的，即具有概括和组合特性，如在红色、黄色……之上的一般颜色的概念，它们较为抽象，但仍传递信息，有不确定性的消除。但凡意涵明确的概念都可以用来定义其它概念，从而产生一个概念的关系网。依赖于概念的内涵，它们的组成可以涉及多个领域，例如电冰箱就包括用电、制冷、储物容器等意涵。当组成复合的概念时，未必能将所有简单意涵归并在一起（这可能和洛克的认识论原理有关），只是在相关的简单意涵之间建立某种形式的连接，这就是神经网络的基本意义。非常复杂的意涵可能有多层次的组合，情形自然更加复杂。人的知识存储中包含大量的概念或意涵，它们必须纳入概念的关系网，没有概念能游离于这个关系网之外，那样它们等于失去了信息的连接通道，意涵将不会明确。整个关系网的底端都是可从感觉直接获得意涵的直观概念，其它的概念则是经组合和派生（定义）出来的，定义的要害是必须有有效的信息传递，否则概念的意涵将是不明确的。

神经元的解剖结构应当属于非平衡定态，因为它和器官的生长发育本质上是一样的。非平衡是显然的，定态则是由于结构（形状和物理特性等）具有相对的稳定性。鉴于记忆有多种情形，长期的、短期的、随机记忆……，应当有多种不同的载体。**比较稳定的解剖结构或相对稳定的神经网络应当支撑长期记忆**。但还有另一些结构，即生理结构，它是指神经元吸收营养物质的化学过程。一般来说，这个过程受细胞核中 DNA 的控制，不会乱来，吸收哪些物质、不吸收哪些，反应如何进行都是由程序决定的。在这种意义上，**生理结构**（化学反应的程序结构）**也是**一种非平衡定态，犹如软件的程序结构一样，原则上也能承载信息。但它们和记忆机构的关系现在还不清楚，因为作为记忆痕迹必须只是受外部信号影响产生的**变异**部分，就像突触、树突等是后期生长的一样。信号不断刺激突触，通过神经递质的活动促进它的生长，这会使神经元的解剖结构逐渐变化，与此同时，生理结构也可能有相应的变化，它会导致神经元之间脉冲传递的阈值电压的降低。这个阈值电压在神经网络中呈**随机分布**的状态，它会影响联想过程或信息存储的调动，是造成像灵感一类思维现象的主要根源。

这里所提供的所有可能的变异度，如神经元的分区和排列、突触和树突的形状和连接、神经网络，甚至神经递质传递中的生化反应过程，都是头脑中各种信息的承载者，它们应当被看作存储的**硬件**结构。由感觉过程导致的神经元解剖结构的变化，以及神经网络的连接是重要的部分。思想意涵的存储和记忆是很复杂的问题，科幻小说中所谓**读出思想**绝不是轻而易举的事情，但分析头脑中可能的非平衡定态，它们是信息的可能载体，对弄清记忆的机构是非常有益的事情。在这个过程中，我们应坚守心理物理平行主义，意涵上的区别一定有其物理的依据。

思维过程中的信息加工

思维过程中的信息加工是指在一个**当前事件**的启动下，经过主控中心的信息加工，得出一个思想或行为抉择。当前事件可以是任何事件，从走路遇到一块障碍物，商场正在促销某类商品，到公司的营销遇到了挑战或某种机遇，课堂上有学生不遵守秩序，直到国家之间的战争行为，对方在边境发动全线进攻……，无论是大是小，总之需要某种对策。当前事件的信号也可能是从身体器官发出的，饥饿、疼痛、疲劳……，对主控中心而言都是外部信号。可以把整个过程纳入一个**输入—输出**模型，输出的就是一个对策，它是经主控中心调动相关信息（外部信号和内部的信息存储）进行加工后的结果。有些加工很简单，有现成对策（如走路遇到障碍），只消发出相应的指令即可；有些则非常复杂，需要若干或一系列新的决策（如科学理论之类）。

　　输出的对策一定是具有确切内涵的思想结构，所以信息加工的目标就是特定的思想结构的形成。每个意涵都是一个结构，从简单的意涵如概念开始便是一种结构。接下来，短语、句子、段落、文章，直到系统的理论，都是一种思想结构。一个简单的行动也是一个结构，比如跳跃，它包含下蹲、跃起、顶端停留（可能伴随其它肢体的协同动作），然后落下和站定等一系列的动作分解。大部分这类行为已经在成长过程中经过学习掌握了，在幼儿阶段，通常要经过多次练习，其间还有大脑和小脑的协同配合问题。

　　重要的是，信息加工的本质是什么？加工过程中信息的承载物是什么？还有相关的信息如何被调用。一个明显的要求是，被加工的内涵应当容易被**变形**，像流体一样，因为在得出最后答案或中间结果之前，必然有多种可能性，它们应当易于被选择。这表示信息的载体既要有明确和稳定的结构，又不能过分僵死或固定。树突、轴突和突触的解剖结构显然不行，突触的生长很慢，思考中的选择差不多都是瞬间完成的。生理结构也相对缓慢，要把一种反应程序换成另外一种也不是瞬间就能完成的。唯一既稳当又灵活的非平衡定态结构只有**神经脉冲群**或脉冲的组合。这个组合绝不是杂乱无章的，它有稳定的内在结构，可以承载意涵的信息。换言之，不同的意涵对应的神经脉冲群必须是不同的（心理物理平行主义），否则将无法避免含混，保持概念的精准。加工过程则须是**神经脉冲群之间的物理相互作用**，使其重新组合，产生新的结构，因而是新的意涵。主控中心对新的意涵可以辨识（需和记忆痕迹比对），并将其和目标结构联系起来，看看能否解答当前事件提出的任务或满足其要求，是否符合最佳化的标准，然后决定取舍。假如不满足要求，则加工继续进行，直到满意为止。注意主控中心辨识的不是单个脉冲，而是整个脉冲群，辨识其代表的意涵。主控中心的控制不是控制单个神经脉冲，而是意涵的控制，意涵不能出错。

　　加工过程中，根据当前事件的内容，常常需要调用相关的知识存储，以获得最佳的对策，这多半要依靠**联想**，启动相关的神经网络。这时脉冲传递中阈值电压较低的网络更具优势。有些长期不用的知识，启动将会比较困难，尤其知识的欠缺对决策的影响更大。可以认为，知识的充分和完备是决策可靠性的主要保证，这相当于搜索更大的范围，更多的知识才能开启更多的可能性。加工的结果，即为形成的思想结构（判断），假如付诸实施，即通过肢体动作作用于外界，将在外界引起相应的变化。此时有两种情形，即外界的变化符合预期，这叫作**成功**，否则就叫作**失败**，也可能部分成功或部分失败。无论成功还是失败，信号都会传递回主控中心，产生新的记忆，这叫作经验或教训，都属于人的知识结构，对后面的相关决策有重要的作用。注意知识结构就是物理结构，知识增加或修正了，载体的物理状态也会有相应的变化，**整个决策可以看作是由知识状态决定的物理抉择**。假如把决策看作条件变分问题，知识状态就是最重要的变分条件（还有其它的环境条件）。有一个重要的类比，可以把经验和其它植入的知识共同决定了决策的内容这件事看作一个**选择模型**，和细胞在特定的营养环境中有许许多多反应的可能性，而实际实现的反应只有为数不多的几种一样，知识存储就是营养液的成分。成功的化学反应是由各种成分反应的化学势决定的，而决策中的选择优势则取决于**效果**，看谁能最佳地适合目标结构。

　　通常心理学区分逻辑（语义）思维和形象思维，这涉及两种不同的信息：申农信息和结构信息。在语义思维中排除各种选择的可能性，多半是以显式呈现在思考过程中（头脑明确知道排除了哪些），因此有不确定性的消除，加工和处理的信息与申农信息更接近（因各种可能都排列在头脑中）。但在形象思维中，我们有图景的变换，表示对结构信息直接加工是同样可能的。

第七章 物理学对高端现象领域的应用（一）

思维的自组织运动

结构的形成通常有两种方式：动力学和自组织途径，就思想结构（意涵及其组合）而言，同样如此。思想结构的两种形成方式是：**逻辑推理**和**猜**。前者是**动力学—决定论**的过程，而**猜**则是思想的自组织过程。为什么？

逻辑推理的动力学—决定论性质是显然的，因为它不包含任何不确定性。如一个不高于四次的代数方程，它有公式解法，只要给定了所有系数，即可按照公式的步骤一步一步做下去，把根的数值算出来。这当中每一步都是确定的，所以用动力学—决定论来形容它没有问题。在算出根的数值之前，根是未知的，但它却是确定的，没有随机性。这表示**未知可有两种情形**，一是如代数方程的根，只要方程给定了，根就确定了，哪怕还没有算出它的确切数值。另一种则是随机数，真的不知道下一个是多少。在推理的过程中，必须应用逻辑法则，例如三段论的演绎推理：大前提、小前提、结论。只要大、小前提给定了，结论也就确定了，没有任何灵活性。归纳推理也一样，A 如是，B 如是，……，Z 亦如是，于是某类事物尽皆如是。即便非常弱势的类比推理，其结论也是完全明确的，所以逻辑规则本身并不含糊。但是明确的结论并不一定是"正确的"结论，这是推理法则的**可靠性**问题。演绎是最严格的，可靠性最高，归纳次之，因为**归纳逻辑**表明，从 A 到 Z 的数目越大，正确的概率就越高，它不能从原则上排除反例。类比推理的可靠性最差，但也不是完全不足取。演绎法则的可靠性高是因为有人指出，它的结论其实已经包含在大前提之中了（所有的 X，X′，……均如何如何），而类比推理之所以可靠性较差，是因为类比很难做到完全，一些方面相似，另一些方面则未必相似。

值得注意的是，基本逻辑规律：**同一律**、**矛盾律**、**排中律**、**充足理由律**，它们只是思想正确的**必要条件**而非**充分条件**，因为充分条件只有从推理中思维的物理过程方可获得（逻辑规则没有独立的本源），这是一个重要的判断。如果划不清界限，把必要条件当充分条件使用同样会造成逻辑错误，这有可能是某些逻辑悖论产生的根源。

猜则是**思想的自组织运动**，它的素材是各种相关和不相关的意涵。想象把许多概念或意涵写成小学生的生字卡片，胡乱放在一起，完全是随机的，让它们充分混合。随便从中抽出几张卡片来，它们多半不能组成有意义的单元。但是，假如注意到思想结构的**稳定性**条件，那么这些卡片则应当具有形成合理意涵或合理的思想结构的趋势，这就是产生自组织运动的条件。

最重要的稳定性条件基于如下的事实，即意涵之间具有兼容或不兼容的可能，或内涵一致或不一致，发生矛盾冲突的情形。当然有很多意涵是不相干，甚至风马牛不相及的，这也可以纳入兼容一类。"雪是白的"和"雪是黑的"两个意涵显然不兼容，它们就不能纳入同一思想结构，如果硬塞在一起只会使结构不稳定，最后分崩离析。通常认为，理论体系应当遵循**无矛盾原则**就是这个意思。科学理论的体系，作为思想结构，不应当是不稳定的，所以我们坚持整个科学体系：从物理到社会科学，都必须无矛盾才对。不仅不能这部分物理学反对那部分物理学，也不能让生物学或心理学反对物理学，只有这样才是一个稳定的科学体系。

这个现象和物理中的相互作用其实非常相似，物理学中两个物体如果互相排斥，那么将会使系统的能量升高，犹如电荷之间的同性相斥一样，结果将不能形成稳定的物理体系。思想体系的情形其实也一样，矛盾的意涵不可能在同一个思想体系中兼容，人总不能同时接受"雪是白的"和"雪是黑的"两个判断吧（污染的脏雪当作别论）？从这里我们看到（虽然细节还不清楚），矛盾、不兼容的意涵会**提升头脑系统的能量**，造成不稳定的思想结构。思想体系的无矛盾原则，不仅在逻辑上有其成立的依据，而且本质上也是物理学的能量原则的体现。有了这一条，思想的自组织就有了方向性的整合原则，它会成为整合的驱动力，这更加有力地证明了思维活动的基础是物理运动，而不是任何莫名其妙的"随心所欲"。

鉴于这种情况，当遇到一个当前事件，它会调动许许多多与之相关的意涵，然后猜出一个或若干个结果，猜的过程就是各种意涵的拼接过程，有能量原则调动它们拼接的方式：意涵不兼容的被自动排除，最后可能得到一个有意义或主控中心能辨识的意涵。假如意涵的判断能满足当前事件的要求，合乎最佳选择的条件，即可作为思想抉择从主控中心输出。

但猜的结果还需要经过逻辑的检验，不能猜出什么就是什么。事实证明，大量猜出的结果是根本错误的，只能摒弃或排除。但这丝毫不降低猜对思想结构形成的积极甚至不可或缺的作用。所有新的科学或技术发现都起源于猜，只有猜出一个结果，才有论证的方向，否则论证什么？即便最后论证的结果证明猜错了，那也只能重新再猜，直到猜对为止，也就是使猜出的结果得到严格的论证，这才是科学发展的正途。

选择倾向：经验、情感和情绪

严格遵守已经掌握的客观规律和实际情况，瞄准目标结构，精心挑选实施方案，把事情的各个方面都考虑周全，力求以最佳方式达到既定目标。这种**讲道理**（把方案论证得头头是道）的决策方式叫**理性决策**。与此不同，另一种方式则不太注重方案的具体论证，而偏向于过往的经验。**经验**是指过往实施某些决策方案时取得的**成功或失败的记录**，这些记录也会成为人的记忆，进入**知识结构**，从而参与后来的决策。**经验决策**并非故意不讲道理，而是许多时候道理并不十分清楚，决策带有尝试性质，成功或失败的结果对后来的类似决策自然具有重要、甚至是决定性的影响。实际情形是，多数决策是两者兼而有之，道理要讲，经验也得参考。一般情况下，成功经验积累得越多，经验决策的权重因子就越大，这叫作**累进加权作用**，它会导致**选择倾向**的形成，甚至演化成人的**爱憎**。好比一家餐馆，口味不错，去过几次之后就喜欢上它了，以后外出吃饭，可能不假思索就选定是它。新生儿到几个月即可分辨生人和熟人，这就是明显的选择倾向，充分证明了经验决策的累进加权作用。

选择倾向是讨论感情、情感的物理基础，不能笼统地归于"天性"或莫名其妙的原因，天性只有一种，就是遗传因素，DNA。即便像母爱这样的情感也是因为婴幼儿时期的逐渐培养，由爷爷奶奶、外公外婆抚养的孩子小时候多半与他们比对父母更亲，即证明情感的后天性质。情绪和情感的区别是，情感是更稳定的长期的选择倾向，如爱和憎。而情绪是指即时的心理状态，并且牵扯较多的**生理因素**，如盛怒时的血压上升。情绪可以影响决策，这是人所熟知的，所以决策要避免情绪化。情感、选择倾向，这些东西加起来可以建构人的个性（personality）、性格，甚至更高的价值观、人格精神的塑造。因此，说到底，所谓"人学"的基础仍在物理，在乎人的知识和能力结构，在乎经过人生轨迹打造的全部记忆痕迹。

波尔在宣传他的并协哲学时，曾把**理性**和**感情**作为一个互补的对子（如同波和粒子是一个对子一样），他指出，盛怒可以使人丧失理智，但对盛怒的原因进行分析，即自己检讨自己为什么发怒时，其实怒气已经全消。这表示感情（应当说情绪）**高于**理智。可以做个对比，即生和死，它也是波尔举的一个互补的对子，当对**生**的本质或生命现象进行分析时，需要考察其中的物理化学过程，也就是进入"前生命"的阶段，于是活物就变成了死物。这表示生**高于**死，生是从死中进化出来的。经验的累进加权作用造成了选择的倾向性，进而形成爱憎，产生感情，所以感情也高于理性。但是看得出来，波尔这些例子分属不同的现象领域，无须归纳成什么并协哲学。

第七章 物理学对高端现象领域的应用（一）

潜意识和灵感

灵感是心理现象中最神秘的部分，因为它不可捉摸，谁知道自己有没有灵感，什么时候会出现灵感？这代表了灵感的**随机性**。但这个随机性来自何处？有不少人在瞎猜，因为量子跃迁具有随机性，于是便认为灵感来源于"大脑深处的量子跃迁"。这应当看作笑话，是不着边际的遐想。不要把灵感的随机性同思维的因果律对立起来，头脑也是一个大系统，脑细胞有几百亿个，所以出现随机性并不奇怪，不出现反而是怪事。这个问题对物理系统应当不稀奇，例如凝聚态物质便是大系统，当中也有随机性，自组织理论对此充分肯定。比如贝纳特包在液面何处首先开始出现，以及包的对流方向（液体流线在包的中心向上还是向下），都是随机的。

但随机性源自何方？其实在思考过程中，首要的是**联想**，即每个当前事件能够激起或调动哪些和多少记忆。每多一份意涵，都能改变条件变分问题的条件，都可能多出许多组合的可能性，也越有可能组成有意义的思想结构以供挑选，说不定正确答案就包含其中。但是联想具有很强的随机性，因为在神经网络中，**脉冲传递的阈值电压实际上呈随机分布**，某些意涵想不想得起来真没有确切的把握。**灵感**的表现形式多半是突如其来的，它正是某个意涵一下子出现，于是打通了关节的反映。有时则是触类旁通，豁然开朗，也是神经脉冲群传递状态突然改变的标志。总之，随机性不是漫无边际或者隐藏很深，它就在经常性的思考活动中。

潜意识也是一个经常谈到的概念，但它究竟指的是什么？人脑有大量的信息存储，但并不是每个具体问题（当前事件）中所有的意涵或记忆都会被用到，只有少部分相关的意涵可以被调用，所谓"被调用"就是**主控中心对其有所关注**。这是一个很重要的概念，受到主控中心的关注与否区别很大，没有受到关注就不能参与决策，和"不知道"这个概念或意涵，或压根儿没有相关的信息存储一样。所以在**受到关注**和**没有受到关注**的信息存储之间划一条**界线**是有意义的，受到关注的叫**显意识**，没有受到关注的则是**潜意识**。两者间的重要区别之一是，显意识中的概念和意涵，每调用一次都会增强或加深对它的记忆，使之变得更为牢固。没有受到调用，则没有这个待遇，而且越是调用得少，越不容易想起，在生理因素的作用下，甚至可能忘记。这点已经经过实验证实，即调用次数越多，通道传输的阈值电压越低，调用就越容易。

调用和不调用依赖于问题的性质，这次不调用下次则可能调用，所以潜意识不是僵死和固定的，可以**由潜入显**，亦可**由显入潜**。但一个人在某方面有较多的信息存储，调用的机会越大，那么在外部表现中，他就越常被说成具有某方面的"潜意识"，这是这个词的通俗用法，和上面调用或不调用的意思是有区别的。

有限和无限——洛克的认识论原理

有限是指我们自己，认识的主体，我们的身体是有限的，我们的感官也是有限的，就那么几种接受外部信号的物理、化学过程，神经脉冲群也是有限的，只能传递有限的信息。无限则是指外部世界，认识的对象。想用有限的表象去承载外部世界无限的信息，这是一个不可能的任务，但这并非主张任何形式的"不可知论"，而只是强调"为我"和"自在"世界的划分不可避免。有些事物可以纳入我们的表象范围，更多的却不可能。为什么？这就是洛克的认识论原理，因为表象都牵涉存储的**硬件结构**或记忆痕迹。无论神经元的解剖结构、生理结构还是神经元之间的连接（神经网络）都不能随意变形，因为神经元上的突触、树突、神经网络等**基础结构**都必须有一个生长过程，甚至连调整神经元之间传递脉冲的阈值电压也需要逐渐累积，不能说变就变，瞬间完成。**瞬息万变**的只是神经脉冲群，它们虽然承载信息，却多半会瞬间消失，不能用来固定地存储信息。实际情形是，由感觉过程带来的直观表象，总会改变神经元的某些解剖、生理和网络的基础结构，亦即留下记忆痕迹，它们是直观概念的基础。其它概念则是它们的变形或组合，例如蓝色的花瓶是蓝色（颜色）、柱体（形状）和陶瓷（质地）的组合。它们都有相应的记忆痕迹，亦即蓝色、柱体和陶瓷等直观概念的记忆痕迹，因而整体上依然离不开这些硬件结构。这就是洛克所说的人只能将各种观念**组合**起来，却不能**创造**任何观念的原因，其实组合或**拼接**也是受限制的——必须能够拼接才行，波和粒子就不能拼接。由于硬件条件（包括神经脉冲）的限制，这些组合必然是有限的，也不能表现更多的灵活性——不能随心所欲地变形，因此表象能力始终是有限的。这就限制了人的想象能力，也限制了人的语言表达能力。

不仅记忆机构如此，**理解**也一样，认知或理解均需**同记忆存储比对**，否则不能辨识任何具体对象。抽象概念其实也一样，所谓**辨识**就是将主控中心发出、承载意涵的神经脉冲群同**记忆痕迹**比对，痕迹有限，不在其中便不能辨识，所以人不能**理解**波粒二象性，这就是洛克认识论的原理。

不同的是数学公式，它通过运算和其它规定的符号对变量等进行信息加工，**不需要牵扯头脑中与语言表达对应的硬件结构，而且排除了实时性**（运算等信息加工并不必须实时进行），**所以有更大的灵活性**。量子力学的波函数之所以能有比力学量更强的表达能力，原因即在于此，它使薛定谔方程能因果地描述微观客体的运动，证明了波函数具有描述微观客体运动状态的全部信息，它是**完备**的。而力学量或任何隐参量都不可能达到这个程度，因为力学量和隐参量都受制于人的表象能力，只局限于申农信息，而不是更完整的状态的结构信息。这便是波尔和爱因斯坦争论的焦点，而爱因斯坦失败的原因也尽在于此。

波粒二象性证实了这些推断，用已有的观念去想象，无论如何不能把两者糅合在一起，可是非直观的，也就是不受头脑中硬件结构约束的波函数或态矢量，却同时包含了这两者。然而，谁都不能、也不必用语言去叙述或解释波函数，甚至连"意会"都不能、也不必。在日常生活中，我们有可能理解或接受"只可意会，不可言传"的信息，但它扩大的范围依然有限，因为意会中的"意"依然联系着头脑中已有的观念（依然可以用语言去描述和解释），而数学公式表达的**意涵**却可能和叙述的语言格格不入，与其毫不相干。正因为如此，数学公式的力量强大无比，而且即便有限和无限的差别明显地摆在我们面前，一般我们仍然不主张"不可知论"，因为借助数学公式强大的表达能力，谁也不能证明某种特定的事物现象**原则**上会在它的表述能力之外，因而不可认识。这雄辩地证明，推动思维本性的研究对厘清许多物理上的谜团大有裨益，毕竟**物理规律也属于知识范畴**，是人的思想活动的结果，物理学和心理学本就该相得益彰。

第八章

物理学对高端现象领域的应用（二）
——社会的层次结构

演绎的社会科学

从数理的角度来看，社会是个**大系统**，有众多成员（人），同时包括土地和各种资源，但社会的主体是人。严格来说，没有任何两个社会成员完全相同，即使双胞胎也不例外。这种类型的系统，复杂性太高，应当属于**无解**，不可能构造出整体的演绎理论。所幸的是，人和人之间生理结构大致相同，包括神经系统在内，故可能取得共识，并采取一致的行动，成为一个**准全同**的大系统，包含近似的规律性。这和医学类似，不必给每个人单独建立一套医学，而只消在共同的解剖和生理学基础上建立共同的医学理论，同时承认存在个体差异。在这个前提下，社会科学的演绎理论，即从普遍的科学原理、如自组织理论来推导社会现象的普遍理论是可能的。

与其它学科不同，社会科学家普遍不承认、也根本没意识到，社会科学应当从自然科学的基本原理出发来**演绎**，所以迄今为止社会科学都是**自行立说**，奉先圣、先贤或杰出人士的个人观察和见解为圭臬，将他们提出的格言、理论、主义、学说作为指导。社会科学家一般不承认有超越个人见解的普遍规律存在，或者认为某人的见解就已是普遍规律。这点和其它领域不同，比如化学家，他们自觉把物理作为基础去研究原子的化合和分解，生命科学家也接受物理、化学的普遍规律的指导。心理学家多数还在彷徨，但如说把头脑中的思想活动归因为相关的物理、化学和生理过程，他们却不能、也无从反对（假如没有神经细胞的电化学过程，任何思想活动都不能存在），可是因为现行的基本概念框架尚未同物理接轨，弄不清思维的本性，于是对心理现象仍然十分迷茫，不敢贸然就把它**归结为**物理、化学过程。

社会科学家之所以采取这样的态度有两个主要原因：一是现行的科学分类方法都把自然科学和社会科学并列，一开始就不搭界，只看到自然现象和社会现象表面的区别，却无视两者之间深刻的内在联系，尤其看不见自然过程对于社会生活的基础和决定性作用，完全忘记自然界发展的大链条或从自然到社会的**系统层次过渡**。二是社会科学家以为，社会运动是通过人的自觉活动实现的，而自然过程都是**纯客观**的，所以两者有本质的区别。可是他们不了解，人的思想和行为其实始终传递着自然的信息。思维本性的研究指出，主观都是由客观决定的。一个最简单的事实是，没饭吃会饿死，这就决定着人们思想和行为的基本走向：人人都要求生。很显然，"没饭吃会饿死"属于自然规律，是人的生物本性。假如喝西北风也能活下去，那么当今世界绝不会是现在的样子。可见当今世界之所以是这个样子就传递着这样的自然信息。自然规律决定社会行为的例子不是太少，而是太多，甚至无所不在。不信就把随便哪种社会行为拿来分解，可以看出，它们都是自然过程组成的，就连总统竞选这样百分之百的政治活动也不例外。竞选总得演讲吧？麦克风坏了或突发停电怎么办？一定会造成混乱，使造势失败嘛！这不是抬杠，而是大实话。笔者早就问过大众：万有引力定律如何影响社会生活①？从"日出而作，日落而息"讲到了交通运输、航空航天。同样，也可以对其它任何基本物理规律，如电磁定律、量子规律提出类似的问题。现在几乎人人都用手机，可是人们可曾知道，没有量子力学，手机是造不出来的。

这个视角一点也不奇怪，只不过因为人们忽略得太久，直到出现**知识经济**，高科技对于社会发展的引领作用才开始触动世道人心。之所以不奇怪，是因为**世界是个发展的大链条，社会运动则处于大链条的顶端**。虽在顶端，却决不游离，而且下面所有的低级运动形式一个都不能少。哲学家们虽然早在理论上确认了这个大链条，实际研究工作却只是将这个结论**架空**、**束之高阁**，使其成为孤立的判断，不去具体分析从自然到社会的演变和社会层次结构的形成，更不把社会的发展看作**自然的**、**历史的**进程。只记得"革命是历史的火车头"，却忘记"革命就是解放生产力"，尽在人的活动中打圈子，而忽视自然规律或

---

①钟学富. 什么是物理社会学？它有什么用处？科学对社会的影响，2009 年 2 期，9 页.

技术更基本的引领作用，口头上承认必须照科学规律办事，但绝大多数社会管理者都把自然规律排除在外，认为是别人家的事情。

社会当然是有结构、有秩序的，但结构、秩序的产生和发展是有规律的，非平衡过程热力学确立了**结构和秩序产生和发展的普遍概型**，它不仅适合从非生命到生命的过渡，而且包括思想的结构和秩序，同样也适合于社会的层次结构，社会发展的基本规律都包含在其中。这些知识，社会的管理阶层都应该懂得，就像所有医生都该懂得生命起源和基本的解剖学、生理学知识一样。不懂得如何把自组织理论用于实际社会生活，社会科学就难以摆脱盲目性，更无法高屋建瓴。以演绎的方式来寻找社会科学的基本架构，是社会科学崭新的发展阶段。

有人总结社会科学的发展历经的主要阶段，最初只有社会上的杰出人士发表个人见解，虽然睿智，也可能切中某些要害，具有重要的启蒙作用，却也受着各种限制，很难有高的科学品格。个人总要受到历史的局限（谁都只生活在某个时代），以及地域和环境条件的限制（不掌握社会全貌），还有个人的知识结构和社会地位，它们决定了观察的视角，也可能带来偏颇。因为出自个人观察，免不了独出心裁的杜撰，思想、概念、定义并不统一，甚至互相矛盾。中国有人曾调侃社会问题的讨论百分之九十是"名词之争"，剩下的百分之十依然是"名词之争"，犹言鸡同鸭讲，究竟吵些什么双方都不明白。近代有所谓"语义哲学家"，他们对（有关社会生活的）概念内涵的不确定性和定义的不合规范有过强烈的批评，指出它们许多都不符合基本的逻辑标准（生造除了自己谁也不懂的词语），而语义的混乱是导致社会乱象的重要原因之一。

以最常见的概念**政治**为例，什么是政治？至少有三种定义："众人之事""阶级斗争"和"政治是经济的集中表现"。前两种显然说不通，公共卫生事关大众，难道也属于政治？阶级斗争更不对了，政坛岂可永远"斗争"下去？即便说政治是经济的集中表现，也有**如何**集中，又**如何**表现的问题？没有具体规定，谁能懂？何况"经济"本身也需要先行定义。把这种现象同物理概念对比一下：速度、能量、场强……，不仅内涵清楚、确切，而且有测量手段（符合可操作或演算的标准）。有人会说，领域不同，怎能这样比较？不然！高层次

第八章 物理学对高端现象领域的应用(二)

现象,如果把层次结构的关系理顺,以递推方法,同样可以做到内涵清楚、确切,否则高层次现象就注定只能永远含糊下去。事实上,笔者出版的两本主要著作:《物理社会学——社会现象演绎理论的探索》[1] 和《社会系统——社会生活准则的演绎生成》[2] 中,已经根据层次过渡的普遍规律将经济、政治等基本的社会生活概念做了技术化处理,重新定义了它们,证明这不但可行,而且明显减少了歧义。

另一个典型的例子就是**民主**一词,有人苦于它的含义不清,在网上悬赏30万元人民币征求它的确切定义,事隔经年,至今未果。笔者亦曾以大量篇幅从最原始的定义入手对它进行了诊断[3],发现很多人连**权力**(power)和**权利**(right)都分不清楚,甚至根本不加区分。这个词至少涉及四重含义:**权利**(民众的权益)、**决策**、**咨询**、**监督**。其中最核心的自然是"决策",但决策应是最佳化过程,需要达到单一的结论,而**民主政治**的设计却是一人一票的**普选**,等于把决策建立在**随机性**的基础上(信息在民众中的分布只能是残缺不全和随机的),本属荒唐,却被奉为**普世价值**。这分明和精密科学,如数学、物理的观念背道而驰,所以笔者不得不大声警告:**数学物理挑战西方的政治文明**,它充分证明西方政治文明的设计者全是**科盲**,完全不懂构成社会大系统的各种科学要素或要件。

可是**民主**作为政治口号,自近代以来,在反封建的革命和推动社会进步的活动中发挥过甚至继续发挥着巨大的号召作用,是主要的引领旗帜。因此,尽管如今已闹到了**乱象**百出的地步,依然被人们看作"好东西",因为一说到民主,普通百姓便立刻想到自身的权益,并拿它作为维护自身权益的武器,谁反对民主就把谁压成齑粉。像这样满身带病的概念业已成为人们的语言习惯,根深蒂固,左右着人们的思想,在相当长的历史时期是很难改变的。怎么办?绝大多数物理学家可以不闻不问,但整个物理学界,如果明知有问题,却都只选

---

[1] 钟学富. 物理社会学——社会现象演绎理论的探索. 北京:中国社会科学出版社,2002年版.

[2] 钟学富. 社会系统——社会生活准则的演绎生成. 北京:中国社会科学出版社,2007年版.

[3] 钟学富. 社会理论的数理分析. 北京:中国社会科学出版社,2013年版.

择回避，那就确实太悲哀了，等于放弃了物理学指导和协助各个现象领域构建自己基本概念框架的神圣使命。作为一个潜心治学的物理学家，笔者自认无论如何应当**先把问题说清楚**，不能**集体糊涂**，而且考虑到物理学的特殊性，这不应当叫管闲事，而是实实在在的**本分**——谁让物理学是最基础的学科呢！

  以科学研究社会的一个重要进展是引进了统计方法，它开始摆脱个人观察的限制，而注意到整体的信息。让统计数据说话，不仅客观，而且有助于防止片面性。孔夫子说"苛政猛于虎"，那只是他个人的慨叹，假如用数据说话，当局如何横征暴敛，百姓生活如何困苦，那就有力得多。进一步则是引入数理方法，建立**数理经济学**，这是一个重要的进展。然而，毕竟社会系统过于复杂，不是什么问题都能定量化处理，所以至今成效不大，仅限于对个别经济现象（如企业的**投入—产出**）进行模型分析，以求利润的最大化。这些都不触及根本，即社会如何从自然界产生，社会的层次结构如何形成，以及作为大系统不可避免的随机性和非线性效应等。必须弄清这些基本问题，把数学、物理的概念和分析引进来，才能构建演绎的社会科学理论，进而指导实际社会生活，摆正政治和经济的关系，严防随机性泛滥，正确处理市场调节和宏观调控的关系，把控各种非线性效应，防止两极分化，实现公平正义，消除权力的异化，确保世界和平等尖锐的实际问题。

  实证哲学的创始人孔德曾经提出"社会物理学"，他注意到社会现象的某些特点和牛顿力学的外在形式类比，如不同政治力量之间的角力与几个力同时作用到一个物体上类似，也有此消彼长或相对平衡的关系。这种寻求外在形式对比的热度多年来一直不减，但它注定不会有根本性的突破，反而只像是在鼓励生吞活剥物理学的名词（如"社会能量"之类）。相反，我们需要的是一个系统的架构、完整的概念框架，说明社会形态的产生和层次结构的基本关系。笔者因此把这部分内容，即大体上相当于将自组织理论系统用于社会现象的研究，称为**物理社会学**，以与孔德的"社会物理学"相区别，首次系统叙述了相关内容。希望大家能了解，是技术因素决定了人们的行为模式，而人的行为模式则决定社会的组织和结构，也就是各种社会生活的准则。这件事和思维本性的研究一样，物理学家同样责无旁贷。然而笔者深知，社会的研究绝非**纯学术**

问题,它可能妨碍社会的利益集团,干扰社会实践,所以必须以谨慎、小心和负责任的态度逐步进行,既不能降低理论高度,也要照顾当下的社会现实和人们可能接受的程度。虽然如此,这事却不能不做,笔者希望总有一部分物理学家会有这样的理论勇气。

社会的 DNA

复杂系统大都有多层次结构,从生命体已经看到,多层次结构的建造需要从最底层做起,对于生命体就是每个物种有不同的 DNA,它藏在细胞的细胞核中,控制生命个体的生长和发育,整个过程体现出遗传信息(也是结构信息)的严格控制。社会系统的 DNA 是什么?弄清了这点,也就明白了从自然到社会的过渡,社会的发展始终是自然的、历史的进程。

可以看出,社会的 DNA,或它的**基础信息**是**社会生产的技术信息**、各行各业的技术状况的总和。技术信息是有具体标准的,可以记录下来。例如,农业是刀耕火种还是实现了机械化、电气化,等等,**把各行各业的技术信息加起来就是社会生产的技术信息**。美国的工农业、高科技,总的来说是先进的,生产的技术信息十分靓丽。但美国也有少数阿米希人,他们至今拒绝用电,不要电灯,不要汽车,其生产的技术状况也就可想而知。还有极小片残留的印第安人的聚居区,生产活动只限于农业和手工业,发展状况远不能和发达地区相比。这些技术信息也要纳入总和之中,不是为了保留一道风景线,而是因为它们依然有可能和社会生产的其它部分发生关联。阿米希人、印第安人的产品也要在美国市场出售,换取他们所需的生产和生活用品。

各行各业之间的技术信息是互相关联的,信息技术有了发展,可以应用到各行各业；材料科学研制出了新材料，同样会惠及其它行业。美国社会中那点微乎其微的落后生产技术，如果下决心改造，自然十分容易，但在其它社会，难度肯定会上升。这就是差别，可以用生产的技术信息的概念直接说明。现在流行的是**生产力**的概念。什么是生产力？它不是生产总量，生产总量很高，技术落后，生产过程太费力气，生产力依然不高。所以生产力其实偏于生产的技术特性，既然如此，那就把它直接说出来好了。所以**生产的技术信息**，虽然多几个字，却比生产力更直白，是它的现代改进版，而且易于和其它科学部门接轨——信息一词，各个学科通用。

需要指出，生产活动完全是自然过程，属于前社会阶段。**自然向社会过渡，就从生产开始**。这项活动的意义毋庸赘言，它**养活**社会，与多数生命体自行觅食，自己养活自己，同时自生自灭不同，社会性动物（蚂蚁、蜜蜂等）靠群居、分工协作、集体行为来养活整个群体，这也是人类社会的特征。为了获得合乎需要的产品，生产过程必须严密组织，工艺和工序都不能紊乱，否则就不能得到合格的产品，满足人的需要。所有生产过程都是若干自然过程的有序组合，可能包括力学、热学、电磁学、化学和其它过程，它们决不能杂乱无章，否则就不能达到既定目的。社会化的第一个标志就是它是一项**有目的的活动**，与一般的自然过程不同，而这个目的最终是为了满足人体维持自身耗散结构的需要，从衣食住行到其它更高端的需求。

生产过程的技术信息都是自然信息，它的头一个控制作用就是决定**劳动分工**。人的体力和精力有限，不能从头到尾一个人把什么都干完，尤其在生产技术高度发展，复杂性大为提高的情况下，必须大家、甚至大范围（跨国）分工合作。生产工序的划分和流程的安排完全是由生产的技术或自然信息决定的，过程内容就那样，人的体能也那样，所以只能按照最合适的方式去划分、安排。苦乐不均、超出体能限制，都不是最佳选择。此外，劳动分工还要照顾个人的特征，妇女一般不适合派重活，而比较适合于精细、体能消耗较少的工序，包括质量检验之类。技术培训也得根据生产工艺流程的具体内容，需要什么便学习什么，所有这些都体现出自然信息的控制。

生产一停止，社会就死亡，所以社会运动是完全建立在自然运动的基础之

第八章 物理学对高端现象领域的应用（二）

上的，即便人体的耗散结构，也具有百分之百的自然本质，所以把社会发展看作自然的、历史的进程不是偏狭的见解，而只是**大实话**！社会形态的变迁都有其技术标志，机械化、电气化、信息化……，出现这些重要的概念不会是无缘无故；原子能时代、数字时代……，拿技术名称作为时代的标志也绝非夸大其词。社会科学家研究社会的进步，多着眼于权力的更迭，不能充分说明社会形态变迁的动因。相反，基础信息的控制在社会发展过程中始终起着决定作用，这和生命体相似，新物种的诞生源自基因的突变，但不是任何基因的突变都能产生新的物种，它还要经过环境的选择，只有最适应外界生活条件的才能在淘汰后保留下来。人类社会其实也一样，**技术因素决定着人们的行为模式**（人制造了工具，但工具也反过来决定了人使用它的方式），**进而决定社会的结构和秩序**（从劳动分工、进而劳动管理均可看出端倪）。

纵观世界历史，中国（东方）由于官本位制度和传统文化中贬斥技术（"雕虫小技"）的倾向，把近代科学发展的良机拱手让给了欧洲（西方）[①]，而欧洲则利用科学作为先导实行了**工业革命**，取得了生产的技术优势。这造就了殖民主义时代，加强了经济发展的非线性效应（穷的越穷，富的越富……），逐渐演变为今天的霸权主义（表现形式虽然不同，但在"弱肉强食"这一点上却和殖民主义一脉相承）。历史学家虽已连篇累牍做了大量解释，然而在物理学家看来，当今世界的各种纷争都源自**生产技术发展的不平衡**，进而造成经济和社会发展的不平衡，尤其这些不平衡正在被不当地利用——弱肉强食，首先是要分出强弱，而这就离不开技术。

技术因素是生产力概念的实质内涵，技术信息的基础作用曾被含糊地表述为"生产力的决定作用原理"。但在长期的社会动荡中，这个原理实际上多被人们抛诸脑后，直到今天，在知识经济时代，高科技对社会发展的引领作用逐渐凸显，才开始唤起人们对技术的社会作用的关注。但这种关注需有个**理论支点**，必须承认从社会的层次结构划分来看，最恰当的是应把生产的技术信息作为社会的基础信息DNA，社会所有的高层次结构，都建立在它的基础上，根

---

① 这称为著名的**李约瑟问题**，即为什么中国有五千年文明史，却未能孕育出近代科学（数学、物理、化学、生物），反而让欧洲人占得先机．李约瑟（Joseph Needham），英国人．

据层次过渡的普遍法则，一步步搭建起来。它体现了信息的控制，也是了解各种复杂社会现象的本质的钥匙。

社会的层次结构

社会生产向社会提供各种各样的产品，产品因其技术性能而获得各种**用途**，用途这种特性是产品在**与人的关系**中产生的，或表现于这种关系中。假如没有人，产品作为自然物并不具有使用的特性。从产品的技术特性到它的用途可以看作第一次**层次过渡**，使产品具有最初的社会特性（不仅是自然物）。以电视机为例，它有许多零件，各有各的技术指标，每个指标相当于一个**自由度**（变化的可能），它们必须全部合格，并正确连接，方能正常运作，使电视机接收信号后以声像显示播放的内容。假如有某个零件的指标（自由度）不合格，那么图形和声音便会出错，表明所有这些自由度是互相**关联**的。但是，即便电视机的零件连接和工作都没问题，能正常接收信号、播放节目，却没人使用，它也仍然谈不上用途，所以用途依赖于电视机和人的外部联系。电视机零件的技术指标很多，用途却相对有限，主要是观赏节目，也可用于监控。用途可以看作是**高层次**的信息，由低层次向高层次过渡一般有**自由度缩并**的现象（低层次信息量大，高层次信息量小）。这个规律在相变等各种场合都得到过验证，也印证了**新信息**（对电视机而言是用途，相变中则是新的序参量）**的产生源自低层次变异度的关联**，这是**新信息产生的基本途径**。

用途对不同的个人而言是不同的，这称为产品的**使用价值**。面包的用途是果腹，但对饥饿或爱好程度不同的人而言，使用价值是不同的，所以同一产品的使用价值依赖于不同的个人，也依赖于不同的时间、场合。人不能生产所有自己需要（有使用价值）的产品，必须将自己的产品同他人进行交换。现代的交换形式早已摆脱了"以物易物"的原始形式，而是以货币为中介进行。显然，人们对产品的品种、规格、性能、质量的交换意愿是不同的，这决定了产品的**交换价值**。当投放到市场中时，同一产品，规格、性能等品质可能差不多，但不同的购买者却有不同的交换意愿，出价也就不同。只要市场的信息畅通，在变分原理的驱动下，最终大家会以大致相同的买价和卖价成交，这个相同的价格就是产品的**市场价格**，代表产品平均的交换价值。这个过程相当于物理学中凝聚物质的弛豫过程，是由非平衡到达平衡，从而形成统一的温度。温度的形成是分子经过碰撞（物理相互作用），交换能量，从而达到平衡分布（如波尔兹曼分布）的结果，市场相同价格的形成则是由于信息交换。假如没有它，买家和卖家都不知道别人的成交价格，那就不能形成统一的市场价格，可见信息交换和物理相互作用的地位相当，这是形成市场大系统的必要条件。

价格形成是重要的一步，有了价格，才可以计算成本和利润，有了成本和利润就可以谈论企业的经济核算，对企业进行**经济管理**，使生产服务于盈利的目的——赔本的买卖尽量不做，通过盈利来养活企业的老板和员工。这意味着，我们已经过渡到了较生产技术更高一级的层次。**价格显然概括着技术信息**，技术高超、性能优越的产品使用价值高，交换价值也高，在市场中当然会卖得较高的价格。上面说过，可以把产品的用途看作是从它的技术特性经自由度缩并得来的，用途形成使用价值，进而形成交换价值，最后体现为产品的价格。可见价格必须看作高层次的信息，它的确处在较生产的技术过程更高的层次上，这个新的更高的层次就是**经济系统**，它的出现完全遵从了系统层次过渡的普遍规律。这个过程实现了从自然到社会的过渡，经济信息（价格、成本、利润等）不再是自然信息，而是社会的信息（和人的群居有关）。

因为经济系统高于技术系统，所以对生产的经济管理要**高于**技术管理。经济管理的目标，就单个企业而言，主要是利润指标，即追求利润的最大化。它具有比技术更高的权威（指令执行的优先度）。比如说，引进新技术会给生产带来更高的效益，但引进新技术必须付出相应的成本，它可能影响当前的生产。这个决策就必须由经济管理而不是由技术层面作出。在日常生产中，生产哪些、生产多少等，都得由经济管理层面根据市场需求、原材料供应、环境污染等诸多因素决定，这都证明经济层面高于技术层面。这是就单个企业而言，假如把企业纳入社会，那么企业的利润指标则需要服从社会整体的发展目标，这叫作**社会效益高于（企业的）经济效益的原则**。

社会的经济运行需要有各种**秩序**作保证，统称**经济秩序**。因为生产需要分工合作，企业间的相互关系极其重要，市场是一个大领域，实行交换时需要遵守市场的规则（垄断、欺诈、暴力等均不容许），等等。市场之外，企业之间还有债务或其它经济合同，按照契约原则，合同必须履行，否则就会造成经济纠纷，妨碍生产和经济的运行。必须使各种秩序都得到遵守，才能协调配合，使整个经济系统健康运行。此外，还有更广泛的**社会秩序**，涉及社会成员的人身和财产安全以及其它必须遵守的社会生活准则（如家庭伦理、人际关系，直到交通秩序、公共卫生等通通包括在内），它们一旦遭受破坏，也会造成乱象或局部危机。经济和社会秩序必须有更权威的机构来维护，否则将不利于社会生活的正常进行。

这意味着需要另一个层次过渡，再来一次自由度的缩并。经济生活有许多方面，每个方面都有必须遵守的正常秩序，但社会上总会有人不遵守这些秩序而自行其是。于是需要将所有这些秩序——体现为人的行为——划分为两种：健康的、有利于经济发展和社会生活正常进行的；不健康、不利于经济发展和社会生活正常运行，甚至带有破坏作用的。区分这两种情形，便相当于又进行一次自由度缩并：经济和社会生活都有许多方面，各有各的规矩，对人的行为均有所规范，一切都不能乱来，这些规矩和秩序的内容很多，代表了低层次的变异度。缩并后只有两种，称为**合法**和**非法**，**法**或**法律**就是过渡到高层次系统产生的**新信息**。当然，细致一点，还可以区分健康与否的程度或性质，相当一部分可以不归并到法律层面，而只纳入**道德**层面，不诉诸法律的惩处条款，只接受道德或舆论的谴责。道德和法一样，也是过渡到高层次产生的新信息。

法律（道德）的要义就是违不违法（遵不遵守道德规范），并且包含程度划分，所以它比经济和社会秩序内容单纯，但却**高于**经济和社会秩序的层面——违法将被制止、取缔，甚至处罚。一旦区分了合法和非法、道德和非道德的界限，就等于给每种社会行为加上了新标志，使其多了一种特性，这个高于经济层次的东西就是法律（道德）层次。因为道德只受舆论监督，没有实际专设的"道德法庭"，而法律则不同，在成熟的社会中，应有一整套立法、司法及相关的检调、执法的专门机构，使法律得到强制执行。这些机构隶属**政府**部门（不允许私法），于是在语言习惯上"法"便沾上了**政治**的意味。不过在严格的意义上，两者还是有区别的，所以有时人们会说：司法归司法，政治归政治！这表示政治一词还有更多的含义。

政治层面最重要的是**行政**，它有**统领全局**、**强力执行**（行政命令）的意思，因为社会系统必须有一个**代表整体利益**，并**控制整体运行态势的机构**，它在系统内部具有最高的权威，维持系统的整合，这导致**行政主导**的原则。它的核心是协调整体和局部、这个局部和那个局部的关系，换言之，局部看来可行而整体看来却未必可行，不符合整体利益最佳化要求的，通通都要调整、改变、取缔，甚至惩处。它也同样包含自由度的缩并，即把各种社会行为划分为两种：符合整体利益的叫**政治正确**，否则为政治**不正确**。可以把这样定义的政治和前面提到的定义对比一下，相信优劣和高下立判（从概念的准确性和明确性，以及内涵是否反映社会生活的实际需求判断）。

西方的政治和经济理论没有系统的概念，自然也没有系统的发展和层次过渡，它们只着眼于个人的思想行为，而各种思想行为的理由则归结为**利益**。从社会管理来说，只要大家达成协议，哪怕只是妥协，即可避免冲突，相安无事，所以崇尚**契约精神**，但契约的实施并无切实的保证。西方经济理论的核心是自由竞争，市场决定一切，没有、甚至排斥政治或行政干预（除非处于战争状态）。所以，西方的政治和经济系统经常**脱节**，犹如两张皮。政府只管收税，无权过问企业的自主经营。而一旦企业的自发行为导致经济危机，政府不仅不能防患于未然，多半是救助乏力，"止血"慢得出奇。纵观西方的政治理论，它只在行政、立法、司法"三权分立"的概念上兜圈子，核心是权力的分配和垄断，毫无政治服务于经济、服务于民生的概念（"民治""民享"不过是空话），这样的政治本质上早已**异化**[①]，只服务于政客个人或所属党派的利益。

高层次系统是在低层次基础上产生的，是它们的基础变异度发生关联造成了自由度的缩并，从而产生新的信息，所以低层次的基础作用万万不可忽视。低层次系统的决定作用本质上反映的是自然规律，包括物理规律，它们是万万不能违背的。高层次系统的构建中处处体现了低层次信息的控制，即便在最高层次中也能看到技术信息的直接影响，不仅所有的执政者都不能忽略"没饭吃就得饿死"的自然规律，而且在大国博弈中，导弹的射程和速度，立刻就能反映为谈判桌上的实力，它们都体现了低层次的规律（信息）对高层次的决定作用。同时，高层次信息又概括着低层次信息，正如价格概括着生产的技术信息一样，因而具有更高的权威。不过这种权威归根结底是为低层次服务的，例如经济管理是为了获得高额利润，从而为技术开发提供资金和其它便利。同样，法律保护健康的经济和社会秩序，也是为了使生产和生活健康进行，为全体社会成员服务。绝对不能认为高层次系统具有更高的权威，就可以脱离低层次系统，自行确定行为的目的。如果政府内部只关注权力斗争，忽视国计民生，那样一定是出现了政治的"异化"，将从根本上伤害国家整体的发展利益。

市场大系统

市场是个大系统，由众多的买家和卖家组成。大系统的特点是，**个体遵从动力学规律，集体遵从统计学规律**，两者不可偏废。动力学规律支配个体的行

[①]笔者在《休闲哲学》（北京：中国社会科学出版社，2009 年版，145 页）中重新表述了黑格尔对**异化**的定义，将其转述为寄生目的**超过**基本目的的情形，它和黑格尔的定义等价，却更通俗易懂.

为，造成个体成员行为的自发趋势，也就是趋利避害，互相竞争。不同的动力学规律即不同的趋利避害方式或行为，将会造成不同的统计。在物理学中，粒子遵从古典力学或量子力学的运动方程就会造成不同的统计形式：古典统计和量子统计，它们的平衡分布函数很不相同，古典的是波尔兹曼分布；而量子统计中，则要区分费米子（fermions）和玻色子（bosons），前者服从泡利（Pauli）不相容原理，一个量子态只能容纳一个费米子，玻色子却不受此限制。因此，玻色统计和费米统计是不相同的，在平衡态下有不同的分布函数。在物理学中，凝聚态系统的个体成员是分子、原子或其它粒子，它们都遵从动力学规律，而整体则遵从统计规律，因此和市场有完全的类比。市场中的买家和卖家也有变分原理或动力学规律？不错！买家的动力学规律是要价廉物美，买得最便宜，卖家则是要卖得最好的价钱，两者都符合广义变分原理的精神，却互相制约。与凝聚物质的区别只是，这里的变分原理是**双重**的：买家和卖家不同，但都是为了自身利益的最大化，都可以造成个体成员行为的自发趋势，这个自发趋势是实行统计的基础。

  之所以把市场叫作大系统不仅是因为买家和卖家人数多，而且主要是因为各个成员之间并不独立，而是互相关联，**有关系**，它对市场的品质有重要影响。买家和卖家之间的关系不消说了，那是交换的对象，互相博弈、讨价还价。即使买家和买家之间，卖家和卖家之间也一样，具体体现在，你我都是买家，哪怕互不认识，你如果出价太高就影响我的还价；同样，卖家和卖家之间，你喊价太高或太低都会影响我如何喊价，除非市场中没有信息流通，而这在现代社会几乎是不可能的。在市场这种以智慧生物为个体成员的系统中，信息交流处于与凝聚物质系统中粒子之间的物理相互作用类似的地位，这是因为信息的控制作用，接受了新信息，个体就会采取与之相应的行为，知道另一处卖家的价格便宜，便立即降低自己的还价，或者直接转向便宜的卖家，而让原先的卖家自己降低自己的要价，所以信息的流通常常会改变市场的品质。在凝聚物质的系统中，粒子的平均自由程或者与之相应的弛豫时间对系统的性能有重要影响，因为它们体现了分子之间相互作用的强度（平均自由程短则分子碰撞频率高，弛豫时间也短），例如物质的电导率、热导率都是由平均自由程决定的。假如市场中信息交流不充分，价格就会参差不齐，不易形成平衡的市场价格，出现所谓"地方差价"，而且价格达到平衡所需的时间也较长。市场中产品种类很多，形成产品的价格体系是一个很专门的学问，物理系统中也有多种成分的物质系统，也有多元系的相平衡问题，两者应有相似之处。

重要的是宏观条件和**宏观调节**，这是统计规律发挥作用的领地。在物理系统中，温度、压强等都是宏观变量，反映的是系统的整体性质。它们同时也是系统活动的宏观条件，改变这些条件，就能调节系统的内部活动如何进行，这在物理学中是自然而然的事情，所以该加热就加热，该加压就加压，这属于"宏观调节"，物理学家鲜有下命令让粒子"齐步走"之类的情形，因为这没有可操作性。但在社会系统中则不然，某些命令确有强制性作用，"堂上一呼，阶下百诺"，统帅一挥手，千军万马便一齐掩杀过去，这和物理学家难得指挥单个粒子的情形大相径庭，它会造成某些假象，使人淡忘了更深层次的社会发展规律——动力和统计学规律。

除此之外，**经济学家从来没有物理学家的眼光，对动力和统计学规律的关系有通盘考虑**，所以他们对市场的自发行为总是感到神秘，甚至十分忌惮，称其为"看不见的手"。不少人对设置市场的宏观条件多有顾忌，他们更看重自发趋势，称为"自由经济"学派，另一些则相反。纵观经济学领域，因为经济学家们普遍缺少动力学和统计学规律相互关系的理论认识，他们多半是从当前的经济现象的观察来得出自己的见解。所以西方经济学中所谓各个学派的分歧，其实都是在宏观调控和放任自流两者之间不同的偏颇，他们都该向物理学家学习才是。

顺便指出，把市场看作大系统，这也给著名的**边际理论**提供了依据，很多边际效应，包括边际生产值递减的规律，实际上只是大系统中的**渐近行为**。

两种社会观：自由人集合 VS. 社会系统

必须讲明白两种不同的社会观，这其实来自数学和物理学中表示集体对象的两个基本概念：**集合**和**系统**。人们想不到，东、西方两种制度之间的巨大差别、分歧和对立，说不定真有可能把世界彻底毁灭，可是在理论上，归根结底，竟然是出自这两个概念的差别：集合还是系统。这不是故意钻牛角尖，实实在在是这两个概念的巨大差别还没被人意识到。

集合是康托尔早年创立集合论时引入的概念，它曾被认为是"不可定义"的。为什么？因为它太基本、太原始，没有哪个概念能摆在它前面，用来定义它。这其实不正确。概念的定义主要是揭示其内涵，不在于比原始，集合一词总该有内涵吧？不然谁知道你说的是什么。集合当然是指一个集体对象，有很多元素（这是个不定数，可能只有一个，甚至为零——空集），但这还不完全，集合的元素必须具有某种**相似性**，比如都是**花**，非花的对象便不在此集合中。花的概念外延太广，可以进一步限定，例如只是红花或者某个特定花园中的花，等等。可以把一国的国民看作一个集合，因为有相似性——均属一国，但这引申不出什么具体内容，对认识社会的结构和秩序没有什么帮助。但西方的政治家正是这样来看待社会的，他们认为社会就是**自由人的集合**，他们运作社会的主要设计全是基于这个集合的概念。什么是自由人呢？就是你管不着我，我也管不着你，但大家生而平等，都有与生俱来的天赋人权。在谁也管不着谁的集合（社会）里，大家肯定自行其是，一片混乱，怎么办？只得借助**契约精神**，彼此达成协议，共同遵守，于是才诞生了社会的规则和秩序。显然，这些规则和秩序只能是商量出来的，依靠"少数服从多数"的原则，只要大家同意就行（没有其它的客观标准）。个中当然还有另外一些名堂，比如所谓**经济人**假设，认为人的本性都是自私的，制定社会生活准则就是要限定人的自私，尤其是在权力管理的领域。这些观念似乎言之成理，实则漏洞百出。比如人怎么生而平等？富人家和穷人家的孩子怎么平等？人一生下来便卷入各种社会关系（家庭关系亦属于社会关系），就有与生俱来的权利和义务。一投入社会生活，便要与人分工合作，在市场中则与人互相关联，怎么可能自由？然而，当今西方政治文明的主要设计就是如此，它无视现实，硬把这些观念强加于社会，成为社会思想的主流。

与此相反，还有另一种观念，就是**社会系统**。什么是系统呢？它也是一个集体对象，有许多成员，但它不要求成员之间必须相似或有某种一致性，只要求它们之间必定存在某种**关系**，假如你和系统中的任何成员都没有任何关系，那么你就不该属于这个系统，意思就这么简单。

集合对还是系统对？这得看**事实**怎么说话。社会的确是由人的群居造成的（其实猴子就开始群居了），群居的目的是集体觅食（如集体狩猎），它比动物界普遍的自行觅食强，哪怕遇到猛兽，大家一哄而上，于是猛兽顷刻伏尸于标枪和石块之下。在这个过程中，人和人必须互相协作，也就是彼此有关系。社会的基础是生产，不生产无以养活人类，而生产活动中，人就只能分工合作，上下工序之间必须密切配合。这是实实在在的正理，比天赋人权实际得多。"天"是什么？上帝还是大气？它怎么赋予人类权利？赋予哪些？赋予多少？说不清楚嘛！实际上都是人自我主张的权利。相反，大伙儿猎获一头野牛，那就可以分食牛肉，何其实在！现代社会虽然比古代复杂千万，但是基本道理依然不变，有生产、有产品，才能保证社会成员的生活和其它需要，而生产活动从制造工具开始，绝不会只是个人行为。

系统的原则**不**是少数服从多数，它**不是真理的原则**（真理有时就在少数人手里），只是脱胎于**人多势众**的暴力原则。何况 49.9% 也是少数，难道能置这近一半成员的利益于不顾？系统的原则是：**齐心协力、统筹兼顾、分工合作、局部服从整体**。齐心协力的意思是大家致力于共同的整体目标，原因无它，个体只有在整体的发展中才能真正充分发展。这和自由人集合的概念完全不一样。譬如美国宪法宣称，只消每个人都充分发展了，整体便自然发展了，这是一种简单的**算术型思维**，既不符合实际，也与相关的理论冲突。物理学的**多体理论**告诉我们，但凡成员之间存在相互作用（关系），总能量即不等于单个成员能量的算术和（算术法则不成立）；相反，依赖于相互作用的强度，它可能差好多倍。原因无它，因为存在**关联能**，即从相互作用中获得的能量。除非把相互作用减弱到零，总能量才会等于个体能量相加。这也合乎普通常识，绝大多数事情，单靠个人分别去做是根本做不成的（让工人一个一个去盖大楼，能成吗？），尤其是科技发展，不可能只靠个体的力量。看看当今的高科技，哪样不是依靠社会整体的力量？假如原始人从一开始就放弃协作，那将绝对不能走入今天的文明社会，说不定早就灭绝于重大的自然灾害了。正因为如此，局部服从整体是一条基本原则，它和少数服从多数完全是两码事。

统筹兼顾就是要寻求整体的最佳发展道路——有整体利益就有整体利益的最佳化，就有整体的变分原理。"筹"就是谋划、论证，寻求最佳的变分路径。它包括根据总体的运营和发展态势，调动各种资源，区分轻重缓急，集中力量办大事。兼顾就是照顾各方的利益，不仅有多数，还有少数，甚至个别成员。为什么？每个成员只要出了力、有贡献，就有权利享受社会发展的成果。权利不是别的，既是成员的个人需求，也是保证他为社会尽义务的条件，不给人以相应的保障，如何叫人上班？所以，没有抽象的权利（不是权力），只有权利和义务的统一。

个人自由和个人权利（权益）当然是有的，因为要对社会尽义务都得有基本的生活条件，假如得不到应有的保障将会影响整体的运营，社会本身就该关注劳动力的再生产，不仅在生活上保障，还有教育和其它精神层面的东西。既有统一意志，又有个人的心情舒畅。

数学中应用集合概念的机会比较多，不同的集合是不同数学分支的研究对象，而物理学中则更强调系统的概念，因为任何物质对象，归根结底都是物理系统，包括人类社会在内。社会形态的变迁就是系统内部各种关系的转变，研究社会只能采取社会系统的概念，也就是只能从现实的社会关系出发，它才是我们认识和理解社会结构和秩序的正途。

以人为本

全部社会运作的根本目的是全体社会成员的身心全面发展，这叫作**以人为本**，"全部社会运作"意味着从生产活动开始，一切经济行为、政治举措、思想教育，归根结底，都是为了这个目标。这个目标之外的其它目标都只是"寄生的目的"，过头了便只能导致**异化**。目的是信息控制的基本问题，偏离了目的的控制都属于错误行为，需要及时纠正。

身心全面发展包括**身**和**心**两个方面，**身**是基础，它要有充足的物质条件满足人的各种需求，它们主要从社会生产获得，而为了生产的正常运行和健康发展，则需要精心组织相应的经济活动，并保持社会的安定有序。至于**心**则是指健康的思维，包括对社会生活准则的深刻了解和认识，自觉遵纪守法，努力工作，在为社会做出应有贡献的基础上，享受社会给予的各种权利，在充分享受这些权利的同时，获得个人心理的满足，产生各种心理的愉悦。

权利和义务的统一是一个重要问题，没有**抽象**和**自我主张**的权利，**权利的基础是履行社会义务总需要某些条件**，至少是生存（温饱）的权利，受教育（培训）的权利，在疾病和衰老的情形下获得社会救助的权利，在合理（法）权益受到侵犯时提出申述和自我保护的权利，还有其它依据职务和职能应当享受的合理权利，等等。这些权利当然是随着社会经济的发展而不断提高的，因此一方面固然不能进行无条件的攀比，但另一方面，社会的每个成员的确都有权利享受发展带来的成果，随着经济的增长而不断改善自己的生活条件。政府和管理部门更应该把这些成果不断转移到全体民众身上，不断满足民众日益增长的提高自己生活水平的愿望。

第八章 物理学对高端现象领域的应用（二）

保护每个社会成员的合法权益是以人为本的重要内容，因为社会各部分的差异和不平衡，总有某些在分配上的苦乐不均和少部分人非法侵害他人权利的情节，它会破坏社会的**公平和正义**，从而影响劳动力的再生产，对社会的健康发展不利。

但社会的公平和正义遭到破坏并不主要是由于个别人的不当作为，而是因为广泛存在的**非线性效应**的过度发挥。非线性效应**到处都有**，最简单的就是复利，钱生钱、利滚利。不过钱生钱不光是投资的利息，还有投资的机会。一项新技术出现，资金雄厚的马上捷足先登，投资、开发、造出拳头产品，迅速占领市场，带来丰厚利润，而资金短缺的便只能望洋兴叹。这使得穷者愈穷，富者愈富，在国际间这种现象尤为突出。教育资源的利用也是一个例子，家道殷实的子女受教育机会多，未来事业飞黄腾达，收入分配自然占据优势；反之，穷家小户，孩子早早辍学，一辈子便只能从事低端劳动，难得发达。此外还有熟知的名人的**马太效应**，即名人利用自己的名气聚敛更多的财富和资源，使自己事业更加成功，于是更加"出名"，等等。

然而，解决社会的公平和正义不能简单去遏制非线性效应，它是一个很复杂的问题，既是破坏公平和正义、造成两极分化的罪魁祸首，又是社会发展所必需的原动力。因此，它是一把重量级的双刃剑，既有不可或缺的原因，又有不得不适当限制的理由。

因为社会发展意味着新的结构和秩序的建立，它**不是连续变化，而是从一个非平衡定态过渡到另一个非平衡定态，必须依靠非线性力**。先打破原有的结构和秩序，经过弛豫，然后再建立新的结构和秩序[①]。非线性效应是个好东西，没有它，社会发展就会原地踏步。但它确实又不能过头，否则又会带来破坏性的后果。所以必须掌握时机、拿捏分寸。认准各种不同的非线性机制，恰如其分地引导它，又不失时机地限制其出格，这是很高超的管理艺术。随机性和非线性是社会生活中的两个大问题，然而当代社会科学家还没有充分了解它

[①] 参见钟学富：《社会理论的数理分析》（北京：中国社会科学出版社，2013年版）中"非线性效应和社会正义"一节以及"科学家看'大款'系列"诸节。注意：任何非平衡定态的建立都需要非线性力。

们的重要性，不能从全局的高度来认识和掌控它们。在选举模型中我们见到随机性的作用，在社会的公平和正义背后我们则察觉到非线性效应的影响。物理学家理解这些概念应当不会有困难，但把它们移植到社会科学中却殊非易事。那些只会就人论事的社会科学家，不大习惯关心事情背后更深刻的科学道理，在这点上物理学家应当给予点拨，不怕**好为人师**。

财富的物理本性

社会生活的每个方面都需要信息控制，才能保证它秩序井然。比如犯罪，有各种刑罚，它们是如何确定的？可以认为，这就是信息控制的典型，因为受到何种惩处是由犯罪的动机、情节和危害大小（犯罪的信息）来决定的，刑法就是界定控制的规则。财富分配、继承也一样，也需要信息控制，怎么控制？从根本上说，它离不开财富的物理信息。

财富都有物理本性，因而它们的**使用**、**管理**和**占有**均须接受相关信息控制，分清情况，区别对待。要分清生产资料和生活（消费）资料，只有少部分既可用于生产，亦可用于消费，但在每种具体情况下仍然可以区分它们的性质。生产资料需要集中使用，消费资料则应分散到个人或家庭。现代社会的基本矛盾之一就是**生产的社会化和生产资料私人占有**的矛盾。一般来说，生产资料具有更丰富的物理内涵，它的使用和管理较生活资料更为复杂，需要经过专门训练和经验累积方能胜任。因此，企业管理人员必须严格挑选，不是谁都能胜任，否则很容易在激烈的市场竞争中遭受失败而导致破产。这就决定了这部分财富不适合私人占有，以血缘关系继承，可惜现在的财富占有制度仍与此背道而驰。尤其重要的是须知，生产资料养活的**不只**是它的占有者，而是同时包括员工等一群人，企业倒闭，老板受损，员工也会失业，所以它不是单纯的个人问题，本身就带有相当程度的社会性质。假如再考虑财富的社会本性①，生产资料继续由私人占有确实没有任何正当性。比尔·盖茨提出**代管**的概念，但尚无具体实施方案，也没有配套的法律制度，使盖茨只能以自己承诺将资产捐助慈善事业的方式结束财产由子女或血缘关系继承的办法。

这个问题的出现显见是社会的 DNA，即生产的技术信息越来越走向复杂化的结果，它使财产按血缘关系继承的办法越来越丧失可操作性（子女没有能力或兴趣掌握父辈的公司、企业），叫比尔·盖茨的子女去掌管微软？听着便觉得荒唐。再说，随着社会经济发展，普通民众最基本的生活需求已经大体可以满足，子女未来的生活无须以父辈打拼一辈子创下的家业为依靠，社会本身即可满足他们。现在比较发达的国家和地区，有的已经开始试行给每个居民免费发放基本的生活补贴的办法，将来多半会逐步推广。尤其现在人工智能迅速发展，财富日渐增多，将来的世界真的可能只消 1% 的**"神人"**便可养活，其余 99% 的**"凡人"**均只需享受生活、发展个性。切莫因为无知而限制了自己的想象力。有一个关于财富分配和占有的**基尼系数**的概念，它以年度收入来测算财富的分配，其实十分含混。首先，年度收入不等于财富的占有；其次，生产资料和生活资料两者不加区分，都归于个人财产名下。前文已经说过，生产资料本就该集中使用，在现行的所有制下，财富实行**占有**而非代管，富豪们的资产其实主要是生产资料（公司或股票），但这种集中是有合理性的。因此，简单以基尼系数过高为由进行批评不尽然合理。

---

① 当今社会一切财富，哪怕小到一根钉子，都不是企业单打独斗的成果，你生产了钉子，但钉子的金属包含了当代冶金学的成就（否则硬度不达标）。所以，每种产品本质上都是社会集体努力的成果。从前小学生听过**千人糕**的故事，一块小米糕，从种地到磨面开始，加上工具，牵涉的何止千人！道理一样.

社会形态的变迁

认定社会的结构和秩序属于**非平衡定态**是一个重要的概念,它们是时间中的耗散结构,一个程序或一种规章制度,先做什么,后做什么,不许乱来,时间顺序清清楚楚,和空间的耗散结构意思是一样的。任何社会单元,学校、公司、医院、部队……,均须有自己的章程和规矩,才能有自己的工作秩序,也才能执行自己的功能。20世纪学术界曾经讨论结构和功能的一般关系,它们好像是一对孪生兄弟,有结构才有功能,结构一乱,功能马上受损。例如,医院挂号秩序乱了,就诊肯定就会遇到麻烦。必须**以结构和秩序的眼光观察各种事物和现象**,随便指出一件事物,都能看出它的结构。方块字的笔画就是结构,拼音文字也一样,字母有确定的形状,字母在单词里有它的顺序。语言也一样,每个发音,都有唇、舌、齿、声带、口腔和呼气的密切配合,否则发音就不准,让人听不懂。社会的大结构和秩序,也就是社会制度,更是如此,既有原则精神,又有各种具体规定,一切都不能乱来。

社会发展就是社会的结构和秩序或其**形态**的变迁,但结构和秩序不会连续变化(不是编序集合),只能采取**突变**的形式,从一种结构"跳跃式"变成另一种结构。当然,有些结构和秩序的变化可从局部开始,一点一点来,逐步扩展到全局,显现出一种"平稳过渡"的样子,没有大的动荡。所以在社会科学家中有**革命**和**改良**之分,但在物理学家眼里,即便是局部的秩序改变,依然是结构的突变,只不过突变的幅度有大有小而已。

从一种结构和秩序过渡到另一种结构和秩序,或从一种非平衡定态过渡到另一种非平衡定态就是社会形态的变迁。其要害是两种定态之间的情形,它们是一种**灰色**地带，既不完全是前一种，也不完全是后一种。旧的结构和秩序被打破或正在瓦解，而新的结构和秩序尚未完全建立起来。这在热力学上属于非平衡态，它的目标结构可能尚不明显，社会人群便往往感觉无所适从，不能确定自己的目标，使行为显得混乱。在这种情形下，民众的生活会受到影响，有时甚至是痛苦的煎熬，它是社会变革需要付出的代价。不过代价总是越小越好，由于社会的激烈变迁或平稳过渡造成的差别很大，须视实际情况决定长痛还是短痛，在这个意义上，改良主义也并非绝对的"坏"。

古典热力学中有所谓**准静态过程**，其中每个状态都是平衡态。这个概念可以推广，即每个状态都是非平衡定态，社会改良主义更接近这种情形。假如能积小改革为大改革，积小胜为大胜，避免代价过高，何乐而不为呢？当然，如果只用钝刀子割肉，半天割不下来，那就长痛不如短痛（短痛多半是剧痛），也未尝不是一种选择。因此，革命的、疾风暴雨式的群众运动，一个政权推翻另一个政权，一切打乱了重来，历史上曾经多次发生。也有人因此赞美它的痛快："革命是历史的火车头"，几乎拿它作为历史发展的常态——不断革命，继续革命。"革命"一词应和政权更替相联系，同时有制度的重大改革，不能泛政治化，把什么都叫革命。正常的政府或领导人换届并不是革命；经济腾飞，江山旧貌换新颜，也不能叫革命。

更重要的是，革命本身不是目的。武装夺权政权，政权到手，革命成功，但它只是阶段性的目的。革命的根本目的还是发展生产，促进经济腾飞，造福民众，这是政治和经济的基本关系所确定的。假如把权力本身当作目的，那就是权力的异化，背离了政治服务于经济的基本目的。

正常的社会发展，应当是随着技术进步，生产发展，促使人们自然地改变自己的行为模式，进而调整社会的结构和秩序。看看当今世界的进步：通信、物流及其它种种高科技的发展，已经大大改变了人们的行为模式。邮局的大部分功能被快递、电邮、手机所取代，由此又带动电商、支付形式和实体店等商业和金融的变革。它们给经济带来了前所未有的活力，同时也改变了运营的生态，更别说军事技术的发展给战争的形态造成的冲击了。这一切都充分证明了技术信息的基础作用，它们是社会当之无愧的 DNA。这些 DNA，不仅通过系统的层次过渡影响高层次的系统,而且在很多时候,能够直接影响高层的运作。我们已经举过导弹的射程和精度直接影响大国博弈的例子,也提到财富的物理本性对于它的使用、管理和占有的影响,它们都充分展现了基础信息对于社会生活各个方面的控制。

第九章

世界的统一

世界的统一性

首先澄清题目的意思，什么是世界的统一性？为什么要考察它？

曾经有种说法，至今依然流行，即世界的统一性就在于它的**物质性**，意指凡思想所及之处，无一不是物质：世界上除了物质运动就再没别的什么，而物质除了在时间和空间中便无法运动。可以指出，这是与古典物理学相适应的典型思维，它所声称的时间和空间就是古典的时空，具有一维和三维的连续统结构。世界的统一性就在于它的物质性，这句话有什么用吗？也许在和"唯心主义"的论战中是有用的，但思维的本性厘清之后使得唯心主义再无立锥之地，两种主义的对立从此消失，唯物主义也无须再同唯心主义论战——论战并不解决什么问题，因为思维对存在的关系是科学问题，只能用科学或实证的方法解决，用不着哲学的思辨。

说世界是物质的，**对于物理学家几乎不传递多少有用的信息**，他们本就是这么想、这么做的，所以大家以为物理学家是"天生的"或"自发的"唯物主义者。假如不把自己研究的对象或面对的世界作为物质，或不依赖于主体意识的客观存在，物理学家还能做什么呢？因此，世界的统一性就在于它的物质性，对于物理学家并无新意，是一个**平凡**的命题，大家都认可，犹如大实话，一般不引起争议或怀疑。

逻辑上，**统一**一词适用于两种情况，一是**唯一**的对象，只此一家，别无分店，比如世界发展的大链条，只有一条，没有第二条，任何现象都属于这个大链条，不可能在它之外，这当然代表了世界的统一。二是用于**不同的**对象，相同或相似的对象，早都统一了，还须说什么呢？所以，考察世界的统一，需要

第九章 世界的统一

从**不同的事物**中寻找，否则就根本不用找，这个道理也很简单。那么世界的多样性或差异表现在哪里呢？那就是物质的运动形式不同，实际上是发展阶段不同，这造成了不同的现象领域，从低级到高级，差别很大。每个领域都有属于自己的特殊运动规律，决不与其它领域雷同。那么世界只是这么纷繁复杂、千姿百态，找不到任何交集了？不然，它们之间仍然有着千丝万缕的内在联系，否则就谈不上自然界发展的大链条，就没有从低级到高级的层次过渡。**这种统一性有多种表现形式**，需要逐一去发掘和研究，最早被发现并研究的就是数学，它曾被定义为"数量关系和空间形式"的科学，大体对应于初等数学的算术、代数与几何。当然还有其它更多的，像信息这类概念，贯穿于各个现象领域，也是统一的表现。

为什么数学是世界统一性的表现呢？这门学科是从小学生的算术开始的，而算术则起源于**计数**，也就是"自然数"，有了自然数和四则运算，就有了数学最初的萌芽。数学的统一性首先就体现在，无论哪个现象领域，基本的计数规则和四则运算是完全相同的，4个电子、4种元素的原子、4条生命、4座工厂和4个犯人……，全都是一样的。它们也适合同样的四则运算规则，这不会有什么怀疑。为什么要强调数字的这个起源呢？就是古代的哲学家和数学家，例如毕达哥拉斯（Pythagoras），他对数字和现实世界的关系有些迷惑，充满了神秘感。他不觉得"数"只是代表事物的共性，而是胡乱猜想数是"本源"，"物"是从数"幻化"出来的，抽象的东西在先，具体的东西在后。中国的道家也有类似的说法：道生一、一生二、二生三，然后是千千万万。"千千万万"就意味着世上的一切，而"道"是很抽象的东西，这就颠倒了世界的基本架构。

必须承认一个基本事实，即人对外部世界的认识，包括所有的概念和规律，通通出于自己的头脑，**是头脑想出来的**。这毋庸置疑，因为概念和规律都属于**思想产品**，但这并不表示思想产品**先于**外部的客观现实。相反，认识的感觉起源证明，是外部世界提供了各种事物的信号，启动了一系列的神经过程，它们才是一切思想产品的**发端**，从感觉到思想产品不过是一个**输入**—**输出**的模型。但是，在冥思苦想和对自我的过度玩味中，有人难免产生幻觉，甚至走火入魔，特别是对思想现象，尤其反馈控制中心的自反馈或**自我**，人们长期保有特殊的神秘感。早期的存在主义一直拿**我之为我**（我为什么是我自己）当哲学的基本命题，至今仍未完全消除，它误导人们把现实世界当作某种精神的体现，就像狄德罗（Denis Diderot）挖苦的那样：能感觉的钢琴，会有那么一个神经错乱的刹那，以为宇宙间一切谐和的基调都包藏在自己内部一样。尤其是黑格尔，他公然把物理世界看作所谓的"绝对精神"的实现。哲学家们仅靠哲学的思辨解释或理解不了的东西，如现实世界何以如此丰富多彩，精巧别致，便只能去找一个精神，甚至"神"的背景或起源，这在哲学史上被称为"唯心主义"，有种种表现形式和众多的代表人物。这和科学的方法完全背道而驰：科学只从现实世界寻找现实问题的答案，依靠实证的方法，决不搞神秘主义。尤其现在，既然已弄清了思维的本性，把它最终**还原**为物理化学过程，唯心主义理论上便再无立锥之地，它应当只被看作一个**历史名词**。与此相应，唯心主义没有了，唯物主义也该同时消亡，因为它已成为人们的共识或思想习惯。此后人们当然还会犯这种或那种错误，因为只要有认识活动，有对未知的探索，错误便总是难免的。但已无须对任何错误贴哲学标签，就事论事，是什么错误就是什么错误，不必谈也谈不上什么"主义"。因为"主义"应是一种主张，科学昌明之后，人们很难再去主张什么"物质实在来源于人的心智"，或其它什么虚无缥缈的东西，即便有几个人主张，也没有市场，成不了气候。

对于数字和数学，也不再需要有什么神秘感，它来自世界的统一性，是各个现象领域最基本的共同的东西。有计数就有算术运算法则，有编序和可测集合便会有实数集合，进而衍生出复数和**多元数**（复数是二元数，含虚单位 i，它是从二次方程产生的，高次方程可以产生更多类似的**虚单位**，称为多元数），还有多个分量的矢量、张量、旋量、矩阵等。它们体现出复杂的数量关系，都是现实世界可能存在的概型。数量关系不属于特定的现象领域，不粘带特殊现象的特殊本质，它只是一类**形式关系**，研究这类形式关系的学科叫作**形式科学**，与专门研究某一类现象的**实体科学**，如物理、化学、生命科学、思维或心理科学、社会科学相对应[①]。科学分类的**第一原则**不是习惯的"自然科学"和"社会科学",而是形式科学与实体科学。数学还有其它形式科学(如控制论、信息论等)并不**只是**自然科学,因为社会现象中同样要计数,有信息、有控制过程。只不过这些学科在物理、化学或工程科学中应用更为广泛而已。高端现象领域由于其复杂性,定量化的描述常常遇到困难,也就限制了这些科学的应用。

形式关系的普适性

解释形式关系的最好例子就是简谐振动。最常见的有机械振动和电磁振动两种类型,本质上它们是完全不同的,然而都描写为同样的数学形式:

$$A(t)=A\sin(\bar{\omega}t+\varphi) \text{ 或 } A(t)=A\cos(\bar{\omega}t+\varphi) \tag{9-1}$$

$$E(t)=E\sin(\bar{\omega}t+\varphi) \text{ 或 } E(t)=E\cos(\bar{\omega}t+\varphi) \tag{9-2}$$

式中 A 和 E 分别代表机械振动的位移和电磁振动的电场强度(也可以是磁场强度)。从数学形式看,这两种振动完全相同,而且不仅是简谐振动,任何复杂的周期运动都可以分解为(9-1)式或(9-2)式的叠加或组合,包含不同的圆频率 $\bar{\omega}$,著名的傅里叶(Fourier)分析就是处理这类问题。

与式(9-1)、式(9-2)类似的形式很多,除正弦、余弦之外,其它的特殊函数,尤其作为力学量算符的本征函数,均可作如是观,它们都代表某种普遍的形式关系。由于力学量的测量值必须是实数,对应的算符便应为厄米

[①] 笔者最早提出科学分类应当首先按**形式科学**和**实体科学**进行. 原文载《未定稿》1987年2月10日,第3期(总第274期),第1页. 亦可参考拙著,钟学富:《社会系统——社会生活准则的演绎生成》,北京:中国社会科学出版社,2007年版,附录一,第342页.

(hermit)算符，其本征函数构成完备集，也就是支撑特定的希尔伯特空间，其中每个态矢量均可对其展开。为了使用方便，完备集通常都实行正交、归一化，成为标准的**基矢**（basic set），和实三维空间取直角坐标系意思相近。

采用这个视角，可以认为几乎整个数学领域，分析（微积分、复变函数和实变函数、泛函分析等）、代数（群、环、域等）、几何（解析几何、微分几何、非欧几何等）、方程（微分方程、积分方程等）通通都不例外，每个数学的分支都代表着一类形式关系，它们适合于所有的现象领域。每当发现一类形式关系的重要性或其广泛的适用性，便很可能出现一个新的数学分支。只不过在高端的现象领域，定量化程度变差，很难采用那些精密的数学概念罢了。尽管如此，对任何数学分支在高端现象领域的应用却绝对没有半点原则性的限制。事实上，在数理经济学中，除了传统的课题，即企业的投入—产出模型，寻找利润的最大化之外，各种新颖的课题，例如采用混沌（chaos）的模型来考察金融危机之类，正在陆续兴起，它们势必扩大数学在社会领域的应用范围。前一章提到了社会生活中随机性和非线性效应的问题，它们尚未引起社会科学家的足够重视，却显然潜在地酝酿着许多数学或形式关系的课题。

但并非所有的形式关系都只限定在数学的领域中研究，有些形式关系是在工程技术中被发掘出来的，典型的就是控制论和信息论，它们是 20 世纪伴随工业生产的自动化和通信事业的发展而兴起的。虽然一开始范围狭窄，实际上却包含很普遍的概型：信息、控制、反馈、输入—输出模型，等等。很容易找到这些概念在各个现象领域里的表现，如遗传信息对生命个体发育的控制，社会生活中信息的反馈作用，等等。控制论的发明人维纳（Werner）当初曾怀疑他的理论能否用于人类社会，因为社会生活是通过人的自觉活动实现的，人有个体意志，本身就是一个产生控制信息的单元（个体意志出自头脑的反馈控制中心）。然而思维本性的研究揭示，个体意志源自最佳化手续，它确保了思维现象中的因果律（广义的变分原理），这个过程同样必须传递自然规律的信息（否则何以保证**最佳**?）。因此，人只能依照客观规律办事，否则一定碰得头破血流，达不到预想的目的。这印证了一句老话：没有抽象的自由，**自由是对必然的认识**。不过，信息论考察的形式关系使得它和数学的性质很相近，以至于申农把他关于信息论的经典著作称为"通信的数学理论",现在也有人把信息论看作数学的一个分支。

不只工程技术中可以**发掘到**普遍的形式关系,基础科学,如物理学中同样有可能。这就是热力学的一般原理。别以为热力学只是关于热现象的物理理论,它其实包含重要的形式关系。热力学中的熵是人尽皆知的,但熵和信息有关系,信息就是负熵,因此熵的概念应用也极广泛。熵在热力学中表示**混乱度**,混乱度越高,熵就越大,信息则与此相反,有序度越高,信息量就越大。熵最大的状态是平衡态,而平衡态下系统处处均匀,没有结构,也就不承载任何信息。传统的热力学只限制在平衡态附近,这个附近只有起伏或涨落,涨落的结果依然是回归到平衡态,这表示旧的热力学不能带来新的质变。而新发展的非平衡过程热力学引进了熵流,也就是信息流,它可能在系统中促成新的结构和秩序,使系统远离平衡态,要多远有多远,它实际上提供了结构和秩序的普遍概型。这是很普遍的一类形式关系。因此,热力学的基本原理,本质上也属于形式科学,只有当把热力学的原理应用到物理系统:气体、液体、固体、等离子体或其它凝聚态(电子气),考察其中热现象的规律,那才是物理学的分支。

由此可见,形式关系不止五花八门,而且千变万化,但凡实际生活中,不管哪个领域存在的一类典型的关系,只要能够推广,或在其它现象领域能够找到类似的范本,就可能成为一类形式关系,研究它的方方面面,就可能成为一门形式科学。但是,这种广泛性却也给形式科学的**分类**带来了极大的困难,它们似乎过于纷繁复杂、千头万绪,看看数学的各个分支就一目了然,所以至今也找不到一个能统领全局的主线索,是一个值得探索的好课题。对比实体科学,似乎两者正好相反,由于存在发展的大链条,各个现象领域界限分明,科学分类自然就不在话下了。

因果律

因果律不属于形式关系，因为每个具体的因果律，如牛顿定律，都有自己确切的内容，专属于某个特殊的现象领域，不能随便推广。牛顿定律不适合于电磁现象，也不适合描述微观客体的运动，它只在宏观物体的低速运动的范围内具有普遍性。然而，因果律虽然五花八门，却也有它们的共性，值得从一般理论的角度去描述。尤其是，因果律在世界的基本架构中具有独一无二的特殊地位，是人类生存的保障。没有因果律，世界就会乱套，人们也就无法实行控制，不可能实现任何（包括求生的）目的。因果律是针对单个事件而言的，它不能有任何漏洞，不能设想，世上千千万万的事件都遵从因果律，只有一件不遵守，应该会无关大局，大家仍可相安无事。不然！因为可以把这个"非因果"事件串接到其它的因果事件中，只要经过串接，那么整个事件就最终成为非因果的了，于是"一个螺蛳打坏一锅汤"，整个世界照样变得一塌糊涂。

物理学中所有的运动方程，比如牛顿方程、麦克斯韦电磁场方程、薛定谔方程、每种基本粒子的场方程等，它们都能从某个变分原理用纯数学的方法推导出来，所以变分原理和这些方程在物理上是等价的。虽然这件事物理学家已经熟知，却必须了解为什么如此的道理，也就是变分原理确认的**极值的唯一性是因果律**（一定原因产生一定的结果）**的保证**。不然，一定的原因可以导致不同的结果，那世界就一定乱套，没有规律性可言。因为即使准备了所有必要的条件，仍然可能既是这样，又是那样，没有准头，人类也就**失去了控制的可能，无法达到任何目标**。注意信息的控制只是**外在形式**的控制，规律的控制，许多通过相互作用进行，才是最实质性的。好比开关有两个位置，控制机器转

第九章 世界的统一

还是不转,这只是外在的显示,指出机器的两种状态。真正造成机器运转的依然是电磁力,当开关接通电源时,电流通过马达,电流的磁效应促使马达转动,这才是问题的实质,信息不过是把事实记录下来——虽然这个记录**准确无误**,足以描述系统的状态(只有两种可能:转或不转,二中择一,一个比特)。

变分原理意味着最佳化手续,因为它寻求泛函的极值,这才能与因果律沟通,也才可能推广到编序集合的情形,成为广义的变分原理,适用于高端现象领域:思维和社会。在这些领域中,我们有利益、代价、效果之类的具有选择价值的**泛函**,它们是与趋向非平衡定态相联系的。一般来说,只有非平衡定态才能作为系统发展的目标(前面讲过,平衡态是死态,一般的非平衡态微观结构太多,信息量太大,而且瞬息万变,难以掌控),有了目标才能判定过程的进行是有利还是不利于目标的实现,才能辨别过程前进的方向。这些概念描述了外部世界(自然界和人类社会)进步发展的基本要素,代表了因果律概念的深化,值得认真体会。

在日常生活的"为我"世界中,因果律有一个重要推论,即**原因在前,结果在后**,两者不能反转。很显然,这个推论是**和古典时空观念**,包括时间的单向流逝**相适应的**。特别是相对论中还有光速不变原理,确认光速 c 为所有相互作用传递的最大速度,因此区分**类空间隔**(space-like)和"类时间隔"(time-like),即四维时空的两个**事件** (x_1, y_1, z_1, t_1) 和 (x_2, y_2, z_2, t_2),它们之间的间隔有两种情形:

$$(x_2-x_1)^2 + (y_2-y_1)^2 + (z_2-z_1)^2 - c^2(t_2-t_1)^2 < 0 \quad (9-3)$$

$$(x_2-x_1)^2 + (y_2-y_1)^2 + (z_2-z_1)^2 - c^2(t_2-t_1)^2 > 0 \quad (9-4)$$

第一个叫类时的,两个事件可能发生因果关联;第二个叫类空的,两个事件不能发生因果关联,因为两者的距离太远,在 (t_2-t_1) 的时间间隔内,不可能实现相互作用的传递,于是一个事件不能影响另一个事件。很显然,这个限制只适用于"为我"世界,其中的时空结构与古典的时空一致。在"自在"世界中,没有光速不变原理,容许瞬时作用或超距作用,这个限制便不成立,例如在量子纠缠中。但量子纠缠并不破坏因果律,否则就不能实现信息的传递,不能利用它作为通信的手段或工具。

收敛和发散

因果律在世界的基本架构中具有举足轻重的地位，但它不是一个孤立的存在或假定，而是基于更为一般的原始条件，也就是事物之间的**普遍联系和相互制约**，它比因果律更为基本，也更容易理解。因果律本身说的是事物之间的关系或联系，世上有千千万万的事物，它们是有分别的，否则世界便是混沌一团。不同的事物之间有两种情形，有关系或没关系，有关系还可以再分为**必然**的联系还是**偶然**的联系。必然的就代表有规律，满足条件就必定发生，因而可以重复出现，它直接导致因果律；偶然的则相反、难以重复展现，这次有，下次没有，无法预期。普遍联系和相互制约是什么意思？就是假定任何事物都能和**所有**其它事物发生关系或联系，没什么限制条件，谁和谁都成，没有例外。这有点像**万有引力定律**，但凡有质量的，通通都会有引力，既吸引人家，也被人家吸引。当然，人们实际感受到的是，世上有些事物与我有关系，另一些却与我无关，这里的"我"实际代表任何事物，故意选择第一人称。但这不要紧，可以把无关（包括风马牛不相及的）看作**零关系**，或有关系的极限情形。人们在拿不定主意或难以决断时常常说："宁可信其有，不可信其无"，就是这个意思。但它并无实质大碍，因为总可以最后在数学上把无关事物的影响通通归结为零。

普遍联系和相互制约允许我们断言，一个事物所采取的运动方式、所处的状态和它的各种特性都是由所有与之相关的事物决定的，每个相关事物对考察的事物的运动、状态和特性（通过相互作用或其它方式）均有所贡献。这些贡献之和可以写成一个无穷级数：

第九章　世界的统一

$$A = \sum_{n=1}^{\infty} a_n \tag{9-5}$$

每个 a_n 代表一个外部事物的贡献，通常按大小顺序排列，求和指标 n 趋向于无穷，表示有无穷多的外部事物。作为一个无穷级数，不外两种情形，**收敛或发散**。意思是（9-5）式的数值或者有限（收敛），或者无限（发散）。假如是发散，那么这个问题就无从讨论或无解，因为无穷大的问题我们无法处理。假如是收敛，那就可以根据精度要求，将级数计算到某一项（设为第 m 项）为止，剩下的全部舍弃，因为只要前 m 项的贡献便能满足精度的要求，多算也无益。剩下的无穷多项，全部相加的总和仍不及规定的误差，可以忽略。这表示在收敛的情况下，我们有

$$\sum_{n=m+1}^{\infty} a_n \leqslant \delta \tag{9-6}$$

式中求和从 $m+1$ 开始，直至无穷，δ 则是给定的误差大小。

m 必须是一个有限数目，计算这 m 项的贡献很有讲究。首先是其中的一大部分在事物运动、变化过程中基本上保持恒定或变化很小，因此可以将它们同其余部分区分开来，给一个专门名称叫作**环境条件**。例如在求解力学问题中的约束条件，或电磁场运动中的边界条件，都属于这种情形。即便在高端运动中，同样可以指出相关要素中许多是相对稳定的，可以归并在一块，称之为环境条件。这些稳定的要素与考察的事物都有重要的关系，它们的贡献绝不能忽略，只不过处理它们的方式有别，需要讲究技巧。例如物体被限制在一个环上运动，那么环状的轨道就是约束条件，物体在运动中必将同轨道发生相互作用，但却不用将约束力（环对物体的作用）直接写进运动方程，这个力显然随时间变化，而且很复杂，硬去写它就太不值得了。事实上，因为环是固定的，通常只消按拉格朗日的**不定乘数法**处理即可。同样，电磁场的边界可能是金属或其它介质，那么也只消写出相应的边界条件即可求解电磁场的方程。剩下的若干项，它们如何影响物体的运动、状态和特性，只能直接面对，在既定的环境条件下，具体分析和了解它们如何决定事物的运动、变化和发展，或处于某些特定状态、具备某些特性的原因。在高端现象领域中，这个分析的大体框架依然成立。好比打仗，山脉、河流、各种地形条件总是相对固定的，变化的是

人员、武器、士气等，它们是决定胜负的直接原因，需要精心组织调用。

这就得到了通常因果律的概念：在特定的环境条件下，有哪几个要素，它们是决定事物的运动状态和特性的原因。世界上没有无原因的现象，一定的原因导致一定的结果，原因和结果间的对应是唯一的，不允许发生任何歧义。由此可见，因果律源自事物的普遍联系和相互制约，而**收敛**则是它的前提条件，**没有收敛或级数发散，就没有因果律可言**。这也同时满足了形式逻辑**充足理由律**的要求，剩下的几个要素（有贡献的几项），都是导致事物的某种状态或特性的原因，它们"一个不能缺"，否则理由就不充足。从这个分析也能看出，通常语言习惯中的**环境条件**其实同样是原因，条件变了结果就得跟着变。地形变了，仗的打法便不一样，所以地形依然是原因。只要对考察的事物有影响，不管叫什么，都是原因。

因果律讨论的是必然性，偶然性呢？可以指出，它包含在（9－6）式的各项之中。这些项的贡献本来是要忽略的，不过事物并非僵死和固定的，而是变化和发展的，本来无关、不重要的事件，随着发展的进程，**说不定哪个时候**便冒出来发生影响，先前贡献很小的项不知为何便大到不可忽略、甚至不可思议了，这便是**偶然性**。但偶然性背后都是有原因的，意思是偶然变大的那些项绝不是随便乱写的，它们之所以变大、变得不可忽略，甚至占据主导地位，同样是有原因、有根据、合乎规律的。还有个说法："偶然性是必然性的交汇"，什么意思？有个**蝴蝶效应**的例子，实际是个级联放大的过程。说500年前得克萨斯州的一只蝴蝶煽动了翅膀，最后却影响到2020年的美国总统选举。这看似荒唐，但假如谁有工夫去认真编故事，设计情节，肯定可以就此编出一个**合情合理**的故事来，组成一个完美的因果链条，环环相扣（它是一个很好的思想游戏！）。注意这个故事的每个环节要合情合理就必须是一个因果事件，包含着必然性。然而，从宏观上看，蝴蝶扇动翅膀这件事对总统选举而言，影响确实是小之又小，完全可以当作偶然，可这个偶然事件是由一长串因果事件串接起来的，是所有这些必然性的**交汇**。

第九章 世界的统一

理解信息的控制作用

因果律是信息的控制作用的前提，解释了因果律之后需要进一步理解信息的控制作用。前面指出，这个控制作用是外在的形式方面，不过它并不失精准，这话的意思应从下面的例子加以说明。电扇有几种不同的转速，给出不同大小的风量，它们由开关的几个位置控制。实际决定转速的当然是电磁力，可是人转动的是开关。开关位置其实是不同电磁力的信息表达，转动开关就是信息控制。这个控制是精准的，意思是电扇总共就有这几种不同大小的电磁力。

信息的要义是变异度，不同的变异度之间可以通过**编码**实现**一一对应**的关系，这样信息在传递过程中将不会有量的损失。但不能把这件事同**能量守恒**对比，因为能量守恒是自然规律的要求，而信息在传递过程中不应有损失只是对编码的要求。在实际生活中，一对多、多对一、少对多、多对少的变换有很多。正因为如此，我们才有宽容的概念，这样做可以，那样做也允许。不过一般说，实质要求是不能随意改变，轻易"通融"的，这叫作"底线"。这件事也不必同因果律的"一定原因对应一定的结果"对立起来。

人们对申农信息的控制相对熟悉，因为有一对一的因果链条，没有多少悬念，核心就是串接式的环环相扣，中间不能掉链子，那就一定能够实现最终的控制目的。比较陌生或稍有难度的是结构信息的控制。可以老式的机械钟表为例，给结构信息的控制概念作一个**图解**。机械钟表的内部结构虽然复杂，却一目了然。它是由"发条"带动一系列传动齿轮的旋转运动，最后落实在指针的位置上，指示经过的时间。每个齿轮都有一个瞬间位置（可以在齿轮上做标记，记录它的位置），所有齿轮瞬间位置的总和构成一个**数组**，它就代表钟表

状态的结构信息。注意数组中的各个数字是不能互换的，因为它只属于某个特定的齿轮。容易给所有齿轮编号，也就是给数组排位，因此数组代表了状态的结构信息。因为数组中的每个数，除了代表特定齿轮的位置，同时暗含该齿轮的所有信息：直径和齿距的大小，与前后齿轮的关联，等等。它们都属于钟表内部结构的一部分，整个数组就代表了钟表的结构。结构信息的控制体现在，下一个时刻的齿轮位置是由上一个时刻的位置决定的，只有这样，方能使指针均匀转动，显示时间的均匀流逝，特别是秒针、分针、时针的不同速度，它们之间有固定的比例关系。

时钟的运动受结构信息控制是一目了然的，因为机械运动的规律我们已经熟知，每个连接均可做到精确无误（虽然电子表的精度更高）。重要的是结构信息控制作用的概念需要由此推广，它和申农信息控制的环环相扣其实是一样的。环环相扣是顺序的、属于图灵机的类型，一个指令接着一个指令。而一般的结构信息的控制则是结构的每一部分协同动作、各司其职、互相配合。钟表的结构比较单一（主要是齿轮连接），电视机就复杂许多，而且不单一，里面的信号放大器有若干级，这部分做这个，那部分做那个，看似不一样，其实内部互相关联，这里在做这个的时候，那里就必须做那个，等等。最终把视频信号和音频信号分别送到显像管和各个喇叭，一点不能乱，否则声音和口型就对不上号。这个过程用语言描述虽然困难、十分啰唆，但控制的机理大家心知肚明，属于结构信息控制的一般概型。

最麻烦的是像量子力学中状态的结构信息控制。前面已经讲过，因为它属于"基元"过程，状态的内部结构不能分成像钟表或电视机那样明明白白，但我们必须确信状态"有内部结构"，否则我们就无法理解状态和状态之间的差别——总不能说所有电子，或一个电子从头到尾都只有一个状态，彼此没有分别吧？因此，结构信息的概念必须成立，只不过它的分析在现阶段只到此为止，或者只能从它们的数学表达式（波函数或态矢量）去揣摩、体味这种差别。

高端现象并不带来原则的困难，只不过很多时候可能只限于编序，而非可测集合。简单例子如法律系统，罪犯的量刑是由其犯罪行为的性质和危害程度控制的，重罪重罚、轻罪轻罚，这是基本的法律原则，也是信息的控制。按劳

第九章 世界的统一

分配同样如此，只不过平常没有采取信息控制的视角。一旦采取这样的视角，那么例子就俯拾皆是，连小孩子打架都算。弟弟哭着跑进来指着门外告诉哥哥："他打我"，哥哥提起拳头就冲出门外。试问：哥哥的行为受什么控制？当然是弟弟传递的信息在控制。必须用这样的眼光来看待现实生活，信息和控制无处不在，任何系统的运动，下一个状态都是由上一个状态的结构信息控制造成的。不仅有这种一对一的动力学控制，还有**对随机性的控制**，或**宏观调控**，设置某些宏观条件来调动成员运动的自发趋势。好比利率，提高利率一定会增加储蓄率，但究竟是张三还是李四去存钱却不一定，存多少也没定数，但宏观上一定能达到增加储蓄率的效果。利率就是调控的宏观参量，和提高温度便增加分子的平均动能一个道理。

这里有几句题外话。在探索基本粒子结构的过程中，曾经有一种猜想，叫**靴带**（boost）理论。因为基本粒子可以互相转化，于是有人设想**不必非说谁是由谁组成，而是互相组成**，像靴带在鞋的左右两侧绕来绕去一样，你即是我，我也是你，然后大家都**到此为止**，无须再去探索谁属于更深的层次。后来的夸克（quark）理论打破了这种猜想，认为重子是由更基本的夸克组成的。但是在**局部和整体**的关系上，却从来没有这样的绕来绕去的思想：整体包含局部，局部也包含整体。但是和牛顿差不多同时代的莱布尼兹（Leibniz）曾经提出过所谓的**单子论**，却部分包含了这样的意思，即宇宙的小单元或莱布尼兹所谓的**单子**，可部分反映出整体的结构和性质。现代的**全息**照相技术多少印证了这种思想，它允许从照片的局部恢复整体的形象。不过总的来说，在整体和局部的关系上并不存在全面互相嵌套的问题，两者依然是不对等的，整体包含着局部而不是相反。然而，我们这个世界有个特点，宇宙在两个方向上都是无限的，既是浩瀚无穷，又是深邃无穷，或者说大也无穷，小也无穷。因此，局部反映整体的某些结构和性质仍然是可能的，但**不能一般假定局部能全面反映整体的性质**。某些简单的自相似变换可能看来像是如此，像正三角形三条边的中点连线会将它分为四等份，每份仍是正三角形，如此继续可以得到自相似变换，但无论大小，却都是正三角形。不过这绝不是普遍情形，不能说所有由低级向高级发展都是靠自相似变换。

这和信息控制有什么关系？假如整体的结构和性质全都能由局部表达，那么整体的信息就和局部一样了，这在一般情形下不可能，也不合理。从系统发展的角度来看，应当接受层次过渡的概念，或新信息的产生，高、低层次的信息不在同一个水平上，不可能用后者代替前者，这才是发展的要义。不过，高层次信息既然是在低层次信息的基础上经自由度缩并（因系统内部发生关联）产生，那么高、低层次信息间必定具有一定的关系：低层次是基础，高层次概括着低层次。

发展的大链条

本书一直强调世界的发展大链条，这对我们的世界而言是唯一的，没有另一根发展的链条。这根链条的发端就是宇宙的起源，但现代的大爆炸＋暴胀理论虽然能解释许多实验事实，却不能看作确切的定论，所以我们只能从基本粒子、原子、分子开始。主要目的是说明这个大链条不是偶然的，而是带有**必然性**，包括高端现象的出现，它们体现了自然界发展的方向。无机世界的必然性容易理解，有了基本粒子自然会形成原子和分子，而原子和分子也必然会形成各种化合物，以至各种凝聚物质。正如氢原子和氧原子在一起会形成水分子，进而形成水的气态、液态和固态的凝聚物质一样，这些过程都受物理规律支配，因而毫无悬念，只要条件合适，它们都一定发生。

从无生命的世界到生命的出现是一道坎儿，因为它需要特定的条件。首先当然是要有非平衡定态，这并不造成原则的困难。自然界千变万化，虽然每种非平衡定态或耗散结构的出现都需要特定的条件，就像贝纳特包需要液体上下表面的温度差一样，这些纷繁复杂的条件总能在某些特定的环境下找到。不过，非平衡定态并非生命现象的唯一前提，这种定态有两种情形：与外界只有能量交换的类型和既有能量交换也有物质交换的类型。前者可以死而复生，但它不是生命体的原型，因为没有物质交换就不会有**新陈代谢**，这被认为是生命的基本特征。生命体的"活"不仅体现为自我治愈，更重要的是体现在**生长和发育**上，所以活的系统一定要经历从小到大的过程。贝纳特包是活结构，但它不是生命体。这便要求系统与外界不仅要有能量交换，而且要有物质交换。然而，有了新陈代谢和生长发育也只能容许单个生命体存活，而任何个体都只能有短暂的寿命。要使生命长期延续，就不能只靠个体，而要靠种群，换言之，必须是一类生命体或物种。怎样才能获得物种？最直接的办法便是使生命个体具备自我复制的能力，能够生息繁衍，自己死亡后，亲代继续存活。这些都是现代公认的生命形式得以长期延续的必要条件。由于需要生息繁衍，不能不又引出一系列遗传学问题，从单细胞的分裂到双性生殖、遗传和变异、DNA 的双螺旋结构、基因漂移，直到如今由"基因编辑"引导的优生学问题，生命科学已经有了突飞猛进的发展。

生命的形态在地球条件下是蛋白质，但物理学强调的是基本规律，满足规律要求的条件就必定会绽放出生命的花朵。不少人相信"外星人"的存在，认为别的星系可能存在智慧生物，它们未必和我们一样由蛋白质组成。但现在由于暗物质的概念，有必要将思路进一步拓广，因为暗物质根本不能组成我们的分子和原子（因为它不参与电磁相互作用），然而，不能否认暗物质也能形成自己的非平衡定态或耗散结构，同时也包括和外界只有能量交换和兼有物质交换的两种类型。在暗物质的活结构中应当也能发育出包含自我复制能力的生殖系统，它们同样能够生息繁衍，从而保证生命的长期延续和具有各种不同形态的物种。

生命和智慧有着密不可分的关系。因为生命体的存活需要不断补充营养物质，"觅食"是个体经常活动的基本内容。在地球的环境下，这可分为**被动**和**主动**两种类型，**被动的是植物**，用根来吸取地表中存在的营养成分。说它们"被动"，是因为它们不能移动，如果生长的地域缺水，它们便无法吸收营养，会因干旱而枯死。相反，在水中生长的原始生物大多能跟随水流而流动，加上自己的身体器官，如鞭毛的运动，带动身体前行。这会给觅食带来方便，即追逐食物丰盛的方向，并造成一种**自反馈**：越能追逐食物，身体发育便越是健壮。这不仅影响身体，而且促进控制器官的萌生和发育，最后形成越来越完善的神经系统，从简单的神经索到复杂的脑神经系统。这是一件大事，也是一个重要的分水岭，**它可以解释为什么只有动物才能生长出大脑，而植物却不能**——谁见过树木长脑袋的？因此，**运动在脑神经系统的发育中具有决定性的作用**。脑的萌生依靠了运动造成的自反馈，脑的发育更形成了导致自我意识的控制中枢的自反馈，并进而导致自我意识，产生出完全的智慧——在生命的花朵上再开放出智慧的花朵。生命体不仅养育了大脑，而且给它提供了求生的目标结构，使其有用武之地，也是促进自身发育的健身房——头脑之所以发达都是靠着为求生而进行的打拼、奋斗得来的。这意味着生命和智慧的合流，智慧附着在生命体上（大脑从身体吸收营养），同时指挥和帮助生命体趋利避害，更好地存活。现代人类代表了地球上各种生命体智慧的巅峰，它不仅要保证人类的集体生存，而且要大力提高生活的品质。

不过，个人的聪明和智慧总是有限的，力量尤其单薄（比各种猛兽差远了），在自然界有限的资源和可能的巨大变迁面前，只能依靠集体的力量和智慧才有可能延续自己的生存，战胜例如地球毁灭这样的重大灾难。于是我们看到，自然界发展的大链条顶端并非断崖式的绝壁，而是存在一个巨大的**三角支架：生命、智慧和社会各自占据一个顶点，它们相互依存**，谁也离不开谁。

物理学和哲学

人的认识是从**一般科学**开始的，后来逐渐进行分门别类的研究，产生了各个专门科学。但有两个部门比较特殊，就是物理和哲学。物理学虽然只关注物理现象，却因这些现象最基本，是其它所有现象的前提，所以它涵盖或遍及整个外部世界。哲学则相反，它的领地越来越小，只能关注那些普遍的事物，具体的事物都被专门科学抢走了。

物理和哲学考察的范围差不多，但它们的存在总是在一定的社会环境下，因而难以避免非学术的干扰。大家知道，中世纪哲学曾经沦落为神学的"婢女"，神学是什么？它代表宗教势力，实际是邪恶的政治势力。有些人先抬高哲学的地位，封它为"放诸四海而皆准"的不变真理。只要专门科学的结论"违背了"它的说教，甚至不合什么"精神"，那就万万不可，使哲学成了判断是非的标准，剥夺了科学家手中的话语权。

这很使人不解，为什么哲学有资格凌驾于科学之上？哲学和物理的最大区别就在于物理需要做实验，主要的结论都经过实验验证，因此说它具有**实证的品格**。**实证**这个词，自从有了孔德的实证主义，尤其是在逻辑实证主义之后，在哲学界有些遭贬。不过，抛开那些貌似严肃实则空泛的争论，它的本来意义其实很简单，就是任何思想结论都要拿实际生活（包括实验）去验证，不能只靠**思辨**，你的结论说得天花乱坠，做不出实验便没人信你，这有什么不对吗？尽管个别实验可能出错，但既是科学研究，就必须反复验证，把一切可能出错的地方都考虑到，并采取措施尽量避免。而且大量的结论，不光是实验室验证，还要投入使用，使用不仅本身是一种验证，而且是更广泛、更严格的验证。无论如何，总不能说不经实际检验，但凭嘴说，只要表面上符合某些教条，结论反而更可靠吧？

反观哲学的研究方式，它不做实验，主要是观察、概括或归纳。但要使自己的判断正确无误，必得首先把基本事实搞清楚吧？基本事实从何而来？主要是从专门科学而来，事实经专门科学和实际应用确认无误方可纳入概括和归纳的范围。对事实的认知有误，概括和归纳岂可正确？其次是概括和归纳的方法，其中包含逻辑的运用，这是思想功夫，不能出错，属于真本事。但这对专门科学家，尤其对数学和物理学家是一样的，数学、物理学家同样讲求逻辑，甚至比他人**更**讲求逻辑，否则大家何以公认数学、物理属于**精密科学**？哲学有什么用处？用处在于**启发**，让脑筋开窍，但启发本质上是一种**类比推理**，在别的现象领域如何如何，那么在自己的现象领域会不会也有类似情节发生呢？这是最典型的启发，也是最典型的类比。然而类比推理只是**一种弱势推理**——和其它的推理形式相比，可靠性较低。例如大家熟悉的**三段式**：大前提、小前提、结论，它十分强势，可靠性高。有人说它之所以可靠只是因为一切都包含在大前提中了，这没错，但不管怎么说，它是可信赖的。稍逊一筹的是归纳，因为它不能排除反例，只有概率的真实性，即支持结论的事实越多，结论就越可靠，不过它无论如何比类比要强。类比之所以弱势是因为比较永远不可能是完全的，我们只能找到某些相似之处，然后推测相关的其它方面，这就使结论的可靠性大打折扣，只能作出或然的判断：或许会是这样，或许会是那样。作者在《休闲哲学》中劝人不能拿哲学当"干饭"（意指光靠哲学填不饱肚子）就是这个道理。但很多时候，启发会打开思路，叫人豁然开朗，所以也得承认哲学**有用处**。

　　假如哲学家只是自己做学问，获得的成果不用强加于人，让人家自己挑选，用什么和怎样用，听凭人家作主，自己只是帮忙，尽量把话说得透彻、优雅、富于启迪，使人感觉舒服，不是干巴巴的几条筋，面目可憎，大家应当相安无事，岁月静好。但自它被利用作为工具后，就难免使某些哲学家自视甚高，让人反感。尤其在物理学界，不少人视之为**空头哲学家**。基本粒子有没有**结构**，这在物理学家本是洞若观火的事情，不是可不可分，而是**怎么去分**。有些哲学家从书上读到了"一尺之锤，日去其半，虽万世不竭"的话，就自以为独得真谛，想去教育专门从事研究的物理学家，便是有些滑稽，因为在现代科学中，它不过是中学生**极限**一课的内容，专门的物理学家岂有不懂的？不过，这些都不是哲学本身的错，而是**外来的干预**，我们应当端正哲学的地位，使其做它的本分。

　　正因为如此，反对哲学凌驾于科学之上也不必反过来贬低哲学，把它**降格为信条和工具**[1][2]。现代汉语中，信条代表个人信念，不包含之所以相信的根据，而且有时会让人产生"诚则灵"的联想。这样说，无异于将哲学开除出科

---

[1] 钟学富. 哲学不是信条，而是科学. 光明日报，1987年1月19日第三版.
[2] 钟学富. 哲学和物理学关系的若干问题. 自然辩证法研究，1987年第4期，1-6页.

第九章 世界的统一

学队伍，明显过分。至于工具说，这个词本属中性，但在转意中却有丧失主动权，甚至丧失灵魂等贬义，如"沦为……的工具"，便指被人驱使的意思。

要禁止用哲学名词来扣帽子和打棍子，最彻底的办法是把帽子、棍子通通毁掉，扔进历史的垃圾堆，如此方能抓住根本。这事不能光靠**论战**，以强势语言将对方"打翻在地，永世不得翻身"。因为说到底，解决问题的关键还在于科学本身的发展。思维本性的研究指出，思想或心理现象百分之百属于物质运动形式发展的大链条，具有百分之百的自然本性，所以思维对存在的关系问题已经在科学的基础上彻底解决。试问：当把**自我意识**和**个体意志**用基本的物理概念诠释清楚之后，谁还能再去主张物质的东西源自人的**心智**？走到了这一步，可以看出，所谓的唯心主义将来不过是一个历史名词，是人们尚不明了思维本性，对它抱有强烈的神秘感时一部分人产生的误解而已。虽则在认识发展的过程中，出现"唯心主义"也不是偶然的，但在科学史上同它已经再无争辩的价值。科学家需要径直前行，而不能再整天同人辩论"有没有鬼"。

附 录

机器人能控制人类吗?

物理学和信息论

内容提要

认识人工智能的限制需要了解人的思维本性。论述了产生自我意识和个体意志的物理机制，指出现有以动力学方式建造的静态结构机器人难以满足相关条件，且它必须依靠人工能源，因此不可能控制人类。进化过程中智能和生命不可分割，可以假设有全面超过人类的"活的"智能—生命共同体，但它无法人工打造，也不是优生学的方向，机器人再强也只是"工具"，属于器官的延长。没有独立意志就谈不上"人格"，和外星人有根本区别。

人工智能的迅速发展给当今社会带来了极其光明的前景，却也引起了人们的普遍担忧。主要有两个方面，一方面是担心机器抢走人的饭碗，大批劳动力失业。这其实不要紧，即便真如预言宣称的到了99%都是闲人，只有1%的神人主宰世界的地步，那么神人们也必有能力养活全社会。事实上，有些国家或地区已经酝酿甚至试行按人头给每个居民发放基本生活费的办法，闲人们不仅衣食无忧，还可以享受生活，发展个性，同样感受幸福。须知，社会发展的现阶段已使物质财富的总量足以满足全体成员的基本需求，只要分配得当，完全可以消除绝对贫困，使人们不必再为衣食所累了。另一方面的担忧则有些毛骨悚然，好像机器人本领越来越大，越来越聪明，总有一天会超过人类，产生个体意志，反过来征服和控制人类，把我们当作奴隶似的。有这种担忧的不仅有非专业的媒体，即便专业人士也含糊其词，只说"若干年内不会"，那若干年后呢？所以显得软弱无力。机器人的建造者固然深知机器的算法和内部程序均由人设计，但并非机器人的每项本领都直接来自设计，许多可通过学习获得，而机器人的学习能力超强，万一哪天学得了连设计者都未能预期的本事，由"自主性"变成"独立意志"，不听指挥了，咋办？消除这个担忧需要深刻了解思维的本性，弄清自我意识和个体意志产生的条件，才能看出离这个危险有多远。作者新著《论思维过程

附 录：机器人能控制人类吗？

的物理机制》对此给出了原则的回答，应当可以帮助释疑。

一、机器人如何才能具有自我意识

很多人以为随着机器人越来越聪明，它将拥有**自我意识**，这有什么根据？需要弄清什么是自我意识？产生它的物理机制是什么？需要什么条件？以为聪明到一定程度它就会自动产生纯属臆测。必须指出人和机器的最大区别在于，虽然机器会干许多事情，执行复杂的指令，但它只是按人设计的算法和编排的程序完成一个又一个动作，**并不知道**自己在干什么。哪怕大量动作并非直接写进程序，而是机器经自己**演算**或信息加工得出的，显示机器有相当**自主性**。例如阿尔法狗，不可能把每步落子都写进程序，人只给定判断如何落子的规则，汇集了参与设计的棋手的经验。许多规则只能提供或然的判断，但机器却可经重复试验和学习，进而比较方案优劣消除或然，得到落子何处的确切判断。这事原则上人也能做，只是太慢。纵然如此，试验方案和学习规则依旧是人定的，机器同样**不知道**自己在干吗，也没有职司**知道**的部件。所以千万别把自主性混同于自我意识，一个指机器自行发出指令，一个指主控中心自我感知。自我感知并非发出指令的必要条件，但凡能执行程序即可依程序步骤发出指令，所以自主性完全不表示有自我意识。

人和机器不同，他不仅**知道**自己在干什么（说什么话，做什么动作），而且**知道**自己为什么这么干，**知道**决策的思考过程。笛卡尔说"我思故我在"，其中的"思"并非简单的思考，而是对思考的感知，即我感知我在思考，从而判断**我**是存在的。什么是感知？它包括两部分，感觉和认知。这里的感觉是对**思考的感觉**，或称**内省**，无须通过接受外部信号的感官（眼、耳、鼻、舌等），但同样有信号传到中枢神经或大脑的决策控制中心（它职司感知）。其实感觉外部事物与感觉思想物理上并无本质区别，都是基于信号的接收。因为大脑的决策中心同样是物质，不过具有高度组织而已，思考过程同样是物理运动，有神经脉冲群的相互作用并发出脑电波，包含复杂的思想内容。认知是对信号的辨识，就人而言，信号是神经脉冲的各种组合群，可能非常复杂，而辨识则是对脉冲群的**心理意涵**的解读或认知。神经脉冲群的内部结构属于物理层面，不同结构体现出不同的内部关联，表达不同的心理意涵，两者严格互相对应，分辨率一模一样，否则我们将不能区分概念的细微差别[①]。脉冲群的传递可导致脑电波发射，不同脉冲群的不同传递对应的脑电波图形不一样，所以脉冲群的心理意涵亦可从外部解读，现在已经能辨识与简单的思想意涵对应的脑电波图形，并用于实际的目的。但感知也未必需要过渡到心理层次，可以局限在物理层面，例如楼道的声控开关，它只感知音量大小，但凡超过阈值它就点亮灯泡。这时辨识的只有声音强度，没有心理意涵。但这就够了，因为接收的信息足以**产生有效的控制**（这是**认知**的核心标准）。而在人类活动中，因概念的内涵极其丰富，必须准确把握，不允许任何含混，否则很容易造成误会，妨碍产生有效的意涵控制，影响后续的发展。

现在可以解释什么是产生自我意识的条件了。因为思考过程是不同意涵的神经脉冲群之间的物理相互作用[②]，涉及的能量约在尔格量级。这个过程要被中枢神经或决策控制中心（通常认为在海马区域，但细节不详）感知，必得有一个**自反馈**（self-feedback）的物理机制，将信号由输出端引回输入端。无论中心的具体结构细节如何，过程的物理框架都必须如此，属于硬性要求，否则中心的辨识机构无从认知思考的内容，并进行评估。决策中心的职能就是通过信息加工进行决策，不仅包含思考的结果或判断，而且有推理的中间步骤，甚至中间结果亦可输出，有如调试程序时为了查错在不同的关节点设置断点，观察中间结果一样。

自反馈机制开启了头脑的另一种功能，即不仅思考和决策以控制肢体和器

[①] 钟学富. 论思维过程的物理机制. 北京：中国社会科学出版社，2017年版，101页.
[②] 钟学富. 论思维过程的物理机制. 北京：中国社会科学出版社，2017年版，56页.

附 录：机器人能控制人类吗？

官运作，而且要**监督**自身思考和决策过程，实行内省，因为感知思考过程即可将决策内容同目标结构进行比较，判断其优劣。决策控制中心的本来职能只是按照目标结构的要求指令肢体或器官如何运作（说什么话，做什么动作），并通过反馈信号监督它们。肢体和器官均是人体的**工作**或**职能部分**（working unit），有如机器的工作或职能部分一样。决策控制中心的本来职能是**决策**，它受到监督就是对决策实行监督，和工作部分受到监督本质是一样的，不过肢体和器官受到监督是通过反馈信号，看看肢体和器官的运作是否合乎指令，而决策过程受到监督则是通过自反馈，看看决策内容与目标结构相比是否正确并判断优劣。

为什么不能单独设立更高的决策中心对原来的中心实行监督呢？因为对工作或职能部分发出指令并进行监督需要依靠信息加工，判断决策是否正确或其优劣同样需要信息加工（但是不同的信息加工），于是高一级的决策中心本身也有一个被监督的问题，如此可以把问题推向无穷。唯一的办法只能是自己监督自己，所以自反馈是一种不可避免的选择。这种机制在自然界广泛存在，无线电振荡、化学的自催化反应，乃至银行的复利，都包含自反馈（都要把输出引回输入端，如复利就是把输出的利息作为本金再输入），是导致**非线性**效应的主要机制。

上述分析只是基于**自我意识**的本义，所以它不但适合人，也适合机器，换言之，无论机器或人拥有自我意识的必要条件都是系统的反馈控制中心具备**自反馈**机制。注意这种自反馈并非一般神经网络的自反馈，而是特指决策控制中心，因为只有这个中心才统领全局，当得起"**我**"的称谓，是自我意识的主体。出现自反馈表明控制中心在发展。观察各种控制中心，最简单的是电源开关，它只有开、关两个位置，包含 1 比特信息。但开关处于开或关的位置自己**并不知道**，也没有接收这 1 比特信息的部件。稍微复杂的是**自动系统**，它的主控中心包含事先设计好的程序，按程序规定不断向工作或职能部分自行发出指令，先做什么、后做什么，程序走完过程即告结束。这种系统没有反馈机制，中心不接受工作部分（包括工具、加工对象）和环境条件的信息，即便出错它也不知道，照做不误。更复杂的是**自主系统**，它包含反馈机制，主控中心不仅接收工作部分运行状况的信息,还进行实时监控,发出如何继续运作的指令(如计算风力、风向,调整火箭的推进器,纠正飞行速度和姿态)。要害是,主控中心依照设定的程序,只监控工作部分,不监控自己。假如反馈信号超出设计范围,使既定程序出错,发出错误指令,带来严重后果,也只能听之任之。

有了自反馈情况就大不相同了,因为此时主控中心**知道**自己发出了什么样的指令,而且**知道**发出指令的理由,甚至能预判执行指令的结果,与目标结构比较,鉴别其正误和优劣。尤其重要的是,知道了优劣还可修改决策过程以形成更好的指令,这对于没有自反馈的机器是万万不能的。好比设计阿尔法狗时汇集了若干围棋高手,大家讨论确定了如何落子的规则,这些规则或算法阿尔法狗本身不辨其优劣,更无从修改。然而规则的制定者自己下棋却可以随时改变战法或棋风,实行不同的落子规则,因为他们有自反馈带来的自我意识,可以实行自我监督,修改既定程序,更为灵活地因应棋盘上的复杂情形。

自反馈机制无疑要对主控中心硬件结构提出要求,须把输出信号引到输入端,使主控中心感知。建造或改变硬件结构只有两种办法——动力学和自组织途径。人脑是活结构,属于自组织途径,机器的主控中心则是静态(死)结构,只能靠动力学办法。把 CPU 芯片放大来看,宛如城市密集的交通线,叫人眼花缭乱,设计者们固然懂得头绪,但要把输出信号引到输入端,甚至连**中间结果**也要能检测,谈何容易!想在这么复杂的芯片中增加自反馈,使性能有实质提升,技术上不说断无可能,难度至少应比设计制造现有的芯片翻几番。现在还无人打算或尝试在主控中心动这种手脚,有意赋予机器人自我意识,那就别指望自反馈机制会在静态结构的中心**自发**产生。机器无论多么聪明能干,靠的是软件进步,软件运行怎可改变主控中心的硬件结构?谁见过 CPU 芯片的内部连接被运行的程序修改的?不错,生物进化时没有谁刻意打造动物的自我意识,它仿佛不知不觉就有了,可机器不行!因为生物进化是自然选择,个体生长发育靠自组织运动,形成的是活结构,血肉之躯,软、硬件可同时进步。而机器(芯片)建造靠的是动力学过程,形成的只是金属和塑料的静态或死结构,没有自我治愈能力,两者有根本区别。

附 录：机器人能控制人类吗？

事实上，自我意识中的自反馈机制本身便是通过自反馈形成的，它是智能系统发展的精髓。大家知道，地球上的生物分为植物和动物两大类，可植物不长脑袋，只有动物才拥有发育程度不同的大脑神经系统。两者的区别当然是动与不动，可就在这动静之间便筑成了一道分水岭。由于地表分为陆地和水面两部分，最初孕育在水中的生命（如草履虫）可以漂浮，使运动和觅食之间有可能形成一种"正（负）反馈"的循环，即朝某些路径运动能获得较多的营养物质，因而身体发育较好，主控中心也相应受益，变得较为发达，促使身体更加灵动，更便于觅食。这个正反馈便是一个自反馈机制，虽然细节复杂，但从神经元生长突触和树突造成神经网络的事实来看，主控中心增加内部连接，既丰富思想内涵（软），又造成自反馈机制（硬），软、硬件同时进步，逐步臻于完善，是非常合理的假设。这个过程只有在自组织运动中方能实现，且形成的结构依赖于多种条件，食物成分的多样性和躯体的变化对主控中心的生长都有重要影响。这个过程极其缓慢，很难把握，必得历经多少亲代才能最终促成具有自我意识的神经系统发育。而今建造机器人只采用动力学方式，没人知道或尝试过用自组织方式生产CPU，这种情形下主控中心的输出信号不会自动进到输入端，机器的自主性再高也不行，所以自反馈和自我意识绝不可能自发形成或产生。与动物的情形相反，陆上的植物单靠根部吸收营养，不能移动，一旦干旱缺水便只能枯死。由此看出智能系统的进化绝非孤立，它和生命体的生长发育有着不可分割的联系，每个物种都是一个**智能—生命**共同体。

二、机器人如何才能具有个体意志

自我意识只是反馈控制中心的自我感知，它可以导致自我监督，并不能使机器人反叛、攻击或控制人类，这类行为须出于某种**动机**，形成**个体意志**方可实施。而个体意志依赖于机器人拥有什么样的**目的**：为什么反叛人类？不言而喻，反叛总还有一个能力问题，得看有多少综合实力，能调动什么资源，方可判断它能不能战胜人类。扫地的机器人，扫得再好，恐怕也是没希望的。

不仅要知道机器人自主决策不依赖自我意识，尤其要知道这点自主性不同于个体意志，把两者混为一谈不过是似是而非。阿尔法狗的落子虽是出于自主的判断，而判断采用的规则或算法却是人教的，至于**为什么**下棋，阿尔法狗便一无所知，叫它下就下，不让它下就不能下，没有个体意志，任何机器人都没有！这足以证明自主性和个体意志是两码事。须知，仅就智能系统本身而言，它的功能只是控制一段程序的执行，而程序本身可以服务于多种目的，仅有工具性质。

为什么只有人才谈得上有自己的目的和意志呢？这得从**智能**—**生命**共同体说起，由于智能系统不含保障机制，它必须依附于生命体，靠后者从周围环境获得物质和能量。大脑消耗的能量不多，但不可或缺，此外还有必要的营养物质，保证它的发育和再生。生命和智慧都是自然界发展的产物，随着物种进化，智能系统也同时发展，两者相辅相成、相依为命。生命体**养活**智能系统，智能系统则控制生命体的生长和发育，指挥它趋利避害，适应和改善环境条件，提高生命的品质。人的一切活动都是为着这个共同体的健康存活与发展，包括世代的生息繁衍，这是个伟大的目标，指引着所有人的行为。哪怕实行群居、组成社会也是借助集体力量和智慧更好地服务于这个目的（个人依靠集体方能求得更好的发展）。实现这个伟大目标需要分解为一系列步骤或分成一个个阶段目标，包括家庭和就业等，决定个体执行的每项具体任务。这些目标，从热力学来说都属于非平衡定态[①]，具有特定的空间和时间结构，在社会生活中它们则进一步衍化为**个体行为模式**的程序结构（表示人的行为不可乱来，必须遵守一定秩序，这些秩序在分解形式下最终亦可归结为空间和时间结构）。要紧的是，只有非平衡定态这种热力学态才适合选作目标，人体本身正是这种

[①]任何系统不外三种可能的热力学态：平衡态、一般的非平衡态和非平衡定态. 只有非平衡定态具有相对稳定的空间、时间结构，信息量适中，易于把握，方才适合选作目标．

附　录：机器人能控制人类吗？

热力学态，因其耗散能量，所以称为耗散结构。实现某种社会目标，实际是将人的行为规范为相应的秩序或程序结构，因此目标总与结构相联系，**目标结构**一词便是这么来的。

有了目标结构，决策才有方向，即各种行为指令必须保证目标结构的实现，不仅是一般实现，还要以最佳方式或途径实现。这个**最佳化**是个体意志的核心，没有它就没有个体意志，也没有思维的因果律。因为没有确定的目标和相应的最佳化选择，什么都无可无不可，无所谓正误、优劣，这样也行那样也行，等于放弃选择或没有选择标准，还谈什么意志呢？语义上，意志本是指对于实现目标结构的最佳方式或途径的选择和坚持，如购物一定要**价廉物美**，做事一定要**效果最佳**，懒人也要**最省力气**。这就是愿望、决心和意志的由来，称为**利益最大化原则**，或**广义变分原理**，和基本物理规律的变分原理完全一致，它证明了世界的统一。这充分表明，意志的前提是目的，人的目的归根结底并非来自头脑，而是为了保证与之相连并作为依靠的生命体的存活和发展。生命没有了，单独存活的头脑，有如科幻小说中《陶威尔教授的头颅》，只能被恶人控制、驱使。

自我意识使主控中心知道自己做出了什么决策，明了决策的理由，同目标结构相比较则可鉴别不同决策的正误和优劣，看哪种方案或途径**最有利**（获利最多或代价最少）目标结构的实现。因此，自我意识是个体意志的前提，而个体意志则是对最佳化的选择与坚持。假如机器人要挑战人类，先得问它怎么会形成这样的意志？目的是什么？当机器人只是智能系统，没有附着的生命体提供给养，靠人养活，它压根儿就不会产生挑战人的**念头**，担心哪天阿尔法狗、扫地或其它的机器人会向人类造反，哪怕它们本事再大，也纯属杞人忧天。它们可能误伤人类，就像汽车压死人一样，但那是偶然事件，不是有意识的行为。再退一步，就算在主控中心给机器人建立了自反馈，使其有自我意识，能监督自己决策，也仍然不足以使其自行设定目标结构，产生个体意志。非得给机器人建造一个连带的人工生命，使其成为**活物**，而这个智能—生命共同体又同人发生了利害冲突，方有可能产生反叛、攻击，乃至控制人类的动机，可是人能让事情走到这一步吗？否则，对付靠人养活的机器人，发现苗头不对，拔掉电源不就完了吗？有什么可怕呢？

纵然机器人有了附属的生命体，那还得看它组成了一个什么样的智能—生命共同体，有多大能耐，是不是人的对手，值不值得担心和忧虑。现在有许许多多、各式各样的机器人，为什么造这么多品种？道理很简单，因为每种机器人只能干少数几样事情，真有本事，造个无所不能的机器人不更好吗？可是，人能把自己的**全部智能**都注入某种体能**无所不包**的机器人身上吗？所以人工建造的机器人能力永远有限，其综合实力远在人之下。一般说来，智能—生命共同体的能力取决于综合实力，不光自身的智能和体能，尤其要看它能在多大程度上灵活调用外部资源，就像人如何打造工具征服自然一样。从这个角度说，人在地球上的综合实力已是最强，想要控制人类谈何容易！何况，建造机器人总是一个一个进行，就算量产也不会一下几十亿，难以形成集体力量，谈不上**机器人社会**，而人类却早已组织起来，分工明确，些许靠人**豢养**的机器人，散兵游勇罢了，怎可与人匹敌？

三、能否"人工建造"超人？

道理已经很明显，以**静态**或死结构为基础的机器人，无论本事多大，想反叛或控制人类都是毫无希望的，一则**命门**（能源）掌控在人手里，再则它无从产生反叛和控制人类的意志或动机。打败人类的唯一**希望**是让机器人**活**起来，且**综合实力**优于人类，它只能是另类**智能—生命**共同体，或新的物种。具体形状无法想象，三头六臂不够，九头十八臂也行，总之能够独立生活，行使独立意志，可谓超人。不过超人也依然属于耗散结构，有相当的自我治愈能力，方可抵抗自然力的破坏（老化、风化、锈蚀、碎裂等），否则只能是短命鬼。

附　录：机器人能控制人类吗？

　　一个饶有兴趣的问题是：这种超人能否**人工建造**？否则人决不会被任何自己建造的机器人打败或征服。假如人真的建造了能够全面打败自己的超人，创造了新的物种，从进化论来说，那就表示进化获得了新的模式，不再是变异和遗传的自然选择，而是依靠智能的**人工选择**。现在有不少人工生命的讨论，它和机器人能否挑战和控制人类其实内在相关，两者不可截然分割。

　　为了厘清这个问题，先要认识人类自身。人和其它动物都是血肉之躯，由蛋白质、脂肪、其它碳水化合物组成，其所以如此完全是进化的结果。因为地球有水，它是生命的必要条件，有水才有物质的水溶液，方便各种化学反应的进行，且容许物质的多样性。化学反应需要限制在适当的容器中，常见的容器，如各种器皿，都是静态结构或死结构，由玻璃、塑料、不锈钢等制成。死结构没有自我治愈能力，老化、风化、锈蚀、碎裂等自发的熵增过程随时都在发生，一旦毁损反应便不能维持，寿命极其有限。所以容器最好是活结构或耗散结构，有如生物个体，包括人体，它不仅可从周围环境获取能量和物质，而且因为有一定自我治愈能力，寿命便大大延长，这可以解释生命体（亦可视为机器）何以都是血肉之躯。当然，活结构的形成只能靠自组织运动，不能是严格的动力学过程，它属于**小信息量控制**，不是先造出一堆细胞，然后一个个安放到合适的位置，而是启动一个程序，让机体自行生长，过程归根结底由 DNA 分子携带的遗传信息控制。

　　两种结构的效果对比很明显，现代人寿命七八十岁甚至上百岁，这段时间一直有能量源源不断产出。人一日三餐，吃进食物就是吃进负熵，就会有相应的物质和能量维持生命。可各种静态结构支撑的能源，无论发电厂还是电池，包括太阳能电池，哪有连续工作七八十年不检修的？可一检修停电，不带能源的机器人就得死机，而死机后机器人绝没有自己重启的能力。当然，人的寿命也有限，但人还拥有自我复制或繁殖能力，使自己的智能—生命共同体得以长期延续——不是延续个体生命，而是延续物种群体，要把人的这些优点全部授予机器人显然殊非易事。

　　看看人类自己，在地球上已是万物之灵，综合实力远远超过其它物种，人的体力固然弱于许多猛兽，智慧却远胜它们，除了攀爬、奔跑，肢体的灵活性简直无可匹敌，能对外部事物实行复杂而精确的控制。特别是人能制造和使用工具，允许弥补自身一切短板，使能力倍增。迄今人类改天换地、征服自然，直到高科技的所有成就均应作如是观，即便最接近人的灵长类动物也都望尘莫及。稍微仔细观察人的身体就会发现其结构精妙绝伦，几百亿脑细胞居然全部排列整齐，纹丝不乱，其它细胞也都有规则地实行更替，这全靠基因中遗传信息的规划，使身体各部分各有各的精彩。了解越深入就越是服膺自然界无与伦比的精致，叹服造化的鬼斧神工。

现在来放飞思想，做理想实验，不拘泥各种技术细节，甚至可以发挥想象把技术能力推向极致，绞尽脑汁、竭尽全力来打造超人。因为活结构只有从自组织运动获得，所以一切得从合成DNA开始——不是克隆技术，那样只能培养既有的物种，而是采用"未来无比先进的"基因编辑技术，拼凑全新的基因，目的：超人。

头一个问题就是，基因怎么设计？多半不得不借鉴人体和其它动物的基因，但须知道，即便把各种技术手段都推向极致设计出来的**超级优秀**物种，其体能和智能依然有限，对外界环境没有绝对的适应能力。原因很简单：既然是**人工**打造，能够挹注其中的技术（控制）信息将永远是有限的，因为人的智能和体能本身是有限的。更遗憾的是，尽管现代医学有了长足的进步，我们对自己身体的认识却依然肤浅，肢体和器官都保留着大量秘密有待揭示，**彻底弄清**只是一个理想的极限①。既然如此，能否把人的**全部优点**移植到所建造的智能—生命共同体上都大成问题，怎么还敢保证设计出来的一定是全面超越自身的超人呢？

其次，也不能漫无边际片面追求基因的先进性，越先进越好，因为生命体须适应生活环境。现实的环境就在地球上，它很不整齐划一，变化多端。刻意设计某种基因以获得多种优质体能，即便实验室成功，也未必能经受环境考验，而我们对环境的了解实在有限，更别说它还会随时变迁。例如某种优质基因型的确可能导致优质的体能，然而这类物种却需要特殊的营养物质，可是这类物质由于种种原因或许会变得短缺，结果新的物种便将因营养不良而罹患疾

---

①因为宇宙在**大**和**小**两个方向都是**不可穷尽**的：既有浩瀚无穷，也有深邃无穷.

附 录：机器人能控制人类吗？

病，甚至夭折。

再说，现有静态结构的机器人各种远胜人类的本领是一经打造成功便具有的，可以立马展现出来。而自组织生长的**活**机器人或超人却只能从胚胎发育开始，而胚胎显然谈不上任何能力。这表示超人的体能和智能与人一样都只能通过后天的学习、锻炼和不断创新逐步成长，因此依赖各自的生活轨迹。无妨设想我们和成年超人的差别有如猴子之于人类，然而，假如预知此物将来必为大患，何不将其扼杀在**襁褓**（胚胎）中，非还要它长大真成祸害呢？下大力气去设计、培育比自己强大的敌人分明是自己和自己过不去。由此观之，谁还能说出打造活的机器超人意义安在？却原来，所谓被机器人战胜和控制的"危险"不过是自寻烦恼而已！

回到问题的初衷，为什么要建造机器人？这自然是因为人的智力和体力的天然限制，然而，迄今人类奉行的哲学只是以**工具**来弥补自身的短板，工具就是人体器官的延长，但这就够了，并不需要打造三头六臂。所谓机器人本也属于工具之列，只不过替代了部分脑力劳动，有更强的自主性，于是引起错觉，勾出了拟人化的迷思，这是很大的误会。媒体报道，某国甚至赋予机器人以**公民权利**，这的确只能当笑谈。弄清了思维本性，了解了自我意识和个体意志的本质，就该知道从机器到人的真实距离和物理区隔，以为随着机器人本事不断提高，门槛将自行逾越，那绝对是异想天开。而没有自我意识和个体意志，不能独立决策，机器人何来**人格**？说到底，机器人本质仍是机器，是为我所用的工具，只有**机器格**。

现在人们热衷讨论优生学的问题，但优生的目的，哪怕**积极的优生学**，也绝非打造超人，而只是使人类更加健康，避免各种可能的遗传疾病，现在采用的基因编辑技术正在服务于这样的目的。可幻想常会使人想入非非，以为既然已经可以在DNA分子上动手脚了，何不来个通盘考虑，设计全新的基因，打造新的生命？这好像振振有词，却是似是而非。需要明了一个基本的物理原理，即人的健康基因、现行DNA分子决定的人体耗散结构不过是人体物质的一种非平衡定态，这种定态只可以理论上设想、却无法实际绘出（因系统包含物质种类太多，状态可能性太多，因而维度也太多）的**相图**①中只是一个特定的**点**或小区域，不排除在其附近找到其它的非平衡定态。但人之所以处于**这个**而非**那个**非平衡定态，成为**这个样子**而非**那个样子**，与环境条件密切相关，是环境综合作用的结果，这称为**生物适应性**，是**自然选择**的本意或精髓②。所以，假如要打造一个想象中的超人，那么且问：对应它的最佳适应环境是什么？如果环境条件不是最佳，超人在其中生活一定很不自在，而人除了现成的地球，能给超人再打造最佳的生活环境吗？那样最后必得打造全宇宙不可。记得当初克隆技术面世时，有人惊呼，岂不可用希特勒的细胞克隆出另一个大魔头来？这当然是误解，因为即便克隆出婴儿希特勒，长成后也绝非历史上的希特勒，除非克隆整个德国乃至世界的历史。

更要紧的是，人的智慧是集体的成就，有长期的传承或历史的积淀，这些是机器人完全不具有的。机器人不能自我繁殖，除了人设定的方式之外，没有自行选择的沟通方式，这些都限制了它们集体智慧的形成。这种机器人即便学习能力很强，能单打独斗自我提高，智慧也终归有限。

无限的想象力是人的优点，它帮助我们解放思想，创造发明，但它也常常将人引入歧途。牛顿力学取得公认不久，立即出现了机械论的世界观，认为世界不过由粒子组成，粒子都有自己的运动方程且可原则求解，剩下的问题便只有**第一推动力**了。那时还不知道有自组织运动，不懂基础变异度的关联可以造成新的结构花样，产生新的信息。而这些新的精彩仅从**全部粒子运动的轨迹**是看不到的。克隆希特勒的迷思则是由于只看他的生物本性而忽略其社会本性。现在关于人工智能的**技术忧虑**同样是由于片面性，关注了智能，却忽视了生命（目的、动机及意志的来源），即便纳入了生命，也还不能忽视它的生存环境。这一切又都出于对思维本性的无知，不懂自我意识和个体意志的物理机制，掂量不出它们的技术难度。本书解释了这些道理，对人工智能的技术担忧应能消除。不过，技术担忧是一回事，社会忧虑则是另一回事，正如原子能不是坏

---

①这种理论上可能而实际做不到的事情太多了，比如吃饭，每个饭粒都有自己的运动轨迹和方程，但谁能把这些方程写出来？不能因写不出就说方程不存在，当然更不能因为写不出方程就不吃饭了．

②物理上这是由于实际的变分问题都是条件变分问题，没有脱离环境条件存在的系统．

附　录：机器人能控制人类吗？

事，原子弹却未必是好事一样，人工智能正在沦为政治和军事博弈的工具，那就不是本书所能探讨的了。

最后还要指出，机器人和传说中的"外星人"性质不同。"外星人"不是人工打造，而是在特定的环境条件下经自然选择进化产生的，完全可能具有比我们更强的智能和体能，更善于利用工具，合乎超人的条件，且不排除它们会与我们发生利害冲突。所以物理学家霍金出于谨慎，警告人类别同它们随便打交道是对的，因为摸不清它们的底细，而且它们多半有自己的群体，哪怕只来了一艘飞船，仍可能包含它们知识的累积，凝聚着它们的集体力量和智慧。但机器人就不同了，它们是自家孩子，对它们知根知底，还掌握它们的命门，把两者混为一谈显然就近乎荒唐了。

后记

相对论和量子力学号称 20 世纪的**新物理学**,它们带来的不只是一些新的公式和法则,而且动摇和改变了我们认识的方式。古典物理学以感觉经验为基础,力学的基本概念,位置、速度、质量和力,都是很直观的,电磁学中,场强、电流等也都有形象的解释。我们认为自己对外部事物的形象思考可看作世界的**本来面目**,属于事物的固有特性,顶多存在测量误差。世界以我们的感觉经验构成的图景存在于我们的心目中,故称"为我"的世界。

新物理学颠覆了这种认识模式,它提出的新观念与直观的形象思考格格不入。相对论的光速不变原理否定了 $c+v$ 的可能性,断言场不能作为参照系,而且电磁波不同于水波或声波,它永远歇不下来,始终以光速在传播。量子力学带来的冲击更大,因为波函数没有边界,不能给任何粒子"赋形",它们既不是点,也不具有有限的尺寸,这表示**古典的时空概念不适合它们**。采用这些概念将会导致"超距"或"瞬时"作用等不合常识或背离原则的结果。作为量子物理和古典物理分水岭的**态叠加原理**则意味着态转换的零时延,相当于共振态。总之,新物理学远远超出了人们的宏观经验。事物的本来面目,亦即"自在"的世界,和人的形象思考完全搭不上关系。这就是今天物理学面临的现实,必须从"为我"的世界转向"自在"的世界,认识对象摆脱了直接的感觉过程,其特性不再以宏观表象为基础。事物的运动状态的信息只能拐弯抹角,间接达于感官,通道失去了直观性,对它们的描述只能凭借抽象的数学公式。但人类又不能始终沉潜在抽象的数学公式中,终归要找到这些公式和现实事物或感觉经验之间的关系,不然它们就只是空中楼阁,对人类没有任何益处。这是因为我们的思维模式必须以感觉经验为基础,不能抛弃已有的记忆痕迹,想象那些从未经历过的事物,这就不能不引发新的认识论思考。

接下来的问题就在于,从"为我"世界获得的观念,有哪些、在多大程度上能推广和应用到"自在"的世界?这恐怕很难,因为宏观的时空概念不适合"微观"客体,而空间概念是直观性的起源,但凡给具体对象赋形的思考都不行,只有数学公式可以例外,特别是从计数和简单的四则运算发展起来的函数论之类,它们适合于任何具体对象,尤其各种数学变换具有极大的灵活性,使得不同的信息通道可以互相沟通,但几何形体的概念也可能需要排除。

后　记

现代物理的基本概念框架是以能量和相互作用为基础的,它们支撑着重要的因果律:相互作用是一切运动的究极原因。但这些概念和古典的时空概念关系太过密切,能量便是从运动状态来定义的,而运动首先是物体在空间的位置变动。不可能抛弃这些概念,但也不能在一切情况下把它们进行到底。因能量传递受光速为极限的限制,而信息的传递则可以是瞬时的。这意味着需要把能量和相互作用的概念推进到信息的层次,进而把状态的变化解释为信息内容的变化,让信息控制来解说变化的所有细节。这完全符合因果律的要求,因为信息的控制与能量和相互作用的控制精度分毫不差。可以把事物的运动想象为它们之间的相互作用,也可以把它们想象为运动状态的结构信息的控制,环环相扣,它同样体现了世界的因果图景,是我们当今世界观的主要基石。

然而这就需要扩大信息的概念基础,不能只限于申农信息的狭小范围,必须采取最广泛的**结构信息**的概念,它才是信息的一般情形。事实上,结构是最普遍的存在,任何具体事物均以结构相区分,而对结构的描述就是结构信息。至于申农信息,它不过是当事件属于编序集合,且出现概率呈此消彼长时的简单关系的特殊情形。一般的结构都不能编序,也找不出"相邻"的结构,所以结构的变化都是突变,而非渐变。一个重要推论是,由某种结构承载的信息量一般不能由申农的信息通道全部传递出来,因此量子态一般无法用参量形式(无论"显"或"隐"参量)表示,只有特殊情况除外。这会造成信息量的某些损失,它是导致量子力学统计性的根本原因。结构信息的概念对全书具有提纲挈领的作用,从波函数的演化到高端现象领域,都有结构信息的控制,所有的信息载体也都以其特殊的结构与其它事物(结构)相区分。

科学的目的具有两重性:首先,必须提供各种实用的技术知识,促进生产发展,推动社会进步。其次,它也要端正人们对于世界的认识,改造人们的世界观。"三观"的重要性自不待言,但在世界观、人生观和价值观中,世界观却居于首位,是其它两观的基础:世界是这样的,所以做人才该是这样的,价值取向也该是这样的。但世界观从何而来?总不能像撰写"圣经"那样,组织些人来编故事吧?它得靠科学——首先是物理学,其次也包括其它基础科学,一点一点把世界弄明白。这不可能一蹴而就,只能随着认识的发展而逐步加深。科学上，包括物理学，永远有未解决的理论问题，它们属于开放问题，尚无结论。我们只能在认识发展的过程中不断归纳、总结，看看根据已有的成就能够获得何种认识。

正因为如此，本书不得不纳入若干似乎"非物理"的内容。这除了因为信息概念十分广泛，遍及各个领域之外，更重要的是对物理学任务的理解，或站在高处看物理。它既然属于最低端的运动形式，那就该是所有其它运动形式的基础，必须由它解释高端现象如何发生和发展，使所有学科都**和物理接轨**，搭建**以自然界发展的大链条为主干的基础科学统一的大殿堂**，不使任何基础学科游离在外。各个基础科学部门，化学和生命科学已经大体做到了这点，只有思维和社会科学尚未完成，所以本书要使人了解，物理学将如何帮助它们。但帮助从来不是单向的，物理和其它学科一样，都是认识的成果，是人的思想产品，它不能不依赖人类认识的特点。所以思维本性的研究将反过来帮助理解物理学中的怪异，如"波粒二象性"的原因。这需要借助洛克的认识论原理，就是人的认知、理解和思考脱不开头脑中的记忆痕迹，它们是通过感觉形成的，属于**硬件**，没那么多灵活性，不能随心所欲进行组合。这证明，物理学虽是心理过程的基础，却也同时受制于思维过程的规律。由此亦可解释何以数学会比语义或形象思考具有更强的表达能力，因为它的信息加工不依赖人的记忆痕迹。波尔和海森堡在谈到牛顿力学的功绩时都强调，它不仅在于给力学运动提供了规律，而更重要的是它证明了人类可以用数学来描写自然界。

至于社会现象的领域，包括媒体、学者、政客和政治家，他们每天都在讨论各种具体问题，但他们说的话，有多少经得起严格的逻辑检验，符合语义学的标准？第八章举出了**政治**的例子，这个使用频率最高的名词定义却是一片混乱，大家只靠"悟性"去揣摩、解读，怎么可能统一？这类问题，不仅是名词之争，而且是实际生活中的乱源。所谓"意识形态"之争虽从概念开始，而概念的设计却只瞄准利益，很少顾及科学的演绎。像"普选"这样大范围的集体

后 记

决策,基本上忽略了随机性的影响①;主张社会的公平正义,却不注重分析各种非线性机制;财富按血缘关系继承,却忽视财富的物理本性……,它们都是社会发展的症结,而且与数理科学的原理有密不可分的关系。可是我们的科学家,尤其是物理学家,还都认为它们与自己的专业无关,依然只埋头技术创造,以为这是物理服务社会的唯一途径。所以本书要向物理学家和其它数理科学家呐喊:请不要再继续固守于已有的片面性,大家应当一起点拨社会科学家,帮助他们从利益的算计转到科学的思考上来。如果能营造更好的社会环境将使所有科学部门受益。物理学家真的需要高瞻远瞩、开阔思路,环视整个科学殿堂,不要囿于**单纯技术观点**的狭隘,而要勇敢担当起作为最基础学科的全部任务。

最后想再次强调自然界发展的大链条,尤其是生命、思维和社会这个**大三角**的意义,它应当是世界观的核心。最重要的发展是从无机自然界到生命现象。生命的共同特点是开放系统,与外界有物质和能量交换,以自组织方式形成特定的耗散结构——不同的物种结构不同。看得出来,基本问题是**生与死的界限**,这个问题必须由物理学家出手,否则大家只能瞎猜,比如猜个"活力"什么的。活力是什么?猜的人自己也莫名其妙,其实不过是给"生"或"活"杜撰了一个名词。思维现象的情况更糟糕,因为面对自我意识和个体意志,乱猜的结果只能是一个更加不可捉摸的"灵魂"。灵魂是什么②?其实和鬼怪、精灵差不多,英文为 soul,既可是"灵魂",亦可是"精灵"。"精灵"的实质是什么?就是有自主意志,所以它们会捣乱、恶作剧,总之是自己指挥自己。可以料想,要是心理学家始终这么迷蒙下去,到哪天才能弄清思维的本性?社会科学的情形也一样,必须把社会发展认真看作**自然的历史进程**,才能理解社

---

①由于信息的随机分布,它对普选或公投的结果有实质影响.典型的例子是英国的"脱欧"公投.当时的首相卡梅伦曾估计公投的结果会是否定的,即多数人不赞成脱欧,于是同意公投,以为可以就此堵住脱欧派的嘴,谁知结果与预料相反,使脱欧弄假成真,自己也被迫下台.随机性在社会大系统中是一个不可回避的大问题.

②灵魂一词有转意,丧失原则和信仰可称失去"灵魂".但信仰未必可靠,迷信也是信仰,可靠的只有经实证的科学.还有受惊吓、刺激,意识迷糊,不能自主,称为"丢了魂"或"魂飞魄散",均可接受.

会层次结构的产生以及各个层次之间的关系。所有高端现象领域的规律都是更基础的自然规律的特殊情形，弄清它们必须实行演绎。物理学家一个普遍的优点是服膺自然规律，相信它们不能违背，谁见了牛顿方程、麦克斯韦方程、薛定谔方程……，都有一份由衷的敬畏。但社会科学家不同，因为不做实验，他们主要靠**自行立说**，我的见解比你"深刻""高明"，这点差别很值得大家玩味。

笔者深切感谢中国科学院半导体研究所夏建白院士，是他的建议使本书具有现在的较为通俗的形式。也感谢好友王荣祯教授，他曾给笔者许多鼓励。

钟学富

2020年8月于美国堪萨斯城